實用占星學

秦瑞生著

占星贏家 http://www.astrowinner.com

序　言

本書是實力占星系列叢書的第二本書，等同是本系列的大序言，希望提供讀者對完整占星學的內容、派別及應用方向先有個全盤梗概性的了解，顯現占星學豐富的內涵。全世界各地區發展出來的占星學較著名的計有西洋占星學(包含希臘、阿拉伯)，印度占星學，中國七政四餘占星學，馬雅占星學，除後者外，其他三者皆有完整的架構及判斷要訣，而且在發展的過程中互有關聯，它們都以一張佈滿符號或線條的天宮圖為主，所用的要素不外是星座或星宿，後天12宮、行星、恆星或敏感點...等，讀者若欲充分解讀本書的案例，建議應先細讀本系列的基礎書本《占星學》(上)(下)－天宮圖的要素分析，方不致捉襟見肘，模模糊糊。

筆者向來不喜歡與人論戰，但在校對本書書稿期間，看到93年2月16日聯合晚報的全版廣告，赫然發現科技紫微網張盛舒先生宣佈"占星術已死了"頗為驚訝，在占星學發展的歷史長河中常見這種宣佈，本不足為奇，但頭一遭出現在國內就令人好奇，當時心想張先生必然才高八斗，對占星學應相當瞭然於胸，才敢這樣宣告，但細讀其內容之後，才知道他對占星學根本一無所知，卻敢大放厥詞，所以臨時以緒論：致科技紫微網張盛舒大師一封公開信:回應張大師宣佈"占星術已死了"一文，針對他對占星學的質疑一一回應，希望藉此機會再解說占星學的內容，配合本書第二章的概念，澄清一般外界人士對占星學的誤解與不明，避免張先生誤導大眾，以訛傳訛。

張先生以牛頓古典力學模型及唯物觀點片面解讀海森堡測不準原理，認為實星測不準，故占星學不能應用。殊不知量子力學的發展，說明電子軌道具機率性，因而測不準，儘管上帝玩骰子但仍相當精準，否則今日所有微粒子建構的物質必定都亂了套，包括科技紫微網的電腦亦同。另外量子力學的實相正是宇宙實相的縮影，波粒二元性隱含了觀測者影響觀測對象，說明宇宙萬物並非如牛頓力學所說的絕對、客觀、獨立；相反的，它是一個不可分割的整體，萬物互相涵攝，天空星體與人類都屬宇宙萬物之一，當然互相涵攝，互有影響，即實星會影響人類並不足為奇，然張先生卻導出占星學所用的實星測不準，而紫微斗數的虛星才能無所拘束地應用，真不知這是那門子的歪理，但張先生打著科技名號又標榜玄虛，豈不自相矛盾?

有關天空星體對人類影響的作用機制，也非純以唯物即物理力能解釋的，美裔頂尖物理學家大衛・波姆(David Bohm)提出宇宙實相為一不可分割的整體性，頗能適當解說，我們已在前引書說明過，不再贅述。

在第一章就東西方主流命理學的結構比較，旨在讓研究中國傳統命理學的人士了解西洋占星學的命型結構確實較為合理，在全球化、地球村的時代來臨，應有新的思維，絕對不能固步自封，或只一味地以民族主義的觀點，自戀式地自我吹噓冠於全球，這樣並無濟於事，應取他人之長，配本身優點，補自己之短，才能站上世界之顛。

占星學奠立在天文學的基礎如天宮圖的創立，若能深入天文學的知識，將更踏實地體會占星學的精神及內涵，這也是筆者一再對面授學生耳提面命的。本書第三章討論的天文、數理、曆法臚列占星學所需具備的天文、數理的背景，如重要的天象日蝕、月蝕的形成，內外行星的逆行，日月五星到山計算，各種座標轉換...等，這內容是彌足尊貴的，即使在占星學相當發達的歐美地區，也難得見到，提供這方面的線索，相信對有心想更一步研究占星學的讀者必有所助益，按此章內容當可更深入理解一些較艱深的技巧，如主限向運，太陽日出日入時刻...。我們在本章舉迴歸黃道與恆星黃道的對照來解說，從中可瞭解地軸進動、歲差、極移及衍生的大年或大月，西方和東方兩大占星學系統的差異源由，就能知所選擇。

本書係屬大序言性質，我們在第五章～第十六章所列的本命、流年預測、卜卦、弧角天星擇日(含西洋占星擇日技巧)，合盤技巧、換置、時事、財務金融、醫療(含疾運盤)、氣象、出生時間的修正，其他流派的心理占星、Huber學派、Draconic占星、中點理論、教堂之光、泛音盤、恆星學派、度數象徵...等都僅概述其源由、意義或綱要而已，相關主題的完整內容及判斷技巧尚未詳細論述，我們將留待相關著作再一一說明。上述主題除財務金融及氣象外，附上1-3個案例以利研究，讀者若能細細琢磨，當可增進對完整占星學各領域的認識。

美籍占星家James.T.Braha親赴印度研習返回美國後，撰寫

《Ancient Hindu Astrology for the Modern Western Astrologer》於1986年出版，由於內容簡潔、解析清楚，很容易掌握印度占星學的要旨，讓西方占星學界認識到它的神秘魅力，漸漸帶動美國地區擴及歐洲研究印度占星學的熱潮。印度幾位頂尖的占星家如B.V.Raman、K.N.RAO被邀請赴美演講，促進東西方兩大系統的交流，於1990年代起印度占星學逐漸獲得歐美占星學界的注目，步入20世紀後，印度占星學的網站如雨後春筍般競相冒出，如今印度占星學已在全球佔有一席之地，頗為耀眼。

在台灣西洋占星學仍屬嬰兒學步階段，印度占星學更屬陌生，除洪能平先生曾簡略介紹外，未見相關資料的出版。我們在第十七章特設印度占星學與西洋占星學的比較，針對本命占星學部分，相當鉅細靡遺地對照兩大系統的特色，哲學基礎、日／地關係模型、黃道、宮位制、天宮圖的要素(星座、後天宮、行星、行星狀態、相映或相位、敏感點、恆星、天宮圖型式)，相信有助較有程度的讀者對神秘的印度占星學有所認識，增廣見聞。印度占星學純粹為事件預測，直接了當卻頗為準驗，尤其是Dasa大運更是西方占星學家爭相研習的標的。又國內研習七政四餘占星學及紫微斗數的朋友若想追尋它們的原始建構，那麼印度占星學東傳進入中國的演變，應是一條重要線索。

我們在最後一章第十八章中國七政四餘占星學，簡述中國特有的軍國占星學，主要以三垣二十八宿與皇朝、諸侯、群臣、市井的對應，觀察日月五星等七政運行在這些區域

的狀況及本身種種變化，配合分野理論的使用解釋王朝、諸侯的更替或時事災變，相當程度地反應漢．司馬遷《史記．天官書》：「究天人之際，通古今之變」的精神。中國的軍國占星學類比於西洋或印度占星學的時事領域。

另外，我們就印度占星學東傳而後發展的七政四餘命理學解說它們的關聯，當然有關資料仍相當淺薄，不足作為定論。占星命理學後來發展成三大派，即果老派、耶律派、琴堂派，其相關論斷要旨和宮主／度主或身宮的用法不儘相同，僅列出它們的異同。在本章後段，我們列出中國七政四餘命理學的起例，並以香港吳師青《天運占星學》所提張雲博士案例說明吳前輩採用的是迴歸黃道，而三垣二十八宿則以歲差調整作成量天新尺，以利七政四餘諸星躔度的編制。吳前輩以赤經編列三垣二十八宿諸恆星，常令人誤解他採用的是恆星赤道。由於解釋該案例時，吳前輩仍遮遮掩掩，錯桀不少，我們一一比對指出，希望有助解開迷霧。

國內出版的占星書籍不多，有心研習的人常不知如何著手，許多讀者常來電詢問請筆者介紹，以免多走冤枉路，所以特在本書參考目錄詳列各領域的好書，筆者敢自豪地宣稱，這份書單絕對值得珍藏研讀。

最後相當感謝建州兄帶領的于天網路印刷有限公司團隊，盡心盡力使得本書能亮麗地呈現。學員芳瑞、釋瑩、永達為本書寫序增添不少光采，謝謝他們。拙荊美華幫忙校

對，小兒誌佑、小女淳湄的鼓勵，讓我於無後顧之憂的環境下努力撰寫，是本書得以順利出版的主因。

泰瑞生寫於祥雲齋

序　言

王釋瑩

拜電腦科技之賜，過去需曠發三、四天時光，才得以計算一個天宮圖的麻煩，於1990年專業占星軟體發展完備後，已截然不是問題；在輸入資料三、四秒那一瞬間一個個行星度數、宮位、相位精準的天宮圖即躍於畫面。

不僅便於有志者學習，更推動西洋占星專家將各式古典、現代的論斷技巧，配合世界名人之命例與重要事件，予以驗證，均頗有斬獲。因此，近十多年於歐美地區，占星相關書籍除了本命占星學之外，在各個相關學科，如流年、卜卦、時事占星學，附實例之著作如雨後春筍般出版。

秦瑞生老師十多年來孜孜不倦地蒐集歐美各類占星書籍，予以彙整，2003年出版<<占星學(上)、(下)>>，將占星學基礎完整介紹，2004年更推出<<實用占星學>>，對於占星如何運用於時事、流年預測，甚或醫療占星的方法予以揭露；尤其是換置占星學及擇日占星學，更是國內相關出版品未曾介紹過之內容，相信對有心深入了解占星的讀者而言，將有豐富之收穫。

當然，如欲深入驗證書中論及之各個章節，即需借重占星軟體的配合。您可以透過秦老師相關出版品附錄之歐美相關網站，繪製所需之天宮圖，國內網站多僅提供本命天宮圖之服務。

本書之內容與坊間對占星理論及技巧欲言又止的出版品截然不同；第一章您可仔細比對東西方命理學之結構差異，中國八字於南半球即因季節時令與北半球相反而無法運用，而西洋占星則採實際天體位置，不受季節時令之影響，且其命例之組合達百億種以上，數百倍於八字、紫微之命理系統。

第二、三章則是占星愛好者常被天文學家批評之處。占星學之行星位置與實際天文學因歲差而有23度之差異，如何分辨兩者的差異，或各根據何種理論，亦是學習過程中需詳加認識。

第四章至第十章與十三章則是西洋占星學運用於生活中各事項的技巧，十之八九均是坊間未曾批漏之技巧；尤其是第十章換置占星學，現代人身為地球村一份子，常有機會派駐國外、工作、或移民、或選擇出國留學的地點，換置占星學則將個人出生行星投影於世界地圖上，命主則可依需要選擇最強或最幸運之路線在各國間移動。

第十一至十四章則是介紹占星學於時事、國運、經濟層面的運用，古代欽天監的工作大抵不過如此吧！

第十六章各個學派的介紹，則是讀者在熟悉本命與生活占星後，如欲更深入了解世界各個著名學派如何運用，占星理論面向之廣莫怪乎學習占星後往往只能嗟歎，業餘者也許終其一生之時光也只能鑽研並精道其中之一、二門！

本書是秦瑞生老師占星方面的第二部著作，書中內容精練地融合理論與實例解說，實是有志學習者的最佳參考書，不容錯過！

序　言

邱芳瑞

一命、二運、三風水、四積陰德、五讀書，命運排在首位，反應國人喜歡算命、相信命運可見一斑。坊間五術館比鄰而立，八字、紫微斗數、手面相、梅花神數、姓名學等……林林總總。近年來，拜傳播媒體之賜，星座論命似有凌駕傳統算命術之勢，連小學生十二星座朗朗上口，更遑論電視算命節目星座專家，動輒以星座論命，容易外遇有那些星座，那些星座最速配等……彷彿整個寶島淹沒星座算命中。慶幸,秦瑞生老師有鑑星座論命之以偏蓋全，發下宏願，決將自己浸淫占星學二十多載研究心得與實證，出版一系列占星學書籍，藉以撥雲見日，導正有心學習研究占星學人士,于西方占星學與古典占星學之殿堂。九十二年底出版《占星學》一書即為此系列書籍首著，此書之誕生不久將會"洛陽紙貴"，有心學習占星學者人人一書在手。

延續著《占星學》一書之出版，在眾多讀者及學員盼望下，旋及第二本著作《實用占星學》不久見世，此書目的在發揚正統的占星學術水準與應用，秉著《天人感應》的哲學思想，深入研究星座、行星間的奧秘，傳播正確、完整的知識，內容相當廣博又精彩，並有實例，舉如弧角天星擇日、西洋擇日占星、時事占星、卜卦占星、醫療占星等……。

弧角天星擇日法，一直為擇日界最高秘傳法門，其方法繁雜，古時必須精通日、月與五大行星運行規律,現在必須懂得球面天文學、三角函數、以及相關座標—黃道座標、赤道座標、地平座標三大座標之間轉換，瞭解恒星、行星之運行規律、周期、朔望，以及天宮圖之製作、用事地點經緯度的不同、歲差之修正、真太陽時等……，若無專業老師指導入門或博覽群書通徹，誠實不易。自古即為欽天監掌管實務，皇帝御用之術，民間曉得此術寥寥無幾。明末清初堪輿大師，蔣大鴻《天元五歌》以天星擇日葬事，立葬立發，更加深此術神奇之處及蒙上一層神秘色彩。

中國傳統的擇日方法或派別甚多，有三合派、九星派、三元派、八字四柱擇日法，特別法訣有奇門遁甲、太乙神數、六壬、三元紫白、演禽擇日法等……各有所傳，所有原理不出陰陽五行的生剋制化觀念以及神煞叢辰之應用，使用相當繁瑣。西洋擇日占星學是一種別於傳統擇日方法，事先依據天體運行規律來選擇，俗稱「搶先機」之意，針對某項行動或事件，擇取相關特定行星力量強且相位吉，與命主產生互容或助益之時刻來從事該行動或事件，是一種趨吉避凶之道。舉凡結婚喜慶、購屋、修造、新官上任、移居、造葬、動土、出行、開市、開幕、選舉等……各項生活事項皆可借擇日選個“良辰吉時”達到趨吉避凶之目的。

時事占星，發展甚早，早期先民，歡察天象以期能掌握天體運行規律作為生活因應，即為時事占星雛形內容。中國歷史悠久，古時天官仰觀天象傳世的占星文獻卷帙浩繁、歷代官修正史中的《天文志》都屬此類，此外還有專著，如唐李淳風《乙巳占》，唐瞿曇悉達《開元占經》，北周庾秀才撰，北宋王安禮重修《靈台秘苑》，而西漢司馬遷《史記、天官書》長久以來一直是年代正確可考的傳世占星學文獻中年代最早之一種，司馬遷在《天官書》所言「究天人之際，通古今之變」哲理，認定一切時事都是由天象而來，唐高祖李淵晚年為繼承帝位傷腦筋，星占家傅奕密奏「太白金星出現在秦地分野的星宿中，據此星象可以肯定，秦王李世民會做皇帝」是歷史上時事占星實例。西方占星學有關時事占星學比較具體記載是托勒密的《四書》,後由阿拉伯人發揚光大，其中令人矚目時事占星技巧，土木兩星會合周期與王朝興起衰落有關，又如《明譯天文書》第二類凡十二門斷説世事吉凶，可説是時事占星典型內容。時事占星內容相當多，如論事件之「卜卦占星學」，論日、月蝕引動大地山川變化之「地震占星學」，二分二至點始入盤之「國運占星」，行星周期對股市、期貨影響之「財務金融占星學」等……。

坊間現代人著作，能提供正確占星學原理與提供實證者書籍，芸芸眾書中，真如鳳毛麟角少之又少，欣見秦瑞生老師再接再厲出版“實力占星系列”第二本著作《實用占星學》，著書問世，隨秦瑞生老師多年，瞭解其無私胸襟，貫通五術各門領域之博學，誠有幸為其作序，推介此書給讀者，盼在蓄勢待發的占星界播下一顆顆種子，給有心學習占星學之人一盞正確明燈，共同開發此片新天地。

2004/1/18於忘塵軒

序　言

嗣漢天師府奏職法師
張永達(羅立法師)

縱觀目前坊間各式各類的占星書籍、課程，儼然一股炫風，席捲著新時代人們的生活；情人的個性與喜好如何?什麼樣的工作適合自己?夥伴關係該選怎麼樣的人?於是乎，相關的雜誌書籍、電視節目 紛紛出籠。這股持續發燒的風潮，連六、七歲的孩童，對星座也甚為明瞭。

頗為可惜的是，這些總流於粗淺大略的分析，僅以簡單的星座來解釋人們的個性，幸而得在秦老師門下學習占星學，能一窺占星學的奧秘。精確的出生時間，描繪出當時當地天空情境，行星間互相形成的相位、座落的星座宮位，均有著細密的解析。

占星之所以迷人之處，在於對個性與環境有著一針見血的解析，可以看出父母、伴侶、孩子，會擁有什麼樣的特質、與自己的關係模式，比如月亮落在天蠍，屬弱星座，又落於一宮，則很可能母親的約束掌控較強烈，對於自我感情的需求亦是多且有壓力的；除此之外，還有月亮與其他行星是否有形成相位，來整合此人的情感模式，也可以說是實際的感情需求。

不僅僅是個人的，國事、醫學、宗教等等，在占星學中均是有跡可循，於近代備受重視的心理學，在占星學中亦有其領域，藉由占星學來探知潛意識。從早期占星學家容格

(Carl Jung)，為佛洛伊德的學生，將占星學的奧祕象徵與演算極具説服力地運用於解釋西方文明發展上。並暗示，自耶穌誕生以來，乃至現代，西方宗教史上的重大發展，皆可從星象符號上一窺究竟。容格認為時代是人們意識流所形成的，是眾人的意念投射在天體中，天上的星象不過是地球上所發生的一切的反射，這即是容格所謂的同時性，以例子做一個清楚的檢視和演練。例如，車諾比和電廠爆炸案的發生相當接近於太陽與冥王星(主管核能)對立那一天的月蝕時間點。

以現今科學蓬勃，天文學如此發達的狀況，也有人把占星學歸類為一種統計學，由於太多的專用術語(黃道十二宮、由各星座符號組成的命盤及時盤等)，對一般未有專業訓練的讀者可能會感到閱讀的吃力，秦老師所撰寫的書籍當中，由淺入深，鉅細靡遺地論述占星學，讀來較坊間相關書籍容易了解運用。

蘊含奧秘的占星學，讓學五術多年的我有著莫大的興趣，畢竟占星是最早的科學，在西元前兩千年，位於美索布達米亞平原上的人們即建立起這一套複雜的占星理論。目前英、美地區都有許多教授占星學的學院，占星學儼然成為一門學問，而學生可依其修業長短及程度獲得證書或學位。正在看本書的有緣者，若你們對占星學有興趣，給自己一個機會，勿入寶山而空手而回，請不妨細細閱讀秦老師占星學的相關書籍，相信會獲益良多，請對占星學有著嶄新的看法與讚賞！

特別感謝美國

Astrolabe公司

允許本書使用其

占星專業軟體

Solar Fire

所創作的天宮圖

目　錄

本書使用案例天宮圖資料一覽表

案例	姓　　名	出生時間	出生地	經度	緯度	頁數
一	Male	1954.5.26 AM 11:40	台北市	121E30	25N03	80
二	尹清楓	1946.3.31 PM 11:00	蘭州	103E27	36N01	105
	1993年 本命1次限/過運	1946.3.31 PM 11:00	蘭州	103E27	36N01	106
	1993年 太陽弧向運/本命	1946.3.31 PM 11:00	蘭州	103E27	36N01	111
	1993年 太陽迴歸盤	1946.3.31 PM 11:00	蘭州	103E27	36N01	114
	1993年 太陽迴歸/本命	1946.3.31 PM 11:00	蘭州	103E27	36N01	115
三	卜卦盤	1645.5.8(OS) PM 6:15	Londan	00W08	51N30	123
四	卜卦盤	2003.4.28 PM 5:58	高雄市	120E17	22N38	128
五	競賽盤	2003.11.5 AM 9:10	高雄市	120E17	22N38	134
六	原方型圖	1812.9.25 PM 3:00		117E50	32N0	145
	方型圖	1812.9.25 PM 3:00		117E50	32N0	146
	圓型圖	1812.9.25 PM 3:00		117E50	32N0	147
七	Elizabeth I 加冕典禮盤	1559.1.15(OS) PM 12:14	Londan	00W08	51N30	152
	Elizabeth I	1533.9.7(OS) PM 2:26	Londan	00W08	51N30	153

案例	姓　　名	出生時間	出生地	經度	緯度	頁數
	加冕典禮/ Elizabeth I					156
八	Diana王妃	1961.7.1 PM 7:45(BST)	Sandringham	00E30	52N50	165
	Charles王子	1948.11.14 PM 9:14	London	00W08	51N30	166
	Charles 外 /Diana 內					167
	Diana 外 /Carles 內					168
	Diana/Charles 組合盤					173
九	張學良	1901.6.3 AM 0:10	遼寧省	122E27	41N12	183
	張學良 A*C*G(全世界)					184
	張學良 A*C*G(亞洲)					185
十	J.F.Kennedy	1917.5.29 PM 3:00	麻省 Brooklin	71W07	42N19	190
	J.F.Kennedy A*C*G(美國)					191
十一	2002年 春分盤	2002.3.21 AM 3:16	台北市	121E30	25N03	198
十二	2003年 春分盤	2003.3.21 AM 9:00	台北市	121E30	25N03	204
十三	日蝕時刻盤	1999.8.11 PM 7:09	集集鎮	120E45	23N50	208
十四	火星最接近地球時刻盤	2003.8.27 PM 5:51	台北市	121E30	25N03	211

案例	姓名	出生時間	出生地	經度	緯度	頁數
十五	成龍	1954.5.9 AM 0:15	香港	114E10	22N18	235
十六	疾運盤	1981.2.19 PM 3:30		01W25	51N13	238
十七	鄒先生	1956.1.31 AM 1:25	虎尾鎮	120E26	23N43	253
	鄒先生	1956.2.1 AM 1:25	虎尾鎮	120E26	23N43	254
十八	Carl.G.Jung	1875.7.26 PM 6:55	Kesswill	09E19	47N36	266
十九	Sigmund Freud	1856.5.6 PM 6:15	Freiberg	18E09	49N38	270
二十	Carl.G.Jung Koch宮位盤	1875.7.26 PM 6:55	Kesswill	09E19	47N36	281
二十一	Diana 的 Draconic 盤	1961.7.1 PM 7:45(BST)	Sandring ham	00E30	52N50	288
	Draconic /Diana					289
二十二	尹清楓	-				297
二十三	毛澤東	1893.12.26 AM 7:30	湘潭縣	112E36	27N55	298
二十四	李敖	1935.4.25 AM 8:54	哈爾濱	126E41	45N45	307
二十五	陳進興	1958.1.1 PM 0:30	台北縣	121E30	25N03	318
	陳進興 H4盤					319
二十六	金鏞	1924.1.21 PM 3:40		120E42	30N30	324

案例	姓　　名	出生時間	出生地	經度	緯度	頁數
	金鏞 H7盤					325
二十七	Solar Return /本命盤	J.F.K同案例 +出生資料				333
	Lunar Return /本命盤					334
二十八	SARS 事件盤	2002.11.16 PM 12:00	佛山市	113E09	23N03	341
二十九	連戰	1936.8.27 PM 8:00	西安市	108E52	34N15	378
三十	張雲博士	1896.8.31 AM 4:00	開平	112E36	22N18	399

緒　論

給科技紫微網張盛舒大師一封公開信：回應張大師宣佈"占星術已死了"

張大師您好！

當我看到2月16日聯合晚報整版廣告「紫微斗數與其他論命術的比較(二)」頗為好奇，匆匆一瞥看到令人觸目驚心的宣告"占星術已死了"，讓我這位研習占星學的後輩汗顏再三，心想大師定有通天本領過人之處，抱著景仰之心細細閱讀，不敢錯漏，期待有所收獲增廣見識，並立即上網找尋(一)，但不久小弟的心情跌下雲端，因為一位連占星學程度都還不到幼稚園階段的您，竟敢大登廣告，臉不紅、氣不喘比較紫微斗數與占星術，忝為嗜好占星學的我，基於「公開文章可受公評」的原則，以及合理懷疑您抬高自己，踩在別人身上的心態，針對您的廣告內容談一談，當然後學會就事論事，不致像李敖一樣，動不動就說要「教訓」別人。另外，我也會儘量一一比對內容，以免被說斷章取義，就從「※紫微與星座」開始吧！

(Ⅰ)輸入參數

紫微斗數「**同屬5月1日出生的人，會因為出生年與時辰這兩個參數而產生720種變化**」，您似乎頗為沾沾自喜，因為就星座而言，確為祇有一種變化，不管任何年度和出生時間就是金牛座，但星座僅是占星學的一個元素而已，而且您所說的金牛座，也祇是當時太陽位於金牛座。完整的占星學(不管是西洋占星學或印度占星學)必須同時輸入出生

年、月、日、時、分及出生地經度、緯度等參數，讓我逐步說明可能的命型組合變化。

1. 同一瞬間全球各地假設同時有小孩出生，光就上升命度就有360種，若計及分，則有360×60=21600變化。

2. 同一天24小時，因行星移行又會出現不同組合變化，假設行星移行僅計及至度數，那麼同一天內，冥王星、海王星、天王星、土星、木星、火星、金星、水星、太陽可能不超過1°，不計，但月亮一天移行視其快慢約12°~14°因而同一天命盤的組合變化就有21,600×12=259,200(※尚未考量阿拉伯點、中點…等敏感點)。

3. 純就命度及10大行星的各種排列組合變化，將是21,600×10^{10}，若再考慮其他敏感點，如MC、IC、DSC、中點、敏感點、恆星…等，幾為恆河沙數。

從上述之1.2.3的數字，紫微斗數有啥可比。張大師應瞭解每60年紫微斗數的命盤完全重複，又作何解釋?而且同年同月不同日同時，除天使、天傷外，也可能出現同命盤，那又怎樣自圓其說?因這二顆小星幾不論，張大師您也不用它們吧?!

試想想現今全球人口粗估超過60億，同命型的人太多(即使您使用定盤)，身為台大數學系高材生的您，應不會漠視這些基本統計數字所隱含的意義。

(2)基本假設

「紫微斗數和星座的基本假設都一樣，認為天上星辰可以對應到每一個個人身上，也就是說人是由天上星辰轉世生出的，到現在科學昌明的今天，已經百分之百証明這句話是錯的！」

張大師所説的紫微斗數和星座的這項假設，不知出自何處記載，後學讀過紫微斗數的書及所謂秘笈不少於300本，而占星學也讀過500多本，從未見到這樣的說法，若勉強地說，應是透派的紫微斗數以商朝人物的比擬，及希臘星座神話故事，但從事術數研究的人豈會將這些神話當真?

「星座是古巴比倫人發明的，以太陽為觀察基準。巴比倫人注意到，因為地球公轉的關係每個月份會有不同的星座在地平線上昇起，他們根據這些星座的形象來命名，例如雙魚、天蠍、金牛等，這就是黃道12宮的由來，但星座完全是巴比倫人的浪漫想像，因為每個星座會像某種動物，是觀察角度及擬人化所產生，同一星座裡每顆星的距離不同，只是從地球觀察角度剛好在一起罷了，不可能對遙遠的地球上的個人造成影響。」

1. 星座的由來是兩河流域即巴比倫地區及埃及地區波斯等文化互相滲透交流的結果，並非是巴比倫人單獨發明的，而且並非僅用來觀察太陽而已，如出土的巴比倫徵兆預言(omens prophet)，記載許多五大行星運行在天空所預示的徵兆。

2.巴比倫時期尚未建立完整的占星學，但巴比倫人認為天空的異象是神明的懲罰或獎賞，最能發覺到的異象是行星在天空運行所致，因此視行星如神明，這是上古先民直覺的感受，當一代傳一代，經驗的累積自然而然地歸納出行星的特性，賦予原理，就是占星學的濫觴。張大師也懂易占，當知易經繫詞傳：「天垂象，見吉凶」的道理，易卜藉由卦象的徵兆預示，得以顯現占卜事項的吉凶，那麼人類就天空中行星的移行顯示的徵象來預測，又有何不可?

3.張大師執著於行星係透過宇宙的基本物理力，才能影響人類命運的觀點，事實上是典型的古典牛頓力學的因果律，但步入20世紀後，古典牛頓力學本身也受愛因斯坦的相對論，量子物理學及混沌、複雜論的衝擊，已不再是科學的典範，所以張大師強調遙遠的星座內諸星(恆星或行星)對人類不可能有影響的說法，當然不正確，待討論海森堡測不準原理時，即可明白。

「事實上，中國在觀星上的成就要比西方早，中國人說三垣28宿，把天上星座分成三大塊28類，而不是只有西方的12星座，其中最重要的就是紫微垣。中國人觀星是以月亮，即陰曆的變化為基準，他們發現到天上的星星雖然衆多，卻只有紫微星不動；由於中國文化尊君，所以就認為紫微星是帝王，才會完全不動，其它星星則臣子，繞著它旋轉，因之歷代皇朝不斷記錄統計，一方面找真命天子，一方面也防別人變成天子，結果產生了紫微斗數。」

從此段應可推測張大師的用意在於使用太陰曆的紫微斗數，似乎較強於巴比倫人使用太陽曆。但後學要吐槽的是，中國曆法的發展其實是陰陽合曆亦即同時採用太陰(月亮)的朔望及太陽在黃道運行24節氣，由於太陰月合計一年的日數和太陽黃道視運動的一年周期日數不同，才有19年7閏的辦法予以調和，使季候能近於天時，便於農耕。中國曆法中特有的24節氣是全球其他曆法所沒有的，也顯示中國掌握天文、氣象、自然的規律確有一套，24節氣是太陽曆的節奏，並非月亮的。

三垣28宿是中國古代軍國占星術的內容，張大師似乎將紫微斗數托大了，找到紫微垣的北極星，作為依靠，但應知道它是實星您標榜不用實星祇用虛星，豈不是自相矛盾？另外紫微垣古來是中國軍國占星術的重要區域，像一座皇宮相應於人間王室朝廷，漢．司馬遷《天官書》的中宮即是紫微垣。當然紫微斗數也可引用，但所出版的紫微斗數的書籍，甚少如中國軍國占星術的具體描繪。

另外，不知您是否曾詳細追蹤紫微斗數的發展歷史的相關文獻，如正史中的經籍志或地方志中從事術數方技人物是否以紫微斗數為業，明清著名的百科全書如《永樂大典》、《古今圖書集成》、《四庫全書》、民國《叢書子目》有否見到紫微斗數的正式名稱，坦白說小弟曾相當費心搜尋，幾乎見不到它的蹤影，僅有《續道藏》的術天機及太乙金井，但它們卻是七政四餘的餘支，跟目前您搞的紫微斗數截然不同，另清．俞樾撰《紫微．遁甲．子平游藝錄

》才有目前的型式，至於坊間稱由宋朝陳希夷創，明·羅洪先巧遇他的16代孫，得以重見天日這種說法，可以相信嗎?

有關紫微斗數的發展，國內命學者宿梁湘潤《紫微斗數探源》有較客觀的評述，他說紫微斗數應是脫胎自果老星宗，絕非個別獨立發展的祿命術，而且不早於明代中葉，較具體的發展應是在清代，但比起子平的流行，差距甚遠。

「今天我們看這個假設也是錯的，原因是紫微星只是剛好在地球的北極軸上，也就是所謂的北極星，星星之所以會轉，其實並不是星星轉，而是因為地球轉，這是很大的誤差，導致現在的紫微論命基礎及解釋通通是錯的，各位，這種種學說的基本假設都是錯的！很驚訝吧！但是吊詭的是，誤打誤撞，紫微斗數的命盤竟然出現了奧妙，原因是什麼?且聽下回分解。」

這段敘述頗模糊，但小弟想，可能是「地動說」否定「天動說」，亦即占星術和紫微斗數都站在地球的觀點，觀看行星或恆星的視運動，這種天動說已被哥白尼《天體運行論》所否定。不可否認地占星學在18世紀初確實因科學主義啓蒙，而走向第二次死亡，就是因以地球為中心的假設被否定，但隨著發覺就占星學的立場，所謂天動說和地動說衹不過是相對地視運動，並不影響天宮圖各項要素原理，所以占星學得以再生且更蓬勃發展。

至於紫微斗數本來就是虛星，不涉實體觀測，根本不需考

量上述的基本假說，張大師既然強調虛星比實星準，何來擔憂虛星轉或地球轉呢?真是啼皆非，發現新大陸似的。

「上回提到星座的理論基礎是錯的，有人就不服氣了，紛紛來信，說我不懂占星學，最主要的原因是因為我用簡化的占星學做比較，正統的占星學不止是要輸入年、月、日、時，而且以分鐘為單位，精密度遠高於紫微斗數用兩小時為單位。但我還是要說，星座的理論基礎是錯的！」

有關精密度的比較已在前面談過不再贅述，當然精密度高也須實証有效才稱得上較佳，2000多年來的驗証已有太多精彩的例証。

張大師連完整的占星學是什麼型式都不懂，而且它跟星座完全劃不上等號。

「記得2001年9月號的科學月刊曾經出了一個星座專題，讓信與不信的人各自表述，結果還是一樣，信者恆信，不信者恆不信，為什麼?因為各說各話，誰也沒辦法說服誰，原因是說不信的人都不懂星座，所以兩者毫無交集。」

任何涉及宗教、術數、心靈的事務，都很容易形成「信者恆信，不信者恆不信」，並不是只有占星學或星座，紫微斗數亦同，就如您在網站說宋楚瑜命宮內有太陰，所以有道德潔癖，您的科技紫微段數就是這樣啊?！當然支持著恆信，不支持者恆不信，僅能說不便置評。

「我曾經感嘆，大部分的算命師都在自欺欺人，因為連他們自己都不相信的東西，卻天天信口雌黃，騙人為生，原因是這是他們的謀生工具，導致沒有人敢承認它是錯的，這就是所謂的共犯結構。」

張大師的道德勇氣令人起敬，可是您已宣告"占星術已死亡"，依您的標準，占星學就是騙人的，不幸的是小弟正是以此謀生，自欺欺人，這不算是對號入座吧！您的宣告那麼擲地有聲，讓小弟頗為羞愧，回憶起民國79年毅然辭掉外商銀行令人欽羨的A.V.P職務，投入這項倍受爭議的工作，心有戚戚焉，13年的努力，戰戰競競，謹守本份，看到您所提的「所謂的共犯結構」，實在是不可承受之重。

「我記得前年吧！星星王子曾上李敖的節目，說星座都是騙人的，都不準，他的坦白讓李敖非常開心，因為他是不信命理的人，但是因為李敖對命理也沒有深入研究，說說而已，所以也激不起任何漣漪。」

張大師舉此例時，是否曾記得李敖罵林雲大師是妖僧，妖和尚，能以此為例就說黑教密法都是妖術嗎?同樣地，星星王子能代表正統的占星學界嗎?他是位媒體寵兒，就如紫微斗數界也有女媒體寵兒林xx，在2000年總統大選時，到處上節目直斷阿扁選不上，結果近一年來又在媒體大言不慚地說，她當時準確預測阿扁會當選總統，我們能以這個個案來譏諷紫微斗數都是騙人的嗎?

「我們來看看，為什麼我說占星不準的原因。正統的占星學要用到出生的年月日時，以及出生地點的經緯度來定出占星盤，常用的12星座是太陽所落的位置，稱為太陽星座；除了太陽星座以外，還有月亮星座、上昇星座、八大行星(扣除地球)星座等，構成了複雜的占星命盤。這裡面的名詞，指的就是日、月及八大行星在黃道的位置，上昇星座則是太陽星座的對官，一般也稱之為後天盤。這所有的星座，就是你出生那一剎那的天體位置，了不起吧！」

張大師說「上昇星座則是太陽星座的對宮，一般也稱之為後天盤」讓我笑掉大牙，對不懂的東西硬要唬哢，祇是自暴其短。所謂的上升星座是命主出生或用事時刻於出生地點或用事地點東方升起來的星座，它需經嚴謹的天文球面三角函數計算而得的，經適當的宮位系統(House System)構成後天12宮，才是完整的後天盤，論斷人生各種事項的吉凶或傾向。

完整的占星學的基本要素是星座、10大行星、後天宮、敏感點如ASC、MC、DSC、IC、中點、阿拉伯點、恆星…等構成天宮圖，所用的要素不見得比紫微斗數多或複雜，而且多數為實星容易辨認體悟，沒什麼了不起，提供的訊息相當全面，其準驗令人驚奇，才真正了不起。

小弟倒想請教張大師，紫微斗數的命宮為何是順月逆時取的?12地支宮如何與天空對應，否則如何安星?納音河圖數出自何處，為何是取大限的依據?紫府兩系行星安置的道理何

在?號稱科技紫微應對上述問題有個科學答案吧！

另外，您別出心裁地發明定盤，並申請專利，宣稱準確率可達93%，且大招廣告不用出生時辰也可定出命盤，想要請教的是，您的準確率計算標準是什麼?是僅以個性符合即算，還是含蓋所有各後天宮領域如妻、財、子、祿…?如果僅就個性敘述，那麼西方現代心理占星學絕對更細膩、深層，必會讓您更訝異！您在《科技紫微論女命》所討論的方式，可以說將紫微斗數星座化，衹不過類型擴充至12×12=144種類型，但您知道光是太陽星座×上升星座×月亮星座的類型就有1728，但嚴謹正統的占星學衹將之作個性論述的一部分而已。

20世紀引領潛意識心理學重大發展的瑞士分析心理大師卡爾·容格(Carl.G.Jung)本身就相當投入占星學的研究，甚至說天宮圖就是一張心靈地圖，他的女兒葛雷特·包曼容格(Gret Baumann-Jung)本身就是執業的心理占星家。

「以我來說，紫微命盤的命宮是太陰，占星命盤的太陽在處女座，上昇在雙魚座，月亮在金牛座，水星在獅子座，所以我常說我蠻可憐的，太陰＋處女座＋A型血型超級龜毛，就因為這種個性，我非把每件事的原理弄清楚不可。」

張大師您若真的將每件事弄清楚，就不會如此貽笑大方，被我評為占星學連幼稚園的階段都不具備；若真的想將每件事弄楚，小弟所提有關紫微斗數的每項疑問希望您都能

有個清楚交代，再加上年干四化的差異，潤月的處理，月令按太陰月或節氣以子時或子正為一天開始等基本問題也有個答案。

「好了！這麼複雜的占星盤，總共有12×11種變化，總會有準的地方吧！結果呢?讓占星家出現很多派別，各有說法，這點東方與西方就有志一同，反正戲法不靈，變個鑾薩，把它搞複雜到別人看不懂就可以唬唬人。」

張大師將紫微斗數簡單化、星座化，如果每項人生領域都能論斷精準，絕對須向您致敬。術數的問題不在於複雜性，而是來源的合理性、哲學基礎的堅固、結構的嚴謹性以及推斷的準驗性。

您所提到的12×11種變化是怎麼樣來的，另外您不知道它的實質推論方式，遽下結論諷刺「總會有準的地方」不嫌刻薄嗎?同樣，一位不懂您發明定盤的人，評述定來定去總會有準的地方吧?！您的感想如何?

術數的派別即使再多，都須依上述所提的準則或其他更佳準則來檢驗，這也顯示宇宙浩瀚，非人類智慧能盡窺的，我們更應謙卑面對。

「所以像什麼48星區的分類啦，說上昇星座才真正代表自我，太陽星座看的是老爸，月亮星座看的是老媽的命…等等說法，真是要人老命。」

有關48星區小弟也不懂，不便置喙，但上昇星座在占星學上等同命宮，代表個人的外在形象、秉賦、才能、健康、個性、自我，沒什麼好奇怪的，至於占星學論斷六親有其特殊法則，並不會要人命的。

「結論先說：紫微與星座的最大差異是：紫微斗數的星星都是虛星，西洋占星的星星都是實星，這就是紫微斗數會準，而占星會不準的重要分歧點。為什麼實星不準，虛星反而會準?這就是我在上一章所講的，因為科學逐漸証實了，天上的星星與人的命運沒有關聯，所以虛星反而脫離了天文地理學，呈現不同的意義。」

張大師打著科技名號，竟衍出虛星會準的謬論，令我大開眼界，但願聞其詳「虛星反而脫離了天文地理學，呈現不同意義。」究竟呈現什麼不同的意義，不能隨便唬弄一下就跳過去。另外既然實星不準，您強調紫微星是北極星它是實星之一，為何又會相信紫微星的徵象呢?這豈不是前後矛盾?

「實星為什麼不可能準?隨便舉幾個例子來說明你就知道了：

(1)如果實星對人的命運有影響，那麼為什麼只有這10顆星進入這12星座才有影響?三垣28宿裡上千萬顆星星為什麼都不會影響人的命運，只有這不到1百顆星交會才會影響?」

張大師您說會將每件事弄清楚又再一次唬弄了，占星學的發展是古先民站在地球上直觀天空之樸素經驗逐漸累積的，原則上以太陽系諸行星繞行的視運動，作為觀察對象，但也不忽視位於黃道附件較亮的恆星，但從您的提問就知您弄不清楚行星和恆星的區別，這樣是不及格的。

民國92年春分始入時刻，以台北市(首都)起國運盤，ASC命度(代表國運、人民)正好1° 內會合凶恆星大陵五，且第6宮(論國運為衛生、健康…)宮主星木星會合凶恆星積屍氣，92年發生的SARS事件，正是它們的影響。小弟與學員們討論就曾指出92年的時疫恐流行，上面所提的木星就是行星，而大陵五及積屍氣就是三垣28宿中眾多恆星之一。

「(2)為什麼跑出上昇星座這顆虛星來代表自我?(向紫微靠攏了)」

張大師還是弄不清楚星座與行星的區別，星座以占星學的內容，它是黃道帶恆星群的組合，整個黃道帶360° 予以12等分，每等分30° 稱為一個星座，由於地球繞日公轉及地球本身自轉，任何時刻的任何地點(除極區外)，東方地平線會將浮上一個星座，占星學稱之為上昇星座，中國七政四餘稱為命宮，在2000多年之前希臘時期就發展出現今完整占星學的芻型，早就有上升星座這個名詞，其意義為自我，那須向發展才3、4百年的紫微靠攏，張大師您不覺得未免太夜郎自大?您搞的紫微斗數人格類型才向星座靠攏！

「(3)蛇夫座號稱第十三星座怎麼辦?(只好選擇遺忘！)」

拜託！是誰教您蛇夫座是第十三星座?上題談到希臘時期，占星學就將黃道均等分，這樣很容易記取行星移行的狀況，儘管均等分的黃道12星座與目前天文學現行的星座劃分不同，但2000多年來的使用，累積豐富的經驗，為何一定要將天文學的不等分星座強壓在占星學的使用，不僅混亂而且不便，古代占星先賢也都是天文學家，他們的智慧豈容小覷?

「(4)每個星座的組成是所謂的鬆散，星座裡的隨便兩顆星距離就超過100光年，只是剛好在地球的觀察角度，他們是在一起的；所以星座的影響到底是距離計算?體積計算?還是用亮度計算?如果我和同樣是處女座的人站在太陽下，太陽會給我們兩個人同樣的感應嗎?」

張大師這項質疑鏗鏘有力，但我還是要說您完全站在唯物的觀點，而且是以古典牛頓力學的模型來批判，您是理工出身，當知道該模型是一種機械論的宇宙觀，認為宇宙可以完全被預測，每一個因會產生一個果，而每一個果又都有一個因，所以是絕對的、秩序的、確決的、一致的，可以用數學方法和實証推理來重複驗證的因果關係。這個模型是西方科學的樞紐，促進各項科學領域的重大發展。

但占星學的作用機制並非建立在某一行星、恆星送來射線給人類的大腦，使得人類有類似該行星、恆星特性的行為

，因而您批判的假設基礎是不存在的，那麼占星學真正的作用機制到底是什麼呢?坦白說，以人類目前的智慧尚難發現,但我們可以美裔頂尖物理學家大衛·波姆(David Bohm)的宇宙實相(Uninvers Reality)來理解。

張大師應也知道20世紀後愛因斯坦的相對論、量子力學，以及混沌、複雜理論的出現，相當程度地打擊古典牛頓力學，所以後面談到您強調測不準定理，再一併說明。

「(5)九大行星在這三百年內才被陸續發現，以前只有五大行星(金木水火土)時代的人，和現代人命運有什麼相同或不同的地方?」

這三百年內陸續被發現的是三大行星冥王星、海王星、天王星，而非九大行星，就人類肉眼的極限，頂多到土星而已，所以古典占星學以太陽、月亮、五大行星，以及一些黃道敏感點來推算是合理的，古代社會比起現代社會較為單純，因而當時所發現的行星已足以詮釋占星學的命題，但隨著時代推移，科學主義的啓蒙、宗教迷惘、世界大戰的破壞…等相對應地發現天王星、海王星、冥王星，所以這三顆星被稱為世代行星，也有學者如英國的Liz.Green就以歷史事件的觀點比對三王星周期，發現的確有巧妙地對應，她的高徒國內名占星家韓良露《寶瓶世紀全占星》即敘述有關這方面的課題,不知張大師是否閱讀過?

未來即使有第十顆行星的發現，也祗是類似之三王星的發現，係時代的進展，並不會摧毀占星學理論架構的。

「(6)為什麼水星會影響思考模式?為什麼火星會主宰愛情運?如果影響真的存在木星公轉周期是12年(所以中國人把木星當作歲星，輪值地支12年)，水星公轉周期是88天，海王星周期是84年，它們要如何公平每天輪班進入地球“人”的影響周期?」

1.太陽系的行星在天空中運行，一直是早期先民觀察天體最主要目標，經與世俗事件結合，長期下來歸納出它的原理和作用。在巴比倫時代則以神的形象來體悟，如水星稱為尼布神(Nebo)，常隨太陽出沒(因水星距離太陽不超過28°)愛跑常跳(運行周期，除月亮外，是行星中最快的)，自古常認為太陽、月亮是天上的國王與皇后，水星貼近太陽就如信差傳達信息，代表交通、溝通，因而類比思維、智慧、雷同易經的象，從而推演垂象的意義。您指火星代表愛情運是錯誤的，事實上它代表戰爭、瘟疫、軍事、暴力、衝動、危險、性慾、火熱…等，當2003年年初天文學家宣告2003年8月火星最接近地球，如果張大師用心記錄全球重大時事，社會事件當可體認火星的象徵。又美國一位占星家在布希就職之職，非馬後砲以占星學的原理撰文勸阻布希不要在午時宣誓就職，否則會有外來軍事的攻擊，因火星180°沖就職盤的命度，結果當年度9月11日，賓拉登發起恐怖攻擊，震憾全球，這篇文章登在2000年12月31日《International Astrologer Journal》Matthew Carnicelli所寫。

2. 占星學的天宮圖顯示命主出生時那一剎那，天空中各行星的相對位置，由此提問更顯示您從未排過占星學命盤，否則不致有這麼幼稚的問題,當命主出生以後，天空中各行星繼續運轉，它們與本命盤的原本位置形成不同角度，而產生流年過運(Transit)的事件，懂得各行星的周期，有助推算運勢。

「(7)由於歲差運動的影響，目前地球早已經進入雙魚座，要到水瓶期了，所有星座是否要跟著轉?要轉幾度?這句話有的人可能看不懂，白話一點來說，就是現在生在3月22日的人，出生時在黃道上看到的不是白羊座，而是雙魚座的尾巴，怎麼辦?是不是也要變成虛星來處理?」

歲差是研習占星學必備的觀念,西洋占星學承襲希臘化時期占星學，採用迴歸黃道，即以太陽每年返回到春分點(白羊座0°)作為黃道12星座劃分的基準，它與地球的季節習習相關，地球上一年四季往來更替明確，就是採用迴歸黃道的效用，中國著名的24節氣也建立於此。

張大師所提的問題是天文學上的恆星黃道，係以太陽每年通過某一恆星作為黃道的劃分標準，若將迴歸黃道套在恆星黃道上，才會因地軸的進動，產生歲差移行的現象。迴歸黃道的春分點退後移行，較精準的測量每年約50.27"，從希臘化時期至今約2000多年，若以印度政府頒布的共同標準Lahiri，至公元2000已差23° 51'。東方的印度占星學採用恆星黃道，不致有歲差的干擾。

西洋占星學採用迴歸黃道，印度占星學採用恆星黃道各具特色，張大師若不預設立場深入了解占星學原理，就不致「怎麼辦?」

「上回提到，虛星會比實星準的原因，其實還是和測不準原理有關。自從發現大霹靂(Bing Bang)以及宇宙擴張的理論後，我們知道宇宙的任何粒子，都處在恆動的現象，我們之所以毫無感覺，原因來自於慣性作用。海森堡測不準原理是一個重要的關鍵，它向我們揭示：某個粒子的位置和動量不能同時被測量出來，對其中一個參數測量的越準，由於測量的干擾，另一個參數便會變得更不準；時間、空間和物質都不是可以被明確確定的，我們不可能完全準確的測量出宇宙現在的狀態。既然連現在的狀態都不能被完全準確的測量，那麼對未來的事件就更不能被完全準確的推論了。同樣的道理，占星學認為每顆星都會對個人造成影響，或者說，每個人出生的時候，周圍的大環境的磁場會造就一個人的先天性格與體質並進而影響他們一生的命運。可是在宇宙持續擴張的狀態之下，根本不可能準確測量天體的運行及影響的程度，所以現在對占星的研究可以說是誤人歧途，你越想要準確地測量星盤角度，你就越會得到錯誤的結果；這和東方大部份的命理研究一樣，由於違反測不準原理，終究走向死胡同。」

張大師是學理工的，對海森堡測不準原理的認知，竟是如此地片面，小弟是學商的，但向來喜讀些科學歷史及科學哲學，20世紀量子物理學的發展，相當程度地衝擊到牛頓古

典力學所強調的絕對地客觀、獨自分離。海森堡的測不準原理揭櫫主體觀測者不可避免地介入觀測對象，您所提的干擾，海森堡曾簡單的説明，即我們用一台精確的顯微鏡，觀察電子的運動，用光照亮電子並試圖對它們進行觀測時，電子的運動就不可避免地受干擾，因此不可能既清楚地看到電子，又準確地測出它的動量來，因而古典力學的科學觀建立在可精確地測量的信念受到無情地打擊，就連量子力學大師也困惑不已，但經深入討論，終於意識到，測不準的關係逼使精確測量到某種困境，亦即電子的軌道是機率性的，這種狀況連20世紀最偉大的科學家愛因斯坦也說「上帝不玩骰子」來加以駁斥，但往後的發展証明他錯了。另外測量一個電子時，衹可能知道它的位置或動量兩者之一，絕對不可能瞭解它的全貌，衹能就所選擇的部分加以測量，這項意涵説明觀測者的意識(選擇)介入觀測對象，也意謂著宇宙事物之間本來就存在著密切的關聯，宇宙天空的行星、恆星以及人類、地球都是宇宙事物，當然彼此有影響，但絕非如張大師以絕對地、客觀地以類似4種基本物理力作因果性的推論。

海森堡測不準原理雖然説明基本粒子的古怪行為，卻也讓我們深一層了解宇宙的實相本質，乃是一個不可分割的整體(Unbroken Wholeness)，天地萬物相連相通，彼此並未分離，李日章教授《佛學與當代自然觀》舉華嚴宗「萬物相依相待，相涵相攝」正是它的寫照。英國美裔的頂尖物理學家大衛．波姆(David Bohm)以隱秩序和顯秩序來描述，若張大師有興趣可閱讀。

1.《心靈與科學的橋》周明辰．許士亮譯　方智
2.《科學與神秘的交叉點》李亦非譯　人本自然
3.《當科學遇到宗教》章明儀譯　商周
4.《佛學與當代自然觀》李日章　東大

又電子軌道雖是機率性的，但仍非常準確，是現代物理學和化學的基礎，否則我們的日常生活樣樣測不準，豈非亂了套?所以說您若擔憂行星測不準，那麼更應擔心您的科技紫微網出現的數据是否測不準?

「許多占星大師號稱只要有準驗的出生時間及經緯度，精密度以分甚至以秒為單位，就可以完全準確地算出你的一生。換句話說，你的命會測不準，是因為你的出生時間不準。這句話就是典型的"測不準原理"的無厘頭笑話。因為連接生的醫生也無法知道你的正確出生時間是什麼?你花了錢的結果是還要被人消遣，真是夠了！」

張大師能否舉出那位占星大師以分甚至到秒「完全準確的算出你一生」?小弟前面所舉的輸入年、月、日、時、分和出生地經緯度，在於証明占星學的確較為密精。在17世紀時占星學就已發展出生時間修正技巧，針對命主已知較重大的事件，作聯立方程式地共同求解可能

的出生時間，範圍含蓋各項人生領域，您在科技紫微網所列的事項僅止於個性傾向而已。

「因此，就像尼采在19世紀宣佈"上帝已經死了！"一樣我可以下個結論，占星術已經死了！」

張大師您知道尼采要宣佈"上帝已經死了！"讀了多少哲學、宗教的書嗎?同樣地您讀過正統占星學書籍嗎?您僅依片面解讀海森堡測不準原理及根據古典力學模式推論就推論實星無法影響人類，不覺得狂妄嗎?在歐美許多科學基本教義派人士為反駁占星學，都還會深入了解掌握占星學的原理，有些人的程度甚至比職業占星家都還高，但占星學有被他們擊垮嗎?張大師可否知道占星學已在印度成為大學教育的正式課程?

小弟研究術數貨真價實地超過32年，涉入紫微斗數的領域甚早，甚至在民國63年即已背完整本《紫微斗數》全書(除命例外)，隨著驗証不符個人要求，民國77年就已完全放棄，但從不敢妄自宣佈"紫微斗數已死了"，畢竟江山代有才人出，個人的不知，並不代表它的不存在。美國著名的哲學家費爾本(P.F Feyerabend)主張「任何方法、任何模式、任何事物都可行」(anything going)

，值得我們學習，最後

恭祝

鴻圖大展！！

秦瑞生　敬筆

第一章　東西方主流命理學的結構比較

東西方主流命理學中比較有系統探討人類命運或人生各事項禍福吉凶的共有五種較為具體，即流行於中國及台灣或許多華人居住區域的，計有紫微斗數、四柱八字學及中國的七政四餘，印度的吠陀占星學，以及西洋占星學，其中吠陀占星學在亞歷山大東征時曾與西腊(即後來之西洋占星學)有某種程度的結合，因而本文先將之歸於西洋占星學，而中國七政四餘占星學雖也有吠陀占星學的影子，但在中國本土發展上，已幾由陰陽五行學説作為主導，故仍列為比較。

本文目的旨在探討東西方主流命理學結構的問題作比較，僅在提醒著迷於我國主流命理學應有所醒思，以開放的心胸瞭解他人之長，進而能為我國命理學朝全球化路線走，不能侷限於世界一隅而已。

我們將根據使用資料、命型組合、起例及其評論等個別特色作為比較，分別如下:

(I)使用資料

紫微斗數:出生的年、月、日、時

四柱八字:出生的年、月、日、時

七政四餘:出生的年、月、日、時

西洋占星學:出生的年、月、日、時、分及出生地點的經度、緯度流行於中國的主流命理學都採用2小時為一時辰，作為時間的劃分，基本上已將時間因素作切割，但我們知道時間事實上是連續的，西洋占星學則採用至分，雖也是切割，但更細膩，如果採更精密的主限向運法(Primary Direction)甚至要求到秒。

又前三者不採用命主的出生地點的經度、緯度，儘管四柱八字方面，任教於文化大學已故鄒文耀教授曾大聲疾呼，欲突破八字命理學的瓶頸應採十三柱說。其中一柱就是將出生地點化為五行來討論，但畢竟僅是一家之言，並未引起迴響；而七政四餘方面，香港的吳師青已部分考量出生地點日出時間作為浮升命度的參考，但也過於粗疏，不過已是一種改良。

A.命型之排列組合

紫微斗數：60×12×30×12×2=518,400
(60甲子×1年12月×1月30日×1月12時×男女)

四柱八字：60×12×60×12×2=1,036,800
(60甲子×1年12月×60日甲子×1日12時×男女)

七政四餘：11^{11}×28×60
(七政四餘之各種行星排列組合×28宿×60年神煞)

西洋占星:$21,600\times10^{10}$
(東西經共360°×南北緯180°取為命度、分(360×60)×太陽系10大行星之各種排列組合，尚未考慮其他敏感點、阿拉伯點、中點、恆星)

由於紫微斗數和四柱八字之年皆採60甲子循環，故很容易造成每60年命型即循環相同，但八字因採節氣作為月令起始，故在計算起運方面，會因不同60甲子之節氣不同，而在大運起歲數有些不同，但頂多10種不同(起歲從1歲～10歲)

七政四餘共11顆，其排列組合共11^{11}即11的11次方，再加上採用28宿，又增添28倍的上述組合之變化，且因採用60年干支神煞，故將上述所得再增添60倍變化。

西洋占星學以太陽系10大行星的各種排列組合為主，但若擴充小行星，或其他敏感點，阿拉伯點，中點或恆星，其命型組合幾乎不可勝數。

七政四餘和西洋占星學不可能有重複的命型，前者雖有60年甲子干支神煞，但不會使命型重複，因行星運行是實際變化的，不似紫微斗數採用虛星之固定排列。

(III)起例及其評論

紫微斗數:1.根據太陰曆，不重視節氣，按順月逆時定命宮

2.命宮定後，逆佈12宮，命、兄、夫、子、財、疾、遷、奴、官、田、福、父

3.佈排紫府兩系星辰，及年、月、日神煞

4.大限以河圖數變局數，按陽男陰女順行大限，陰男陽女則逆行大限。

※ 評論：

1.命宮定法的意義從未見完整合理令人信服的解釋。

2.潤月出生之人，排盤莫衷一是，應否須按節氣也爭論不休。

3.同年同月不同日同時出生，命盤有可能幾乎一致，除了天使天傷之外，但這兩顆星影響力些微。

4.大限以河圖變局起數，其理安在?而大限起算以命宮或下一宮起限也時有爭論，又年干四化的版本不一。

5.紫府兩系星辰及神煞，宮干及年干四化道理未見解釋。

四柱八字：

1.根據太陽曆24節氣，排列年月日時干支，以日干為主

，將它與其他干或支(藏干)之陰陽五行生剋制化關係化為十神，再配合年、月、日神煞。

2.大運起法，陽男陰女從月柱干支之下一干支起順排，陰男陽女則從月柱干支上一干支起逆排，起運歲數則以出生日時與相關節氣之差距日數，按三日一歲換算。

評論：

1.年柱起法以立春或冬至為準爭議不斷。

2.日柱起法是以前一日之11點起或當日凌晨零時開始，也各有擁護者。

3.大運順逆排也曾出現短暫紛爭。

4.神熬論斷扮演一定角色，但其來源未見深入探討。

5.南半球自然氣候與北半球因太陽日照關係，而出現相反，故以干支代表的氣涵，南北半球無法一體適用。

七政四餘：

1.根據太陽曆24節氣之中氣與出生時辰定命宮。

2.逆佈12宮，命、財、兄、田、子、奴、夫、疾、遷、官、福、相。

3.按星曆表排算七政四餘落在何宮、何星宿(28宿)

4.排列年干化曜或年干支神煞。

5.命宮定出後，再由太陽同絡度定命度，查在何星宿，由該星宿五行定命度主。

6.大限宮男女命一律按星盤順行針方向，逆28星宿論運勢，起大限歲數從出生日時逆算主前一中氣，按三日一歲換算。

7.排小限宮論流月

※評論:

1.未考慮出生地經度、緯度，精密度稍遜。

2.論流年以小限宮為主，但以前一年度的冬至起至本年度冬至為流年始終點，頗有爭論。

3.論流月以小限宮起生月或正月(即1月)為月限，各有擁護者。

4.年、月神煞來源，尚未釐清。

5.以太陽同絡度之星宿度數為命度主，其理何在?尚未見合理解說。

6.命宮主或命度為主，向來爭論不休，影響論斷甚鉅。

7.身宮排法按月亮所在或逢酉安身，亦見爭論。

西洋占星:

1.根據出生時間及地點，經由特定宮位系統，計算出東升命度(ASC)及天頂(MC)等12宮的宮始點。

2.從ASC起，逆佈後天12宮，分別是命、財、兄、田、子、奴、夫、疾、遷、官、福、相(各以1.2.3.4.5.6.7.8.9.10.11.12代表)。

3.按星曆表分別計算各行星、小行星、或敏感點、中點、阿拉伯點、恆星在何星座、何宮。

4.以出生後行星運行與本命盤的關係，或直接就本命盤論流年運程。

※評論:

1.命宮的定義甚為合理，它是根據地球繞太陽公轉，及本身自轉產生之地方恆星時，經由天球座標之天文數理計算而得，其意義在於地球萬物的生機，是上述地球兩種運動而形成的，生機即生命，理論紮實，嚴謹明確。

2.不同的宮位系統，產生不同的命盤，尤其極緯如南北極或赤道地區的後天12宮扭曲嚴重，至今仍無法解決。

3.因歲差移行，目前天文學上實際的黃道12宮，與西洋占星學使用的迴歸黃道已差異甚大，故常受天文學家之攻擊。(※西洋占星學採用之迴歸黃道卻巧妙與地球四時季節完全契合，如用天文學之恆星黃道論季節，有可能出現6月下大雪之怪異現象)。

(IV)個別特色：

紫微斗數：

1.簡單易學

2.<<道藏>>的原始斗數，它的創始應與古七政四餘有關。

3.在流行的命理學中，其起例的合理性最受質疑，紫府兩系的構成來源更不知所云，在賦文上太陽、太陰、火星之意義，跟七政四餘、西洋占星之同名行星完全一樣，但卻定型化飛佈。

4.準驗性雖有，但穩定性不夠。

四柱八字：

1. 傳承自先秦天文、曆法、陰陽五行哲學演繹之自然象數學。

2. 重視氣機秉賦，若抓準用神、格局傾向，大運的論斷準確。

3. 具有一定的邏輯辨證基礎。

4. 侷限於北半球使用，欲全球化須再作結構上的研發。

5. 部份理論尚未堅實，如化氣格、特別格局，時準時不準。

七政四餘：

1. 印度東傳的占星學結合中國本土的陰陽五行學說，所構成之命理學。

2. 已考慮天體歲差，分點移行之實際天文現象，即28宿會移動配合迴歸黃道的使用。

3. 重視星辰組合，星度頂躔之互相關涉，十天化曜及年神煞之吉凶，以五行生剋制化作為吉凶論斷之主軸。

4. 體系過於龐雜，天文、神煞、陰陽五行交織而成。

5. 可發展為政治國運盤，弧角天星日課。

西洋占星：

1. 除非同一經、緯度，同瞬間出生，否則不可能同命。

2. 根據「天人感應」及地、水、火、風四大元素之哲學基礎演繹，結構嚴謹合理，推斷準驗性甚高。

3. 後天宮位之計算仍有爭議，尚未解決。

4. 古典占星學強調事件吉凶的預測，而現代占星學結合心理作用，強調事件形成之心理發展特質，各具特色。

5. 發展出多元用途，除命理學之本命、流年外，尚有時事、政治、經濟、金融、氣象、卜卦、醫療、婚姻、合夥、人際關係的合盤分析、特殊才華的汎音盤、適合發展區域的換置盤、擇日、占星與風水之結合...等。

筆者與同好談論這個主題，常聽到"用得準就好，何必自找麻煩"，但筆者匯參東西方命理學，發覺從事西洋占星學研究人士不乏博士級，他們組織學會、發表論文，以較嚴謹態度採索其來源、歷史背景，甚至從科學方式來驗證理論的是非；有不少人極具原創性，開發出令人驚艷的實用性技巧如A*C*G、合盤...等，因而豐富了占星學的內容，但反觀我國仍舊處於門派林立，死執祖傳祕訣，從不過問其合理性，能否禁得起驗證?或命型結構有否破綻?所以目前我國的命理學停滯不前，令人慨嘆。

第二章　文章專區

一、占星學是什麼?

我們可從占星學的英文原名Astrology來瞭解，它源自希臘的兩個字詞，Astra星星之意和logos邏輯或理由之意，就字面上的意義，占星學就是由星星或行星來顯示的學說、教義或法則。

1960年代英國著名的女占星學家Margaret.E.Hone在其所著《The Mordern Text-book of Astrology》一書對占星學的定義，已被學習過占星學的人士所廣泛地認知，「占星學是解釋行星作用與人類經驗之間關係的一套獨特系統」。

另外，法裔美籍頗受知識份子尊敬占星家Dane.Rudhyar在所著《The Astrological Houses》也對占星學作出定義「研究由環繞地球之天體位置和人類的意識心理，實體事件或社會變化等之間的關係」。

由兩位占星名家的定義很明確地瞭解占星學就是研究天空的星體位置對人世間事件的對應，《易經．繫辭傳》：「天垂象，見吉凶」畫龍點睛地將占星學的意義點出來，即天空星體的景象呼應人世間事物的吉凶。

二、占星學是如何發展出來的?

占星學發展的真正源頭其年代相當久遠，已無從考証，但我們可以揣度，當古先民面對浩瀚的天空，必然會對大自然深不可測的變化，揣測不安，突然的暴風雨、閃電、打雷，白晝時太陽的突然憑空消失，大地一片黑暗的景象，動物驚惶，人們目瞪口呆，不知所措...等天空雖充滿了壯麗的景觀，卻也帶著毀滅的力量，因而古先民認為大自然的這股神秘力量對住在地上的人類，有著生與死的控制，這股神秘力量來自天空，對之敬畏有加，天空的星體就是神。被普遍認為占星學發展的源頭區域－兩河流域，即中東的幼發拉底河與底格里斯河交會區，位於現代伊拉克的巴格達，曾發展出蘇美文化，後來又轉為巴比倫文化，這些文化中都對天體賦予神名，星與神的關係正是巴比倫占星學的特色。

其實世界四大文明古國希臘、埃及、印度、中國都曾發展自己的占星學，但都如巴比倫占星學的特色，相當程度著重在星與神的關係，在文字尚未被具體使用前，都以神話傳承，這些神話中的主角人物，男神和女神儘管凜然不可侵犯，卻也和人世間一樣，有著愛恨情仇，因而神話學的研究譜出一個道理，神話中的人物就是一個原型(Archtype)代表，是人類無意識或集體無意識的共同縮影，因而神或星的特殊位置喚起人類個別無意識和社會的集體無意識。基本上占星學的發展是觀察天象而來，但賦予神秘的神話型式，是心靈的、精神的。因著重在預知，遂根據長期觀察

經驗遂漸累積出一些星象的吉凶法則，從而做為預知的推演。《易經．承傳．賁》：「觀乎天文，以察時變」，《易經．繫辭傳》：「仰以觀察天文，俯以察地理，是故知幽明之故」都道出觀察天象的重要意義。

三、同樣是觀察天象，占星學與天文學有何異同？

嚴格來說，在公元17世紀之前，占星學和天文學兩者幾乎是密不可分的，占星學家即是天文學家，當時占星學家所出版的書，常冠以天文學的名稱，如13世紀最盛名的意大利占星家Guido . Bonatti的占星學名著《Liber Astronomiae》即是，而這並非唯一，17世紀英國聲譽隆盛的William . Lilly《Christian Astrology》一書所列的參考目錄，比比皆是，想像得到占星學在當時即是一般人所認知的天文學，很難加以區分。

但當哥白尼提出日地關係是以太陽為中心不動，係地球繞太陽而運行的「日心說」，且經伽利略發明望遠鏡，實驗觀察天體運行，証明哥白尼的學說後，天文學的革命逐漸在歐陸發酵，有識之士遂對占星學的磐石基礎，即亞里斯多德－托勒密的地心說(地球為中心不動，係太陽繞行地球運轉)產生質疑，更強調實証精神，這是科學的本質，因而約在18世紀初，天文學正式脫離占星學的懷抱。

天文學從觀察天象到研究天體揭開天體的奧秘，一步一腳印地發展到今日的輝煌成就，這其中有令人驚嘆的宇宙模型，如牛頓的萬有引力，愛因斯坦的相對論，德希特和弗利德曼的膨脹宇宙論，加莫的大爆炸宇宙論，...等，另外精密的天文觀察儀器，如哈伯太空望遠鏡，遂使得天文學的發展日益千里，航太科技因而得以迅速進展，擴充人類的領域。當占星學和天文學分開之後，一些研究文化或文

明的歷史學家，常戲謔占星學已經死亡，如Jim Tester《A History of Western Astrology》就是一例，但吊詭的是，占星學不但沒有死亡，反而更蓬勃發展，事實上科學人氏攻擊占星學的磐石基礎－地心說，並不構成致命一擊，因為所謂地心說或日心說，都是日地關係的討論，看站在那一觀點而已。日地關係是一種相對視運動，天空星律的原型代表並未因日地關係改變而改變。

無論如何，現今的天文學與占星學完全不同，天文學研究著重客觀實証的科學本質，而占星學則是心靈的、主觀的、神秘的體驗，雖然有部份的占星家希望以實証的精神來作研究，希望走出一條路，但成就仍屬有限，就其原因占星學的本質畢竟還是屬於心靈層面，無法完全以片面的或單一的要素作統計分析。

基本上，我們認為占星學毋寧是類比為宗教現象，信者恆信，不信者不信，當然相信它並不一定就有，相對地不信它也並不一定代表它就沒有。儘管今日科學已相當昌明，但大自然的奧秘仍深不可測，愛因斯坦發明相對論，對宇宙科學作出相當鉅大的貢獻，但面對大自然的奧秘，他仍是那麼謙卑、虛心，在《Ideas and Opinions》一書裡提到：「我們所能擁有最美好的經驗是神秘，真正藝術和真正科學的發源地之基本情感就是它，...。我自己只滿足於生命永恆的奧秘，滿足於覺察現有世界的神奇結構以及窺見它的一鱗半爪，並且以誠摯的努力，去領悟自然界所顯現出來的理性部份，即便是極其微小的部份，我也就心滿意足了。」大師對大自然的敬畏令人動容。

第三章　天文、數理、曆法

對剛學占星學初入門者來說，天文、數理、曆法似乎太深奧了些，但欲進階深入殿堂的中級程度者，想要充分瞭解占星學各項知識的原理結構，它們就變成不可或缺了。由於占星學的許多基礎建立於天文觀測，必然與天文計算脫離不了關係，現代電腦科技進步神速，所有繁複的計算皆能輕易地解決，目前知名的占星軟體都具這項功能，但我們認為想在占星學領域中突破，相關的原理結構務必瞭然於胸，這需要紮實的天文、數理、曆法知識，當然也應知道懂得數理計算不見得就高人一等，占星學的推論就較佳。然而對原創性來說，它們是必備的，1970年美國知名占星家Charles . Jayne能得到占星學界的敬仰，就在於他堅實的天文、數理基礎，能不斷開創新的占星學技巧，如他所強調的Vertex點，平行相位，若懂得天球座標各大圈，即可瞭解其意，而不會有隔靴搔癢的感覺。

為幫助有心深入占星學的進階者，我們將有關占星學內容跟天文、數理、曆法相關的基本材料，逐一列出如下：

占星學內容	相關天文、數理、曆法
Ⅰ.天宮圖的建立	
1.出生時間→轉化為地方恆星時。	1.須瞭解天球第一赤道座標、第二赤道座標中的赤緯、時角、赤經的觀念。
2.出生地點的經度、緯度。	2.地理座標的標的，地球的方向。
3.宮位系統的選擇。	3.各宮位系統所選用的天球圈不盡相同，須充分掌握天球的各種座標的意義，才能分辨各種宮位系統的優劣，知所選擇。
4.MC的求算 (MC黃道經度λMC)， $\lambda MC=\tan^{-1}\left(\frac{\tan RAMC}{\cos\varepsilon}\right)$ RAMC：MC的赤經 ε　：黃赤交角約23°27'	4.涉及天球座標間的轉換，為球面天文學的內容，常用到球面三角函數等正弦、餘弦、正切、餘切等定律。
5.ASC的求算 (ASC黃道經度λASC) $\lambda ASC=\tan^{-1}\left[\frac{\cos RAMC}{-(\tan\Phi.\sin\varepsilon+\sin RAMC.\cos\varepsilon)}\right]$ RAMC：MC的赤經 ε　：黃赤交角約23°27' Φ　：用事地點的地理緯度	5.同4之內容。

占星學內容	相關天文、數理、曆法
6.其他各宮宮始點的計算	6.視選用之天球座標之大圈而定，同樣透過天球座標間的轉換，計算過程常用到各宮假設之北極輔助計算。
7.行星位置的計算與排列	7.A.查星曆表 B.實際計算 a.計算觀測時刻的儒略日 b.找所欲計算天體的軌道六元素之資料 c.利用儒略日求算天體的近日離角，並轉換成黃道座標。 d.同時計算地球在黃道上之瞬時位置，並求得該天體由地球看過去之方向(以黃道座標表示)。 e.將天體的黃道座標換成赤道座標 f.將天體的赤道座標換算為地平方位角 ※目前已有多種電腦程式可使用，省下繁複計算，不必如《御覽天象淵源》之繁複算法。

占星學內容	相關天文、數理、曆法
II．天宮圖要素間的關係	
1.迴歸黃道與恆星黃道之差異	1.天文現象中的歲差移行，迴歸黃道著重季節與曆法的配合，而恆星黃道著重天文實象，古時就有「天自為天，歲自為歲」的觀點。
2.地心系統與日心系統之差異	2.宇宙模型的觀點差異，地心系統是樸素的直覺，係亞里斯多德、托勒密所建立；日心系統是真實的太陽系運行系統，就相對而言，無甚差異，因無論從那一系統來看，行星運動都屬相對視運動。
3.行星的逆行現象	3.係地心系統的必然天文現象。
4.月亮交點的重要性	4.地球繞行之黃道面與月球繞行地球之白道面交會之南、北交點。
5.10大行星的意義	5.由行星(含太陽)本身的天文物理性質演繹。
6.10大行星的力量	6.就季節、星座起降及地平線觀察行星之相態，綜合推論。
7.黃道12星座	7.天球黃道座標之黃道圈的假想劃分。

占星學內容	相關天文、數理、曆法
8.恆星	8.近黃道圈或在內之不動星群，著重天文學所觀測之星等、亮度，配合歲差移行計算其迴歸黃道度數。
9.日蝕、月蝕	9.形成之天文學條件及計算。
10.新月、上弦月、滿月、下弦月	10.新月月相圖或各種月相圖。
11.長上升星座與短上升星座	11.天文現象。
12.二分二至星座	12.天文學的季節劃分。
III.主限向運法(Primary Directions)	
1.名詞釋義：RA赤經、MD中天距離、SA半弧(晝半弧、夜半弧)、HD地平距離、CD宮始點距離、AD上升差異、OA斜升。	1.天文現象的解釋，有時須視使用之宮位系統而定，以天球模型即能掌握這些各詞的天文概念。
2. 計算。	2.涉及座標轉換、球面天文學之運算，須使用球面三角函數的公式計算。

占星學內容	相關天文、數理、曆法
Ⅳ.弧角天星擇日學	
1.太陽到山的計算。	1.天球各種座標的轉換。
2.太陽高度的求法。	2.天球各種座標的轉換。
3.各地日出、日落時刻。	3.天球各種座標的轉換。
Ⅴ.時間 1.何謂太陽時 A.視太陽時 B.平太陽時 a.格林威治平時 b.區時或標準時 c.地方平時 2.何謂恆星時 A.格林威治恆星時 B.地方恆星時 3.其他的時間分類 A.理論時區 B.法定時區 C.日光節約時間 D.戰時時間	※天文學上的時間定義，計算天宮圖必備的時間觀念，與天球第一赤道座標、天球第二赤道座標有關。
Ⅵ.曆法 1.陽曆 2.陰曆 3.陰陽合曆 4.儒略曆 5.格里曆	

恆星黃道與迴歸黃道的分辨

有關天文、數理、曆法的詳細內容，絕對需要專書詳解，我們此處僅舉迴歸黃道(Tropical Zodiac)和恆星黃道(Sidereal Zodiac)之差異說明。希臘占星學經阿拉伯人保存、發揚再傳回西歐，至今流傳於全 球的西洋占星學採用迴歸黃道，而東方的印度占星學仍保留最古老、最完整的形式。印度人相當重視宗教，早期的儀式慶典都根據曆法，這些曆法都以月亮運行為主，它在黃道運行的區段劃分基礎為恆星群的亮星，故稱為恆星黃道，我們針對重要的議題解釋如下

- 黃道帶
- 恆星黃道和迴歸黃道差異的原因
  - a.地軸進動
  - b.歲差

·黃道帶

所道黃道帶是指地球繞太陽一周所行經路線為黃道(Ecliptic)，其上下約9°共約18°的寬廣帶即是。黃道與天球赤道傾斜交叉約23.37°，就地心系統太陽帶著行星在黃道帶進行視運動，如圖1

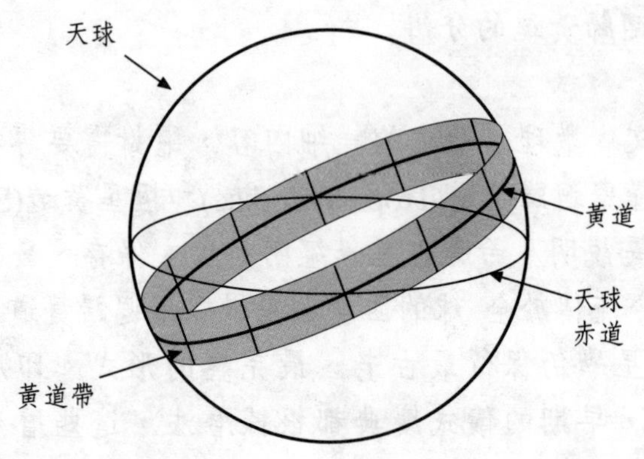

圖1:黃道帶

黃道的發展是巴比倫之星占預言家觀察太陽、月亮及其他行星之運行路徑將之稱為恩里勒大道，一共發現了18個主要星座，包括除了白羊座之外所有現代占星術所用的星座，後來又將恩里勒大道分成12個相等距離，一個月長的部分，每部分則有相應的星座命名，但一直到公元前5世紀，黃道12星座才真正確立，12星座將天空分成12等分，每等分30°，成為占星術的基本依據。

印度占星學早期的發展是27星宿，稱為Nakshatras，主要用來觀察月亮在天空的每日運行，約每日一宿，故又稱月站(Lunar Mansion)。印度人原先觀察有可能類似中國和阿拉伯之28宿，後來為了每宿均等化化而改成27宿，每宿佔黃道均為13°20' (360° ÷ 27)，後來亞歷山大大帝東侵，希臘與印度文化逐漸交流，印度占星學才有12黃道星座。

由於印度占星學的27星宿建立於每星宿較亮的恆星，如Ashwini就以白羊的α或β恆星，長期的累世傳承自然而然就注重恆星，亦即黃道的劃分點就完全以恆星為準固定而不會變動，這種黃道劃分就稱為恆星黃道。

希臘占星學一脈相傳的西方占星學採用的黃道劃分是根據春分點，即每年約在國曆3/21左右，太陽迴歸到這個點，一般稱之為迴歸黃道，它純粹根據太陽運行而來是一種日/地關係，與恆星毫無關聯。

恆星黃道和迴歸黃道差異的原因

我們知道地球以其軸心或稱地軸自轉，因為地球是橢圓形，所以它的旋轉運動就像個陀螺轉動，會形成極移的現象，即天北極也在天球上繞圈移動，它反映地軸在宇宙天空的運動，天文物理學稱之為地軸進動。我們以下圖表示就能一目瞭然，如圖2

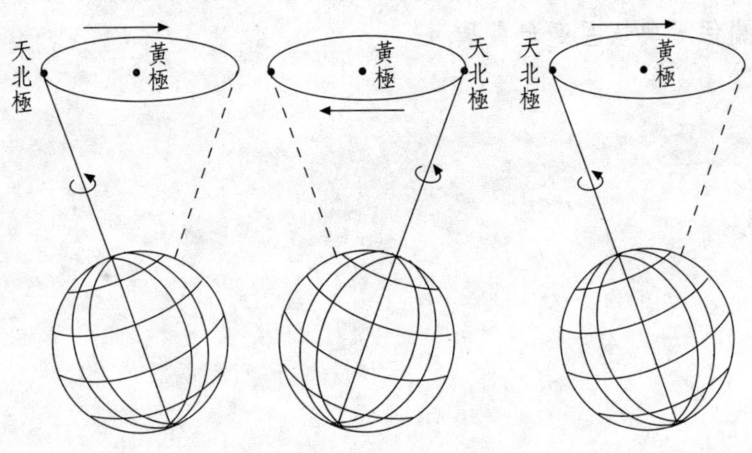

圖2:地軸進動產生的極移現象

地軸進動的運動方向如上圖之極移方向自東向西，每年的速率是50.29"，這個速率也是測量恆星年和迴歸年之差，所以一般稱為歲差(Ayanamsha)，恆星年的測量即根據太陽通過天空中某一固定恆星再返回到該固定恆星，所需的時間長度係就恆星黃道測量的；而迴歸年則是根據太陽春分點起算再返回到春分點所需的時間長度，係就迴歸黃道測量的。

大約在2000多年前，希臘占星學已漸昇成熟的芻型，當時恆星黃道與迴歸黃道的白羊座約在同一位置，但隨著歲差移行今日的迴歸黃道已脫離恆星黃道一段距離，由於恆星黃道是真實的宇宙天文現象，而迴歸黃道純粹為日/地關係反映一歲的季節現象，所以天文學家未深入瞭解占星學前，就根據此差異咨意批評占星學不值得信賴，殊不知兩者各有特色。

恆星黃道與迴歸黃道兩者之差異可由圖3來顯示

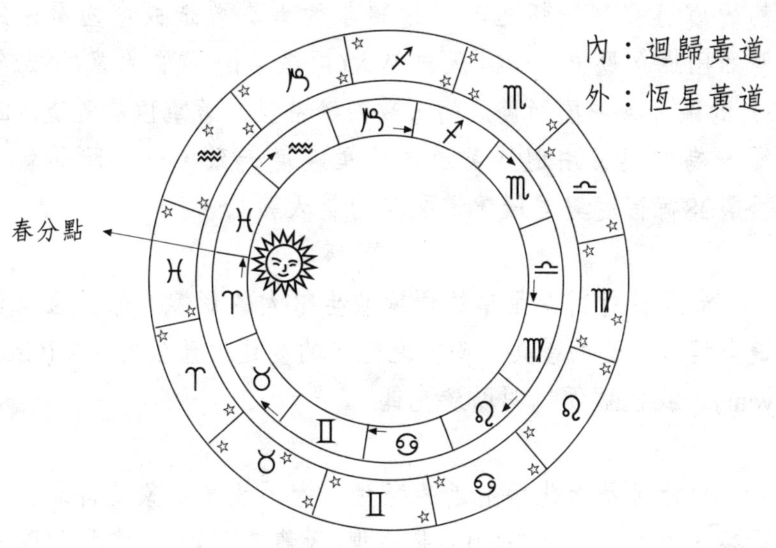

圖3：恆星黃道與迴歸黃道

地軸進動之所以產生，是因地球是一個橢圓形球體，在赤道環形隆起，亦有太陽與月亮的附加引力，又因地球繞太陽之黃道平面和地球本身之赤道平面形成黃赤交角，使得上述所說的附加引力產生不平衡，而地球本身自轉的慣性作用，欲使該不平衡力平衡過來，因而在這三個原因(即地球形狀，太陽月亮之附加不平衡引力，地球自轉慣性作用)產生地軸進動。

地軸進動產生的歲差移行最早發現者為BC2世紀希臘天文學家喜帕恰斯(Hipparchus)，我國則是在AD330左右，由晉朝的虞喜發現。恆星年和迴歸年的差異曾造成中國曆法編製的困擾，歷史上曾「天自為天(恆星年)，歲自為歲(迴歸年)」的區分。中國所發展的七政四餘占星學著重恆星黃道的28宿，為求與常用迴歸黃道之行星躔度一致，一段時間就會編製28宿宿度與迴歸黃道配合的量天新尺。

歲差移行對占星學的理論產生很大的影響，除了恆星黃道與迴歸黃道的差異，尚有北極星的變遷所產生的大年(Great year)，我們順便說明以廣見聞。

北極星是天北極附近的亮星，會因極移現象使得北極星更替，如在公元前3000年是右樞(天龍座α)，現在是勾陳一(小熊座α)，若是到公元13,600年將是織女星(天琴座α)，可以預估右樞在公元22,800年，又會再度成為北極星，這種現象可以下圖4、圖5來表示

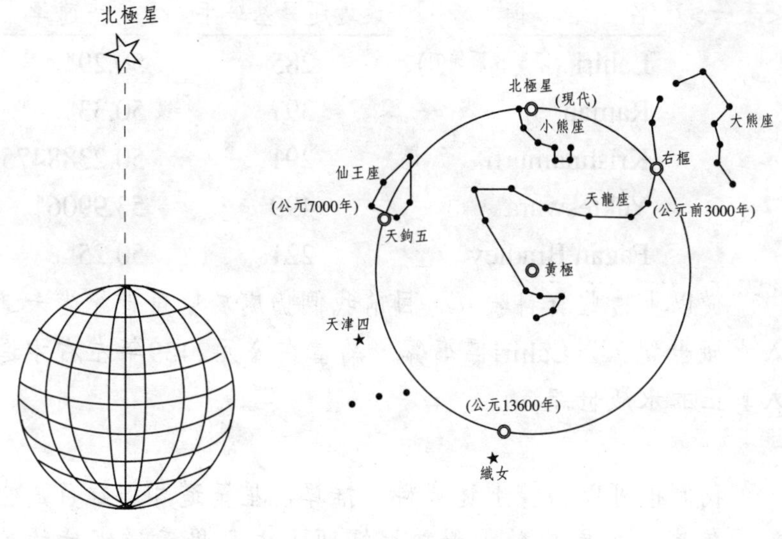

圖4:北極星　　　　圖5:北極星的變遷

北極星的變遷就是以每年50.29"移行的，約71.58年移動1°，天北極移動一周天360°約25,920年，這個數字稱為大年，而一周天12個星座，每個星座約管2160年(25,920÷12)此稱為大月，市面上目前常爭論如今是雙魚世紀或水瓶世紀就是大月所衍生的，可根據迴歸黃道的春分點目前正值恆星黃道的那一星座即知是那一世紀，但問題是迴歸黃道的春分點之起算基準為何需先搞清楚，才有辦法推論，可是起算基準卻爭論紛歧不一，就連使用恆星黃道的印度占星學最後也靠政府出面邀請有識之士共商研討所訂下結論，由政府頒布才獲得較多共識。底下我們列出印度占星學電腦程式常採用之有關歲差移行資料

<表一>

名稱	最近起算基準年	歲差速率
Lahiri (印度政府頒布)	285	50.29"
Raman	397	50.33"
Krishnamurti	291	50.2388475"
Yukteswara	499	53.9906"
Fagan Bradley	221	50.25"

從以上這些資料驗算，目前我們仍處於雙魚世紀尚未進入水瓶世紀，以Lahiri標準算，約當在公元2439年左右才進入真正的水瓶世紀。

我們也可以根據上述資料，推算恆星黃道和迴歸黃道在某一年度的差異度數，對於習慣西方占星學黃道經度的讀者，祇要就某一標準減去該度數，即可得恆星黃道經度。以下僅列出較常用者。

<表二>

Year	Lahiri	Krishnamurti	Raman
1900	22° 28'	22° 22'	21° 01'
1910	22° 36'	22° 30'	21° 09'
1920	22° 45'	22° 38'	21° 18'
1930	22° 53'	22° 47'	21° 26'
1940	23° 01'	22° 55'	21° 34'
1950	23° 10'	23° 04'	21° 43'
1960	23° 18'	23° 12'	21° 51'
1970	23° 26'	23° 20'	22° 00'
1980	23° 35'	23° 29'	22° 08'
1990	23° 42'	23° 37'	22° 16'
2000	23° 51'	23° 45'	22° 24'

印度占星學採用恆星黃道故被歸類為恆星占星學 (Sidereal Astrology)，也常被稱為宇宙占星學 (Cosmic Astrology)，它的星座劃分根據恆星群 (Stellar Constellations)，它的黃道測度我們的太陽系、恆星和銀河之間的關係。美國研究古印度文化相當深入的占星家Dr. David Frawley在其《The Astrology of Seers》就提及恆星黃道含蓋範圍廣，可作為精神占星學(Spiritual Astrology)的基礎。精神占星學就必須考慮神聖的銀河中心和它相關的星座位置，他認為銀河中心就在射手座的較前端，對照27星宿是Mula，其原意為"根或來源"，亦即Mula可標示為銀河中心的第一個月站，相對地天蠍座末端的星宿Jyeshta之意為"最年長的"是銀河中心的最後一個月站。從他們的字義，Dr. David Frawly認為古印度先賢就是這樣安排銀河中心一系列的月站，銀河中心的能量從射手座的管轄主星♃傳遞出來到我們的太陽系，所以♃是神的教師、光的宇宙力量，♃是Guru特別受印度人尊崇。

我們前面談及印度占星學在尚未與希腊12黃道星座交流之前，以28星宿或27星宿劃分周天，經過交流後，仍以27星宿之恆星作為劃分重點，因而採用之黃道就非希腊占星學的迴歸黃道。以下列出27星宿與恆星黃道12星座的關係及星宿主管行星；又印度占星學曾隨佛教東傳我國，有本《文殊師利菩薩及諸仙所說吉凶時日善惡宿曜經》(後簡稱宿曜經)即是27星宿的內容，經翻譯對照與我國28星宿名稱，以及27星宿主星聯絡恆星...等上述資料，我們將之整理如下表，有助想瞭解印度占星學27星宿的讀者。

恆星黃道	序號	印度27星宿名稱	宿曜經	宿星主星	黃道經度範圍	聯絡星
白羊	1	Ashwini	婁	☋	戌0° 0'~13° 20'	白羊α或β
	2	Bharani	胃	♀	13° 20'~26° 40'	白羊r
	3	Krittika	昴	☉	26° 40'~酉10° 0'	金牛η
金牛	4	Rohini	畢	☽	酉10° 0'~23° 20'	金牛α
	5	Mrigasira	嘴	♂	23° 20'~申6° 40'	獵戶λ
雙子	6	Ardra	參	☊	申6° 40'~20° 0'	獵戶α
	7	Punarvasu	井	♃	20° 0'~未3° 20'	雙子β
巨蟹	8	Pushya	鬼	♄	未3° 20'~16° 40'	巨蟹δ
	9	Ashlesha	柳	☿	16° 40'~30° 0'	長蛇ε
獅子	10	Magha	星	☋	午0° 0'~13° 20'	獅子α
	11	Purva phalguni	張	♀	13° 20'~26° 40'	獅子β
處女	12	Uttara phalguni	翼	☉	26° 40'~巳10° 0'	烏鴉r
	13	Hasta	軫	☽	巳10° 0'~23° 20'	處女α

處女	14	Chitra	角	♂	23° 20'～辰6° 40'	牧夫α
天秤	15	Swati	亢	☊	辰6° 40'～20° 0'	天秤α
	16	Vishakha	氐	♃	20° 0'～卯3° 20'	天蠍δ
天蠍	17	Anuradha	房	♄	卯3° 20'～16° 40'	天蠍α
	18	Jyeshta	心	☿	16° 40'～30° 0'	天蠍λ
	19	Mula	尾	☋	寅0° 0'～13° 0'	人馬δ
射手	20	Purva Ashadha	箕	♀	13° 20'～26° 40'	人馬σ
	21	Uttara Ashadha	斗	☉	26° 40'～丑10° 0'	天琴α
摩羯	22	Shravana	女	☽	丑10° 0'～23° 20'	天鷹α
	23	Dhanishtha	虛	♂	23° 20'～子6° 40'	海豚α
水瓶	24	Shatabhisha	危	☊	子6° 40'～20° 0'	水瓶λ
	25	Purva Bhadra	室	♃	20° 0'～亥3° 20'	飛馬α
	26	Uttara Bhadra	壁	♄	亥3° 20'～16° 40'	飛馬r
雙魚	27	Revati	奎	☿	16° 40'～30° 0'	雙魚ζ

第四章　西洋占星學的基本課程

一．天宮圖及有關要素的符號

．天宮圖符號的基本認識

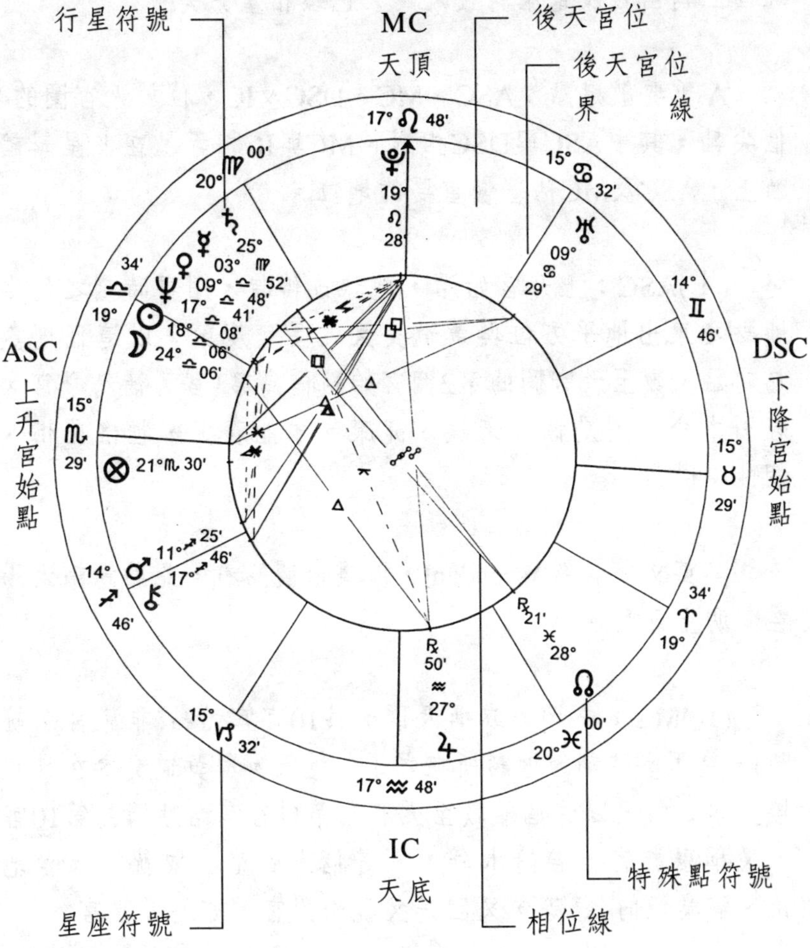

行星符號

MC
天頂

後天宮位

後天宮位
界　　線

17° ♌ 48'

♇ 19° ♌ 28'

20° ♍ 00'

15° ♋ 32'

♅ 09° ♋ 29'

♄ 25° ♍ 03'

☿ 03° ♍ 52'

♀ 09° ♎ 48'

♆ 17° ♎ 41'

☉ 18° ♎ 08'

☽ 24° ♎ 06'

♎ 06'

34' ♎ 19°

14° ♊ 46'

ASC
上升宮始點

DSC
下降宮始點

15° ♏ 29'

⊗ 21°♏ 30'

15° ♉ 29'

♂ 11°♐ 25'

⚷ 17°♐ 46'

14° ♐ 46'

34' ♈ 19°

℞ 21' ♓ 28°

℞ 50' ♒ 27° ♃

☊

20° ♓ 00'

15° ♑ 32'

17° ♒ 48'

IC
天底

特殊點符號

星座符號

相位線

天宮圖Horoscope在希臘時期即有完整概念，其希臘原文意義是「我注意著時辰」，引申為「我注意升起來的是什麼」，即根據出生時在東方地平方位升起來是什麼星座，早期的天宮圖受限於數理天文學的發展尚不夠精密，今日球面三角函數及電腦科技之賜，已臻相當完美。

A.重要敏感點：ASC、MC、DSC及IC，位於天宮圖的4個尖軸，其中ASC與DSC相對，MC與IC相對，在占星學論斷上，ASC及MC佔著蠻重要的地位。

(Ⅰ)ASC：上升宮始點，地球自轉時，用事時刻之用事地點之東出地平方位與黃道交叉之星座度數，以這個度數為起點，數至天宮圖的第2個宮始點稱為第1宮又稱為命宮，若論本命，則是個人秉賦、健康、才能表現、體格長相、個性特徵...等。

其英文全名為Ascendant，以晝夜觀點看，此點意謂太陽在黎明上升點。

(Ⅱ)MC：中天，或稱天頂，第10宮宮始點(非等宮系統時)，為用事時刻、地點所在之子午經圈，與黃道交會在其直接上頭之點，以這個點數至天宮圖第11宮宮始點稱為第10宮，又稱事業宮，若論本命，則是個人聲望、成就、社會地位、職業傾向...等，又因是父親相對宮，亦為母親宮。

其英文全名為Midheaven，而MC簡稱源自拉丁語Medium

Coeli，以晝夜觀點看，此點為午正南天最高點。

(III)DSC：下降宮始點，是ASC相對點，以這個度數為起點，數至天宮圖的第8個宮始點稱為第7宮，又稱為夫妻宮，若論本命則是夫妻或合夥人、他人、明顯的競爭對手...等。

其英文全名為Descendant，以晝夜觀點看，此點意謂太陽在黃昏西沈點。

(IV)IC：天底，為第4宮宮始點，是MC的相對點，以這個點數至天宮圖的第5個宮始點稱為田宅宮，又稱父母宮，若論本命則是個人的血緣、根、與父母的關係、父親的狀況、祖產、土地...等。

其拉丁文全名為Immum Coeli簡稱之來源，以晝夜觀點看，此點為子正北天黃道最低點。

一般上，ASC和DSC連線將天宮圖劃分成兩半，在上為南天，代表白天，在下為北天代表夜間，而MC和IC連線則將天宮圖也劃分成兩半，在左為東天代表自我，在右為西天代表他人。

B.四種純質料：

熱：熱度、靈活、伸展

冷：寒冷、黏著、縮回

乾：拉緊、僵化、裂開

濕： 冷 、感染、易變

熱和乾 → 火(易怒)

冷和乾 → 土(憂鬱)

熱和濕 → 風(快活)

冷和濕 → 水(感染)

C.四大元素：

火、風→陽性、上揚、外向

土、水→陰性、向下、內斂

火：視覺能見到的光，賦予熱及溫暖，能帶給我們無限活力、勇氣、膽識、神聖，祇給遠觀靠近危險，它表現果斷、自信、剛猛、熱愛生命。

土：支撐我們站在地上，任何東西都由它生長組成，能帶給我們堅持、執著、實際、穩定，它表現得可信賴、物質及一般常識。

風：天與地之間盈著氣，卻虛無無體，它穿透物體，支持呼吸、思維靈活、語言表達、領悟，它表現出理性、智慧。

水：水會流動自行平衡，它潔淨、溶解、或因溶合感染而豐富，表現成感性、情感、想像、或將自己投入某個對象中的移情作用。

D.先天黃道十二宮，其命名及符號如下：

♈ 白羊	♎ 天平
♉ 金牛	♏ 天蠍
♊ 雙子	♐ 人馬
♋ 巨蟹	♑ 摩羯
♌ 獅子	♒ 水瓶
♍ 室女	♓ 雙魚

天宮圖周天360° 12個星座，平均每個星座30° ，通常以白羊座為春分點星座，代表春天來臨，大地生氣盎然，黃道12星座在天係按下述順序，即白羊、金牛、雙子、巨蟹、獅子、室女、天秤、天蠍、人馬、摩羯、水瓶、雙魚逆時針運行。

Ⅰ.星座意義的字訣

1.白羊座：自我、專斷、快速、爆發、新鮮、燃燒、熱情。關鍵語：我是 (I am)

2.金牛座：穩定、堅持、不動、實際、緩慢、持久、耐心、韌性。關鍵語：我有 (I have)

3.雙子座：變動、多元、不定、流動、浮躁、表面、反應快。關鍵語：我思 (I think)

4.巨蟹座：情緒、母性、保護、防衛、溫情、照顧、家務。關鍵語：我感覺 (I feel)

5.獅子座：大膽、熱情、積極、慷慨、自負、活力、表現。關鍵語：我要 (I will)

6.處女座：實際、耐勞、分析、細膩、秩序、擔憂、放不開、潔癖。關鍵語：我分析 (I analyse)

7.天秤座：均衡、理性、優柔、體諒、鄉愿、藝術、美感、和諧。關鍵語：我衡量 (I balance)

8.天蠍座：深沈、內斂、執著、絕對、暴力、原慾、佔有、難解、黑暗。關鍵語：我渴望 (I desire)

9.射手座：高遠、理想、精神、自由、變動、樂觀、哲理、國外。關鍵語：我看 (I see)

10.摩羯座：刻苦、耐力、嚴謹、組織、雄心、企圖、成就、沈默。關鍵語：我用 (I use)

11.寶瓶座：天才、異常、獨特、自主、革新、前衛、不受拘束。關鍵語：我知道 (I know)

12.雙魚座：柔順、適應、感性、仁慈、犧牲、沈溺、自我欺騙、善良。關鍵語：我相信 (I believe)

II.星座的分類

·陰陽

1. 陽性星座：白羊、雙子、獅子、天秤、射手、水瓶
 共同特質：雄性、外顯、坦白、主動、積極、開朗、外向、活潑、樂觀

2. 陰性星座：金牛、巨蟹、處女、天蠍、摩羯、雙魚
 共同特質：雌性、內斂、隱藏、被動、消極、拘束、內向、文靜、悲觀

·三分

1.火象星座：白羊、獅子、射手

共同特質：優點：熱情、熱心、活潑、好動、積極、充滿鬥志、自信

缺點：衝動、脾氣壞、欠思慮、魯莽、爭強、不服輸、自我

2. 土象星座：金牛、處女、摩羯

共同特質：優點：謹慎、保守、持續、務實、忠誠、勤奮、努力、堅忍

缺點：倔強、頑固、不知變通、遲鈍、壓抑、自責、過於現實

3. 風象星座：雙子、天秤、水瓶

共同特質：優點：理性思維、喜表達、健談、聰明、學習力強、反應快、好奇心重

缺點：浮誇、不切實際、神經繃緊、易失眠、善變、缺乏人情味

4. 水象星座：巨蟹、天蠍、雙魚

共同特質：優點：情感纖細、感受深、直覺力強、慈悲、憐憫、溫情

缺點：困惑、容易受騙、意志力薄弱、自怨自艾、逃避、沮喪

· 四正

1. 啓動星座：白羊、巨蟹、天秤、摩羯

共同特質：促進、行動、驅使、帶領、引導、出發、不斷有新目標、開創、轉捩點的工作

2. 固定星座：金牛、獅子、天蠍、水瓶

共同特質：堅持、耐久、定性、穩固、集中、焦點

式、既定目標擴張影響、守成、忍受

3. 變動星座：雙子、處女、射手、雙魚

共同特質：適應、變通、融入環境快、不定、浮動、喜新厭舊、傳播、轉接

III.後天宮管轄意義的字訣

1.命宮：性格、喜好、健康、身材、外表

2.財帛宮：財運、賺錢能力、動產、資金、價值觀、有價証券

3.兄弟宮：兄弟姊妹、親戚、短期或短程旅行、基礎教育、鄰居、思考

4.田宅宮：家庭、父親或母親、住宅不動產、遺產、墓地、晚年

5.男女宮：子女、戀愛、賭博、投機、冒險、娛樂、休閒、戲劇、運動、創作能力

6.奴僕宮：勞動、工作崗位、服務、疾病、寵物、服務、部屬

7.夫妻宮：婚姻、配偶、合夥、訴訟、社交、契約

8.疾厄宮：遺產、死亡、性慾、票據、負債、保險、配偶錢財

9.遷移宮：高等教育、旅行、宗教、法律、外國事務

10.官祿宮：事業、權威、社會形象、名譽、長官、地位、信用

11.福德宮：朋友、社團活動、公益活動、強調精神、人文、願望、福利

12.相貌宮：醫院、養老院、監獄、事故、犧牲、隱密場所

、潛意識

IV.後天宮位的分類

・始宮、續宮、果宮(類似星座四正的劃分)

1.始宮：1、4、7、10宮

2.續宮：2、5、8、11宮

3.果宮：3、6、9、12宮

・半球

1.東半球(IC-ASC-MC)：獨立、自主、開創、掌握自己命運的走向、主動、積極、從較多個人角色轉向社會角色。

2.西半球(MC-DSC-IC)：行動前觀察、依賴、從屬、被動、期待他人牽引、較難自己掌握命運。

3.北半球(ASC-IC-DSC)：內在、主觀、內省化、生活重心擺在私人事務、生活領域較狹窄、自私。

4.南半球(ASC-MC-DSC)：外在、客觀、公眾化、重視外界評價、外向、生活領域較寬廣、利他。

・象限

1.第Ⅰ象限(1、2、3宮)：是我和我的象限，焦點擺在自我需求，是個人自我向整體發展的階段，私心較重。

2.第II象限(4、5、6宮)：結合自我需求和他人需求(家庭、孩子)，係一種整合智慧、情緒、身體需要以備外部的發展。

3.第III象限(7、8、9宮)：從自我到人際關係，社會接觸的發展，由社會擴展(7)、能量再生(8)到精神提昇(9)。

4.第Ⅳ象限：整個人生最後發展階段，利他、服務到隱退休養。

Ⅴ.行星意義的字訣

1.太陽(☉)：活力、能力、權力、父親、老闆、名望、領導、野心、傲慢、專制、任性、創造力、虛榮、心臟、眼睛。

2.月亮(☽)：情緒、感覺、感情、母親、妻子、女性親屬、母性、生產力、易變、反覆無常、仁慈、親切、胃腸、乳房、胸部。

3.水星(☿)：心智、溝通、表達、作家、演說家、反應靈敏、易變、狡猾、精明、好奇、幽默、批評、神經質、肺系統。

4.金星(♀)：愛情、藝術、和諧、交際、金錢財務、美感、聲樂、華美、虛飾、奢華、懶惰、婚姻、喉嚨、腎臟、甲狀腺。

5.火星(♂)：野心、競爭、企圖心、軍人、機械員、運動員、勇敢、開創、災難、橫禍、燃燒、易怒、衝動、焦躁、頭部疾病、發炎症狀。

6.木星(♃)：幸運、受益、機會、報酬、揮霍、奢侈、盲目樂觀、發展、增進、慷慨、寬容、宗教學術、法律、道德、肝膽、坐骨神經、放縱。

7.土星(♄)：嚴肅、保守、謹慎、自制、耐性、務實、

責任、節儉、組織、磨練、悲觀、沮喪、吝嗇、苛刻、貪婪、拘束、挫敗、憂鬱、消沈、害怕、畏懼、遲鈍、卑賤。

8.天王星(♅)：偶發、創意、特立獨行、不受拘束、異常、變態、聰明、搞怪、研究發明、無政府主義、電子科技、占星、天文、腳踝、痙攣、災難、地震、爆炸。

9.海王星(♆)：超感應力、神秘、敏鋭、藝術、虛幻、不切實際、欺詐、混亂、靈媒、麻醉、酒空、 吸毒、自殺、歇斯底里、病因不明。

10.冥王星(♇)：嚴酷、脅迫、黑社會、深層慾望、死亡、再生、暴力、破壞、探查、潛伏、心靈研究、神秘、痔瘡、性病、肛門。

11.羅　喉(☊)：今生努力方向、應發展方向、傾向正面。

12.計　都(☋)：與生俱來容易逃避、退縮之所在、傾向負面。

VI.行星的必然尊貴表

Ptolemy's Table of Essential Dignities of the Planets

Sign	Ruler	Exaltation	Triplicity		Term					Face			Detriment	Fall
			Day	Night										
♈	♂ D	☉19	☉	♃	♃6	♀14	☿21	♂26	♄30	♂10	☉20	♀30	♀	♄
♉	♀ N	☽3	♀	☽	♀8	☿15	♃22	♄26	♂30	☿10	☽20	♄30	♂	
♊	☿ D	☊3	♄	☿	☿7	♃13	♀20	♄26	♂30	♃10	♂20	☉30	♃	
♋	☽ D/N	♃15	♂	♂	♂6	♃13	☿20	♀27	♄30	♀10	☿20	☽30	♄	♂
♌	☉ D/N		☉	♃	♄6	☿13	♀19	♃25	♂30	♄10	♃20	♂30	♄	
♍	☿ N	☿15	♀	☽	☿7	♀13	♃18	♄24	♂30	☉10	♀20	☿30	♃	♀
♎	♀ D	♄21	♄	☿	♄6	♀11	♃19	☿24	♂30	☽10	♄20	♃30	♂	☉
♏	♂ N		♂	♂	♂6	♃14	♀21	☿27	♄30	♂10	☉20	♀30	♀	☽
♐	♃ D	☋3	☉	♃	♃8	♀14	☿19	♄25	♂30	☿10	☽20	♄30	☿	
♑	♄ N	♂28	♀	☽	♀6	☿12	♃19	♂25	♄30	♃10	♂20	☉30	☽	♃
♒	♄ D		♄	☿	♄6	☿12	♀20	♃25	♂30	♀10	☿20	☽30	☉	
♓	♃ N	♀27	♂	♂	♀8	♃14	☿20	♂26	♄30	♄10	♃20	♂30	☿	☿

表中Face每個區間0-10°，11°-20°，21°-30°按星座順序可發現為

行星	☉	☽	♂	☿	♃	♀	♄
星期	日	一	二	三	四	五	六

VI.行星的偶然尊貴表

偶然的尊貴		偶然的無力	
+5	在MC或ASC	-5	在12宮
+4	在7宮、4宮、11宮	-2	在8宮和6宮
+3	在3宮、5宮		
+2	在9宮		
+1	在3宮		
+4	順行(除了☉、☽之外)	-5	逆行
+2	運行比平時快速	-2	運行比平時慢速
+2	♄、♃、♂的東出	-2	♄、♃、♂的西入
+2	♀、☿的西入	-2	♀、☿的東出
+2	☽增光或西入	-2	☽減光
+5	沒有焦傷及在太陽光束下	-5	焦傷
+5	在太陽核心	-4	在太陽光束下
+5	與♃或♀的等分相位☌	-5	與♄或♂的等分相位☌
+4	與北交點☊的等分相位☌	-4	與南交點☊的等分相位☌
+4	與♃或♀的等分相位△	-5	受♄、♂之間圍攻
+3	與♃或♀的等分相位⚹	-4	與♄或♂的等分相位☍
+6	與軒轅十四☌	-3	與♄或♂的等分相位□
+5	與角宿一☌	-5	與大陵五☌或5°內

Ⅶ.行星之間的相位

1. ☌ 0° 會合：強調、集中。
2. ⚹ 60° 半合：機會。
3. □ 90° 刑：挑戰、破壞。
4. △ 120° 三合：順利、幸運。
5. ☍ 180° 沖：對立、不協調。

   1-5為主相位，又稱為托勒密相位。

6. ⚻ 150° 不合意：調整。(攸關疾病)
7. ∠ 45° 半刑：激怒。
8. ⚼ 135° 半刑：剝蝕。

   6-8為次相位。

Ⅷ.行星在星座、宮位之綜合詮釋

善於利用關鍵字語或稱字訣，可迅速掌握行星落於某宮、某星座與他星落某宮、某星座形成相位之分析，以組合式解析，即能掌握事件。

記住：

星座：如同戲劇中之角色，將行星的動機、原則，付諸實行的經過。

宮位：生活領域之層面(行星、星座欲表達之目標和對象)。

行星：如同戲劇中之演員(隱含動機、原則)。

相位：劇本中狀況之轉折。

(一)例如：水星在獅子座，第11宮(按上述關鍵字語)

水星：交際(演員，擅於交際)

獅子座：活力、表現(角色為活力、表現)

福德宮：社團、朋友(生活領域為社交團體、朋友圈)

詮釋：有交際能力將活力或表現與社交團體或朋友共享

(二)又例：火星在金牛座，第8宮

火星：積極、企圖

金牛座：穩固、實際

第8宮：性慾、遺產

詮釋：將以積極或企圖心、穩固和實際來處理遺產(性慾)

(三)又例：(一)和(二)，若形成90°刑

刑：破壞挑戰

欲以積極或企圖心穩固和實際處理遺產(性慾)，將受到所交際表現之社團或朋友批評。

IX.重要的阿拉伯點

1. ⊗幸運點：ASC + ☽ - ☉ (白天盤)
   ASC + ☉ - ☽ (夜間盤)

2. Φ 精神點：ASC + ☉ - ☽ (白天盤)
   ASC + ☽ - ☉ (夜間盤)

3. β 基礎點：ASC + ⊗ - Φ 或
   ASC + Φ - ⊗

4. Exalt 旺點：ASC + 白羊19° - ☉(白天盤)
   ASC + 金牛3° - ☽(夜間盤)

X.重要的恆星以公元2000年為準之迴歸黃道經度

1.大陵五(Caput Algol)金牛26° 10"

斬首、暴力、謀殺、恐怖、損及喉嚨。

2.畢宿六(Alcyone)雙子0° 0"

悲傷、哭泣、不幸、災難、放逐、意外事故。

3.畢宿五(Aldebaran)雙子9° 47"

勇氣、兵權、商販、雄辯、煽動。

4.積屍氣(Praesepe)獅子7° 32"

盲目、謀殺、屍體堆積、火災、悲劇、意外。

5.軒轅十四(Regulus)獅子29° 50"

尊貴、君權、領導力、野心、隱含貶落。

6.角宿一(Spica)天秤24° 14"

順景、運氣、財富、勝利、易逢貴人。

7.心宿二(Antares)射手9° 46"

冒險精神、軍事戰爭、頑強、打鬥、眼睛傷害。

8.織女一(Vega)摩羯15° 19"

吉祥、藝術天份、政治利益、母親態蔭、實際。

9.北落師門(Fomalhaut)雙魚3° 52"

玄學名聲、天生缺陷、魔術、特殊才華。

星座	身體區域
白羊	大腦(腦部的上半葉)
金牛	大腦(腦部的下半葉)、耳朵、喉頭、頸喉、後枕骨區、上顎、咽頭、扁桃腺
雙子	手臂、支氣管、手、肺部、肩
巨蟹	胸部、橫隔膜、肺部下葉、胃
獅子	背部、心臟、脊椎
處女	腹腔(下腰部)和臍帶區、十二指腸、腸
天秤	內在生殖器官、腎臟、腰椎區、卵巢、生殖液體
天蠍	膀胱、輸尿管、外部生殖器官、鼻、攝護
射手	腺、直腸、乙狀結腸、腎之靜脈竇、骨盆臀部和大腿、坐骨神經
魔羯	膝部
水瓶	膝部以下的腿和踝
雙魚	腳和趾

第五章　本命占星學

本命占星學(Natal Astrology)也稱為誕生占星學(Genethliacal Astrology)，顧名思義即是探討命主出生時天空星辰結構對其人生各種事項的影響，透過天宮圖的解析，可充分瞭解命主的秉賦，以利適性發揮，趨吉避凶。

有關人生事項的探討內容舉其大要如下：

Ⅰ.個人秉賦外表、個性脾氣

A.秉賦外表

a.身材高矮　b.身體瘦肥　c.頭髮　d.眼睛　e.耳朵　f.牙齒　g.講話

B.個性脾氣

a.三方四正、半球象限之心理主軸

b.William Lilly脾氣計算表

II.命主格局高低

A.Vettius Valens的幸運點、精神點、旺點、基礎點法則

B.1、10、2、4宮的飛星互相關涉法則

C.其他條件

III.個人財富

A. 財富來源的分類、正常所得(正財)、投機所得(投機財)、妻或夫財(他人之財)、繼承遺產所得(偏財)

B. 富命與貧命的徵象及等級區別

C.獲得財富的方法、相關人、事、物的特性

D.何時獲得財富?(涉及流年)、能否持續或耐久

Ⅳ.與父母的關係

A.父親與母親的徵象

B.母親生產命主時的狀況

C.父母與命主的關係如何?

D.父親和母親彼此的關係如何?誰先往生?

E.命主能否繼承家業、是否會保留或耗盡其繼承之家業

Ⅴ.與兄弟姊妹的關係

A.兄弟姊妹多或少?是否有刑傷?

B.命主與兄弟姊妹的關係如何?是否有蔭助?

C.兄弟姊妹中那一個較有成就或失敗

Ⅵ.愛情

A.命主的愛情觀、喜愛的類型、對愛情的期待

B.戀愛過程是否順利、困難或阻礙、原因如何?

C.戀愛的最終結果如何?

D.發生戀愛或困難或分手時間?(涉及流年)

E.另類愛情，如同性戀...等

F.戀愛中男女雙方更細膩分析、配對盤、組合盤的應用

Ⅶ.夫妻、婚姻

A.命主是否會成婚?成婚容易或困難?

B.命主早婚或晚婚?

C.命主結婚對象的樣子

D.婚姻關係中，夫妻是否相愛和諧?或吵鬧離婚?

E.夫妻之中誰先往生?

F.婚姻中的其他問題?

a.婆媳或翁婿不合

b.第三者介入或外遇

Ⅷ.子女

A.命主的子女多或少?容易生或困難?

B.命主的子女男生多或女生多？是否會有雙胞胎，甚或三胞胎以上?

C.命主與子女的關係如何?

D.命主的子女中，誰較有成就或敗家?

E.孩子易夭折或生病之徵象

F.生兒育女的控制秘訣

Ⅸ.工作與職業

A.命主的個性本質與工作、職業的關係

B.命主的職業傾向與類別的關係

C.命主與老板或工作夥伴的關係

D.命主應創業或僅就業安定上班即可?

E.命主的昇遷展望或事業經營是否會成功或失敗(配合II格局高低)

X.學歷、教育與考試

A.命主讀書的資質如何?

B.命主的才能顯現在那方面，科別適性選擇

C.讀書運如何?

D.考試運如何?(含出社會之公家考試)

XⅠ.疾病與健康

A.疾病與健康之徵象，易生病或不易生病

B.論斷疾病時，星座與行星的作用，易致病的部位或功能損壞

C.疾病或健康的論斷訣竅，各種疾病的徵象

D.疾運盤(Decumbiture)的應用

E.生病、痊癒或嚴重致死，發生於何時?(涉及流年)

XⅡ.犯小人、意外災難、官訟、犯罪、入獄監禁、死亡...

A.犯小人，命主易樹敵?

a.小人的樣子及特性?

b.是明小人或暗小人?

c.命主能否戰勝小人?

附帶朋友議題

a.朋友的樣子及特性

b.朋友是否忠誠?良友或損友?

B.意外災難的徵象及論斷

C.官訟災難的徵象及論斷

D.犯罪災難的徵象及論斷

E.死亡災難的徵象及論斷

a.命主壽終正寢?或死於非命?

b.死於非命的方式?

XIII.宗教、道德、旅行、出國

A.命主的宗教信仰?

B.命主的道德觀念如何?

C.命主的旅行運如何?

D.命主是否易移民?

案例一

Thue Node
Placidus
Tropical
Geocentric
25° N03'121° E30'
T'aipei,TAIW
11:40 am CCT -8:00
May 26 1954
Natal Chart
Male

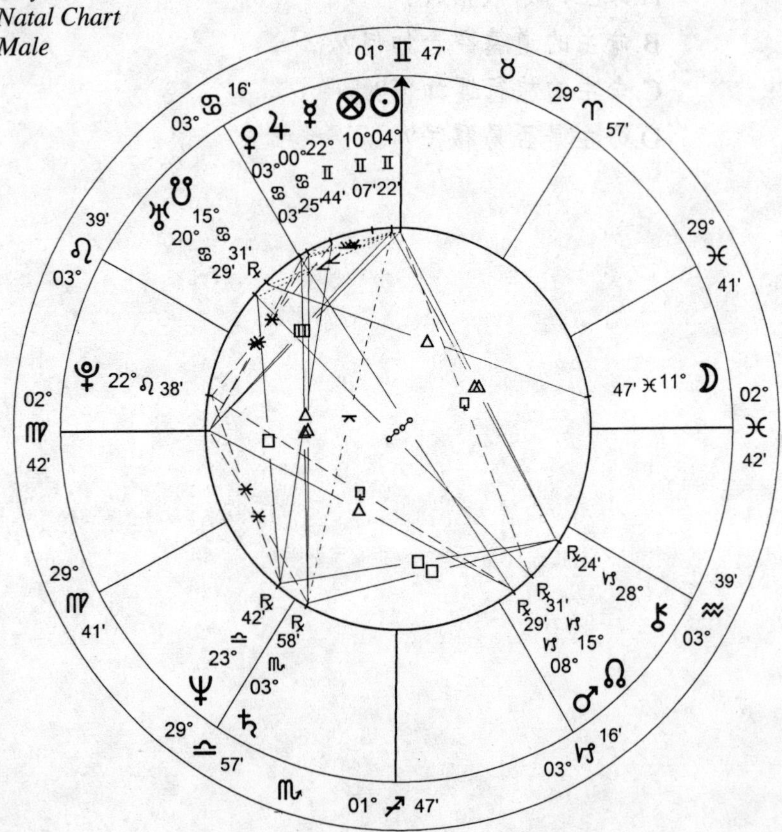

行星強弱評價表

必然的尊貴	日	月	水	金	火	木	土	必然的無力
在廟宮或以廟宮互容+5		+5	+5			+5		在陷宮-5
在旺宮或以旺宮互容+4		+4		+4	+4	+4	+4	在弱宮
三分性主星+3	-5	-5					-5	外來的-5
界主星+2		+2			+2		+2	
外觀主星+1				+1				
偶然的尊貴								偶然的無力
在MC或ASC+5	+5		+5	+5		+5		在12宮-5
在7宮，4宮或11+4		+4						在8宮或6宮-2
在2宮，或5宮+3					+3			
在9宮+2								
在3宮+1							+1	
順行除日月之外+4			+4	+4	-5	+4	-5	逆行-5

運行比平時快速+2	-2	+2	+2			+2		運行比平時慢速-2
土木火的東出+2					+2	-2	-2	土木火的西入-2
金水的西入+2			+2	+2				金水的東出-2
月增光+2		-2						月減光-2
沒有焦傷及太陽光束下+5		+5	+5	+5	+5	+5	+5	焦傷-5在太陽光束下-4
在太陽核心+5								與土或火的等分相位合相-5
與木或金的等分相位合相+5								與土或火的等分相位180° -5
與北交點的等分相位120° +4								與南交點的等分相位合相-4
與木或金的等分相位120° +4								在土火之間受圍攻-4
與木或金的等分相位60° +3								與土或火的等分相位90° -3
與軒轅十四合相+6								與大陵五合相或5內-5
與角宿一合相+5								
總和	-2	+15	+23	+21	+11	+23	+0	

體液·脾氣·習性評量表

評　量　項　目	星座	濕	熱	乾	冷
1.上升星座	處女			1	1
2.上升星座主星	☿	1	1		
3.位於ASC內的行星或☊/☋ (若是☽則加倍)					
4.與ASC形成主要相位之行星所在星座	♃未 ♄卯 ☉申 ♀未 ♂丑	1 1 1 1	1	1	1 1 1 1
5.☽所在的星座	雙魚	1			1
6.☽定位星所在的星座	♃巨蟹	1			1
7.與☽形成主要相位之行星所在星座					
8.月相		1			1
9.☉的季節(春·夏·秋·冬)		1	1		
10.命盤最強行星所在星座 (若與ASC主星同則3倍)	雙子	3	3		
11.♄　東出/西入				1	
12.♃　東出/西入		1			
13.♂　東出/西入			1	1	
14.♀　東出/西入		1			
15.☿　東出/西入				1	
總　共		14	7	4	8

※ 第10項 按行星強弱評價表 所得最強力的行星 稱為LOG

LOG : ☿

熱 + 乾 共 11 ，火象，膽汁質

熱 + 濕 共 21 ，風象，血液質

冷 + 乾 共 12 ，土象，憂鬱質

冷 + 濕 共 22 ，水象，黏液質

我們舉前述天宮圖解說本命占星學的內涵，相關原理讀者可閱讀筆者撰寫的《占星學—天宮圖的要素分析》(上)(下)》及《本命占星學》(尚待出版)

I.秉賦外表、個性脾氣

A.立命處女座2° 42'

命主當屬中高稍單薄，看起來整潔、清爽，前額寬、髮棕帶曲，臉頰稍窄，鼻子直。但這些基本結構會因命主星飛佈及☉所在星座而略有調整，又須注意與ASC命度形成托勒密相位的行星，愈緊密愈見影響力。

1.命主星☿揚升於天頂，而且☉也在雙子揚升近MC，故雙子座亦強，即高直立、強壯、手臂長、行路快、膚色紅潤，眼睛亮而清澈。

2.♀在未3° 03'⚹ASC，相當緊密，長相俊而優雅，頗有氣質。

3.♄在卯3° 58' ℞⚹ASC，結實略帶憂鬱、保守。

4.♃在未0° 25'⚹ASC，寬容、樂觀。

5.☉在申4° 22'□ASC，臉稍圓，顯現威嚴。

6.命主☿⚹♀等分相位，佔權、聰明、掌控慾強、堅定、不服輸。

B.個性

		6 啓動	2 固定	5 變動
1	火	0	1	0
2	土	1	0	1
4	風	1	0	3
6	水	4	1	1

(I) 三方四正

1.四大元素中以水象最強佔6/13，必然感受深、直覺力強、溫情、慈悲、藝術創作靈感，而又以巨蟹座為重，念舊、重家庭、重感情、喜研究或追蹤家族歷史或根、防衛心重，但對熱絡的人卻照顧如家人，不免情緒波動、善嫉妒。♃在未巨蟹會合命度，有口福。

2.立命巳處女，分析力強、潔癖，會有點擔憂、放心不下，而♄的60半合因♄℞會內省。命主星☿揚升天頂，又入申雙子，廟，讀書能力強，學習力、領悟力皆佳。

3.土象較弱，耐性應弱，且固定星座亦弱，持續力亦弱；風象及水象強且變動星座亦強，變化、靈活、思惟多元；☽在水象雙魚，有助詩詞歌賦的靈感，但不免多變、不穩定。

(II) 半球與象限

星盤群星較集中在東半球之第四象限，獨立自主，會

重視社會評價。

(III) 由體液、脾氣、習性評價表可知最強的是水象，更凸顯感性、沈溺、柔情、靈感、直覺力強，而風象亦強尚能理性平衡，不致過份天馬行空。

II.命主格局高低

A.Vettius Valens法則

經計算⊗幸運點、Φ精神點、Exalt旺點及β基礎點，分別如下：

⊗	申10° 7'	定位星☿申22° 44'
Φ	卯25° 16'	定位星♂丑 8° 29'
Exalt	未17° 20'	定位星☽亥11° 47'
β	亥17° 33'	定位星♃未 0° 25'

1. ⊗及β位於ASC在巳起算的軸心宮，而ASC主星☿更位於雙子宮且入廟甚強，而旺點Exalt主星☽也位於ASC起算軸心宮的7宮。

2. β在亥，主星♃在東，位於旺點自己起算的軸心宮內(未)。

3. ⊗的主星☿ 在申位於⊗自己起算的軸心宮內(申)

B.1.10.2.4宮的飛星互相關涉法則

1. 立命巳命，ASC主星☿飛臨10宮申雙子，名「命入宮祿」。

2.2宮宮始點在巳，2宮主星☿也飛臨10申雙子入廟，名「財入官祿」。

3.4宮宮始點在寅，4宮主星♃也飛臨10宮未巨蟹入旺，名「田入官祿」。

4.10宮宮始點在申，10宮之星☿也在10宮申雙子入廟，名「官祿入垣」。

III.個人財富

A.財富來源的分類

1.正財(2宮):2宮在巳處女，理財態度屬謹慎、保守、龜毛、不放心的心態。

2宮內♇ 在辰23° 42℞□ 11宮內♅ 未20° 29'，朋友生肖屬羊、巨蟹座之人欺騙錢財。

2宮主星在☿入10宮申雙子，入廟、賺錢能力屬佳，☿力量甚強。

2.田產(4宮):4宮在寅射手，易離開出生地往國外居住。4宮主星♃入10宮未巨蟹入旺，如同☿一樣得偶然尊貴及必然尊貴，且♃☌♀，♃又為錢財的自然主星，添加吉祥。

3.遺產(8宮):8宮在亥雙魚，主星♃入10宮且在未巨蟹入旺，又♃☌♀，♃為錢財的自然主星，添加吉祥。

4. 投機(5宮)：5宮在丑摩羯，命主對有關投機之事較為謹慎。

5宮內♂在丑入旺，120° 三合命度，也有投機財之運，但天王在11宮內未20° 19'☍5宮內☊丑15° 31'，會有突然的投機損失，應屬前世之債未還。

5宮主星♄入3宮 ℞，行星力量弱，不利投機活動。

B. 命主星☿的行星力量甚強+23，而相關錢財除投機財較弱外，♃之行星力量也強，如同八字斷訣「身旺財旺，人間富翁」，獲得財富之來源顯然來自父母(4宮)及遺產(8宮)以及個人投資事業(2宮主星入10宮)所得。

IV. 與父母的關係

A. 父親與母親的徵象

1. 白天出生以☉為父親，♀為母親參酌☽。今☉揚升天頂，在申陽性星座，且為陽性行星，得區分內(Hayz)；又4宮為父親宮，宮主星♃的行星力量甚強，從這些徵象可知父親能力甚佳，金錢運甚強。

2. ♀在10宮未巨蟹，母善持家，但防衛心不免。

B. 父母與命主的關係如何

1. ☉在天頂90° 刑ASC命度，會給命主壓力或期望較高(☉的定位星☿為命主星)。

2. ♀在10宮60° 半合ASC命度，母親頗關懷命主，而♀定位星☽入7宮夫妻，更是關心命主的婚姻；♀未3° 3'☍5宮之♂丑8° 29'，恐命主談戀愛之時就頗受母親阻撓。

C. 父親和母親彼此的關係如何?

1.父親的徵象星☉和母親的徵象星♀同在10宮事業，父母親一起拼事業，無刑剋相處尚佳。

D. 命主能否繼承家業?是否會保留或耗盤其繼承之家業?

前面III之A的4.8宮分析，可知命主能繼承家業且能保留。

V.與兄弟姊妹的關係

A. 兄弟姊妹多或少?是否有刑傷?

3宮宮始點在辰天秤、風象，兄弟姊妹人數為一般水準不多也不少，宮內行星♄⚹ASC，且♄△♀，多呈吉象，應無刑傷，♄代表冷漠，感情平淡。

IV.愛情

命主的愛情觀、喜愛的類型...等愛情問題。

1.♀為男命喜愛女人的類型，♀在未巨蟹命主喜愛具母性愛、善於照顧家庭、感性類型的女人。

2.♀與5宮(戀愛)的♂180° 沖，愛情易出現熱戀，但

也易分離；而♀△♄會晚婚；而♀☌♃，機會多。♃為8宮(性愛)亥主星，談戀愛易涉及性。

Ⅶ.夫妻、婚姻

1. 7宮(夫妻)始點在亥、水象、肥沃星座，必然會成婚，夫妻宮主星♃入事業，配偶應屬公司內之人；而♃☌♀且△♄，晚婚居多。

2. 7宮在亥水象，配妻屬較慈悲、寬容，宮內見☽在雙魚(雙元星座)，雙重婚姻之象。♀為配偶徵象星，入相位於♄，妻子應屬外觀嚴肅、不苟言笑、較保守。

3. 阿拉伯點的婚姻點落於9宮酉2°21，妻子屬外地或外國人居多，9宮酉逢截奪，且婚姻點180°沖在♄卯3°58，而♄為5宮(男女宮)主星，婚姻易因子女問題而起波濤。

4. 命主的♀多逢相位，命主本身易外遇。

Ⅷ.子女

1.5宮宮始點在丑摩羯、土象、半荒地星座，宮內見♂☍♀，而♀為配偶徵象星，恐配偶生育易開刀。

2.5宮主星♄入3宮弱且逆行，其行星的力量弱，若有孩子恐易夭折或無子女之象。

IX.工作與職業

1.命主的10宮甚吉，吉星群集且10宮主星入廟，行星力量甚強；反觀6宮甚弱，6宮主星(子)♄℞且力量弱，又ASC主星入10宮官祿，格局又高，標準的老板命。

2.命主的個性本質水象變動強，利屬感性、藝術創作或水性行業，但這屬於適性行業。

3.MC在申且主星☿入廟，最有利的行業想屬雙子座類化如 寫作、傳媒。

4.田宅主♃入10宮未入旺，繼承家業。

X.學歷、教育與考試

1.命主的☿甚強且入10宮，而♃亦強讀書的資質亦佳。

2.3宮為大學之前的教育，宮內見♄弱且逆行，易在嚴格管理、刻板、保守的學校就讀，甚覺壓力或無趣，幸3宮(辰)主星♀入10宮與♃☌，無礙成績，但水象、變動強，大學之前必然十分壓抑、感覺不爽。

3.水象強、變動強且☽在亥喜詩詞歌賦自娛，巨蟹座甚強，也喜研究歷史。

XⅠ.疾病與健康

1.ASC在已處女，先天上腸功能較弱，然ASC主星力量甚強，身體恐無災。

2.整個星盤最弱屬♄在3宮天蠍，宜防直腸病變，男性攝護腺功能不良。

3.♆在辰23° 43" ℞□♅未20° 29"，年紀較大時宜注意腎臟功能弱化較快和胃腸不適。

XⅡ.犯小人意外災難、官訟、犯罪...等

1.本例格局甚佳，且多明顯小人或暗小人。

2.8宮為生命與死亡，8宮主星♃入旺且強，壽終正寢之象。

XⅢ.宗教、道德、旅行、出國

1.9宮在戌白羊，宮主星♂入5宮丑入旺，120° 三合ASC，一般道德觀念尚佳。

2.田宅宮在寅，而9宮主星入旺，易移民、出國遷移。

3.9主星♂☍♀，對愛情事務恐道德性較弱。

本案例驗證約達90%準確，命主的父親擅於經營土地房地產，拜台灣景氣大盛之期，累積相當可觀的財富，台北市許多精華地段都曾是他父親名下所有，後來全家移民美國，在景氣稍退之前即陸陸續續出脫。在房地產大跌之際，他家幾乎毫無損傷，並將事業重心移往美國，估計家產將近新台幣200億，兄弟共三人，每人約可分得60億元左右，令人稱羨。

命主自小即就讀台北市貴族小學，成績優異，大學考上台大歷史系，文學寫作能力甚佳，本欲朝自己的興趣往文學創作邁進，但父親要求他繼承家業，不得不放棄自己所喜愛的，往銅臭味鑽，但閒暇之餘仍喜作詩填賦。

與父母、兄弟相處尚佳，但婚姻一直不順遂，自言戀愛機會多，也易吸引女性，卻都無疾而終。後來在美國，父母抱孫心切下，為結婚而結婚，與公司表現不錯的一位女職員結婚。妻子是韓國人，文化背景差異不少，新婚不久夫妻即分隔兩地，妻子也一直無法受孕，經過7年不得不宣告仳離，至今仍獨身空對窗。

第六章
流年預測占星學
論大運、流年、流月、流日

當充分掌握本命天宮圖各種徵象後，如破財、進財、六親關係的親密與生離死別，人生各種不幸意外、疾病、災難、死亡...等項目，命主通常會繼續關心會應在何時。「應期」一直是命理學或卜卦盤...等預測學相當重要的項目，因應預防重於治療，所以應期若能準確，確實有助生命旅程的各種規劃，占星學中的流年系統提供這項功能，但由於傳承及先賢致力於想提高其預測功能，遂演變出相當多龐雜的流年系統，反而讓後世研習者無所適從，甚至否定占星學的準確性，幸好占星學發展於較開放的西方文化中，各種預測方法可透過公開討論及辨証而得以凸顯幾個較被遵循的流年預測方法，我們先盡量列出自古至今的流年預測方法、特色及應用的特性，有助學員選擇。在未列出之前，先說明一下流年預測系統的體系。

1.大運–利用行星或星座所代表之時間期間(Time Period)，來預測人生旅程中那一階段的吉凶順逆，類似中國八字學、紫微斗數的大運法，更像中國七政四餘的洞微大限。

2.流年–預測生命旅程中的每一年的運勢，具體而微，這項是西方占星學的精華，成就高於世界上任何一種命理學的流年預測方法，也因它的細膩反忽略大運預測，這點跟中國八字學重大運幾乎不同。

3.流月–預測一年運勢中各月的狀況，由於預測本就不是一件輕鬆的事，能預測出應在何年，即已讓人十分興奮，若細緻及月，成就當然更高，但西方占星學的流月預測系統雖也有具體方法，但付之實際討論的，似乎不多，這可能跟西方社會較不願談事件吉凶之預測有關，其實喜歡預測神秘事件的東方命理學，論及流月的也甚稀少，明確的方法都附屬在流年系統之下，不若西方占星學的明顯如太陰迴歸法。

4.流日–預測命主每日的生活狀況，這點也是西方占星學預測的重大特色，而且準驗率高得驚人，其中以現行天空中行星的位置來對比命主本命盤各敏感點和行星位置所產生之吉凶相位，依行星落宮或宮主星特性、吉凶相位來論事件吉凶的過運法(Transit)最受推崇，當然一般論命不可能鉅細靡遺，而以重大事件為主。

系統	名稱	方法	特性
大運系統	1.Greek Time-Lords希臘的時間主星法	1. 取⊗、☉、☽或ASC所在星座，當作起始點。 2. 以該星座作為人生旅程的第一個階段，接下來之星座為第2階段，依此類推... 3. 取各星座之傳統主星掌管之行星期間，作為各階段之年數。☉19年、☽25年、☿20年、♀8年、♂15年、♃12年、♄30年。 4. 各階段又可按2.步驟及順序，細分各星掌管之月數。(如上述各行星之數字)	1. 直接從本命盤觀察，不考慮現行天空運行行星的影響。 2. 利用Time-Lords系統的關鍵在於瞭解依照星座和宮位主星所主管之期間和副期間之演出事件，通常是在主期間或副期間之末。 3. 失傳已久，尚待驗証。 4. 啓始點，各家說法不一。
	2.Decennia Time-Lord Decennia時間主星法	1. 白天盤以☉為起始點，夜間盤以☽為起始點。 2. 根據黃道順序，按1.步驟分別排列其他行星順序(傳統行星)。 3. Valens説，若上述1.之☉或☽配置不佳，則改用ASC後之第一個行星為起點，然後按2.步驟及方法。 4. 各行星所主管之年數，不分大小一律10年9個月	1. 直接從本命盤觀察，不考慮現行天空運行行星的影響。 2. 失傳已久，甚少有人提到。

系統	名稱	方法	特性
大運系統		(方法一年數共129年除以12，為10年9月)。 5. 各行星主管期間，又可細分為副期間，以該行星為第一個主管副期間，然後按黃道順序分別排定，副期間之掌管月數，則按方法一之3年數之相同數目。	
	3.Greek/Persian Firdaria 希臘/波斯 Firdaria	1. 先區分為白天出生或夜間出生。 2. 白天出生，則由☉起算，按☉10年、♀8年、☿13年、☽9年、♄11年、♃12年、♂7年、☊3年、☋2年，再重覆上述順序。 3. 夜間出生，則由☽起算，按☽9年、♄11年、♃12年、♂7年、☉10年、♀8年、☿13年、☊3年、☋2年，再重覆上述順序。 4. 各行星主管期間，又可細分成副期間，第一副期間由該行星主管，其他分別按白天或夜間順事分別排定主管月數。	1. 直接從本命盤觀察，不考慮現行天空運行行星的影響。 2. 主管行星在本命盤之強弱及吉凶相位是該期間吉凶順逆的主要根據。 3. 主管行星/副主管行星之組合，是流年吉凶徵象的重要參考。 4. 簡單方便逐漸受歡迎，但驗証的穩定性似乎不夠。

系統	名　稱	方　　法	特　　性
大運系統	4.Planetary Period 行星期間法	1. 凡人命始生，由各行星主管。 0～4，☽；5～14，☿；15～22，♀；23～41，☉; 42～56，♂; 57～68，♃; 69～壽終，♄。	1. 直接從本命盤觀察，不考慮現行天空運行行星的影響。 2. 觀察各主管行星在本命盤之強弱和相位吉凶，而予以論斷。 3. 相當簡單，但實用性存疑。
	5.月相大運法	1. 根據出生後的每個月相、朔、上弦、望、下弦等時刻起盤，分別代表各人生階段的運勢。	1.觀念沿自次限法，一日代表一年而取，每一月相，代表一個大運，平均約7年～7年。 2. 非直接從本命盤觀察，另外起盤。 3. 著重各大運盤始宮，顯著的行星和本命盤比較之吉凶。

系統	名稱	方法	特性
流 年	1.Primary Direction.主限向運法	1. 按出生後，地球自轉之赤道和極所產生之世俗相位(Mundane Aspect)和黃道相位(Zodiacal Aspect)、世俗平行(Mundane Parallels)、貫注的平行(Rapt Parallels)等相位，甚至擴及反向推運(Converes Directions)。	1. 最為精準，但出生時間須精確，誤差4分即誤差1年。 2. 須完全透澈了解球面三角計算，過程相當繁複，一般人視之為畏途。 3. 為占星名家，如Alan Leo、Sepharial用來較正時間之用。
系	2.Secondary Progression 次限推運法	1. 根據出生後，一日代表一年，推算流年。 2. 以流年盤和本命盤作比較，著重流年行星對本命盤行星的影響，以及其所落宮位，論述徵象。 3. 次限法以☉、☽、☿、♀、♂♃、♄為主，現代三行星因速度慢較少論列。	1. 簡單方便，占星學界廣泛使用。 2. 準驗性尚強。 3. 須配合過運法使用，方能精確。
統	3.Minor Progression 次要推運法	1. 美國占星家C.C.Zain所發明。 2. 根據出生後，一個太陰月等於一年。 3. 其他類似次限法。	1. 占星學界甚少使用。 2. 原理類似次限推運法。

系統	名稱	方法	特性
流年系統	4.Solar Return太陽迴歸法	1. 以☉每年回到本命盤☉位置之時間及命主目前所在地起盤，稱之為太陽迴歸盤，用來預測自此至明年☉又回歸時之流年。 2 .可分別單就太陽迴歸盤論流年，以及以太陽迴歸盤配本命盤，做配對盤分析。 3. 另有人主張太陽迴歸應考慮歲差。 4. 著重太陽所在後天宮及本命行星在☉迴歸盤ASC處。	1.☉是太陽系的中心，其每年迴歸有特殊重大意義，因此予以特別重視。 2. 準驗性，時準時不準。 3. 希臘時代就存有，至阿拉伯時廣為運用，曾為主流方法。 4. 是否使用歲差，爭議過大，至今仍無定論。
	5.Solar Arc Direction太陽弧推運法	1. 簡化主限推運法，以太陽每日在黃道上運行之弧度，如設為一日＝1°，即將原本命盤中所有敏感點及行星等要素，皆作同樣度數的運行，代表一年的流年。 2. 再將之與本命盤做配對分析，論述一年的流年運勢，特別著重☉、ASC、MC之落宮及所形成之相位。	1. 過於簡化，但相當容易方便。 2. 有時出奇的準驗，卻不穩定，難以完全信賴。 3. 占星學界常以它配合論斷，有一定的地位及愛用者。 4. 此法衍申出許多類似用法，如❶Salar Arc❷Naibod Arc❸Degreel Year❹Ascendant Arc❺Vertical Arc❻User Arc

系統	名稱	方法	特性
流年系統	6.Profection 小限流年法	1.以ASC星座所在度數，做為實歲0歲起算，一年一宮，每12年循環一次。 2.可細分成流月或流日。 3.分別詳查本命盤吉凶星力量及相位，流年逢到即有徵象，若再有過運行星之引動，吉凶事件最易呈現。	1.直接從本命盤觀察，再配合過運引動，簡單方便，多了查星曆法。 2.里利甚為推崇，準驗性高。 3.已失傳，但目前多被知名職業占星家視為重要利器，如Lee Lehman。 4.強調本命盤潛在特質，流年逢到再配合過運的引發，頗符合占星學原理。 5.從希臘時代就有，但使用方式各家不一，如希臘時期，因每12年就重複，而配合☉迴歸以作區別。 ・太多數似固有傳統，因而論証顯得雜亂。

系統	名稱	方法	特性
流	1.Tertiary Pro gression 參限推運法	1.英國占星家E.H.Troinski所發明的。 2.根據出生後一天等於一個太陰月。 3.判斷類似次限推運法。	1.占星學界甚少採用。 2.原理類似次限推運法。
月	2.Lunar Return太陰迴歸法	1.以☽每月回到本命盤☽之位置的時間和命主目前所在地起盤，稱之為太陰迴歸。 2.單就太陰迴歸盤論流月或以太陰迴歸盤配對本命盤來論流月。 3.著重☽所在後天宮，及本命行星在☽迴歸盤ASC處。	1.☽是傳遞太陽至地球的重要行星，故其每月迴歸有其特殊意義。 2.準驗性時準時不準。
系統	3.次限推運法的流月	1.根據次限推運法中的☽推運☽p一年約走13°30'〔視前、後(日)，年差頗平均除以12〕，約每月1°。 2.查☽p之黃道位置與本命盤之敏感點，行星之吉凶相位論流月。	1.占星學界常使用。 2.準驗性不高。

系統	名稱	方法	特性
流月系統	4.月相流月法	1.根據出生後之每個新月或滿月位置與本命盤敏感點、行星形成吉凶相位及其落宮，論斷上、下、半月的流月運勢。 2.若過到日蝕、月蝕特別重要，影響效應持續較久，須注意蝕點落於本命何宮。 3.亦有根據新月、滿月時刻及命主出生地起一流月盤，推論流月，須配對本命盤。	1.類似過運法，直接查星歷表。 2.準驗性較高，常為知名職業占星家所採用，如StarIQ . Jew Jeff。 3.逢日蝕、月蝕之盤，準驗性最高。
流日系統	1.Transit過運法	1.直接查星歷表，以外行星為重，即♃、♄、♅、♆、♇看其落在本命何宮，及與本命敏感點、行星形成吉凶相位，論述何年、何月、何日之事件。 2.須詳查本命盤之吉凶潛在性。 3.內行星如☉、☽、☿、♀、♂，基本上係屬生活小事件，一般較不受重視，但♂若參與外行星等托勒密相位，則不能忽視。	1.簡單明瞭，方便實用。 2.失之簡單，會患多人同事件之謬誤。 3.通常用來配合任何一種流年系統的使用，亦即過運外行星常是事件引發之觸媒。

案例二　尹清楓

Mar 31,1946
蘭州
11:00:00 PM SST
ZONE:-07:00
36N01'00"

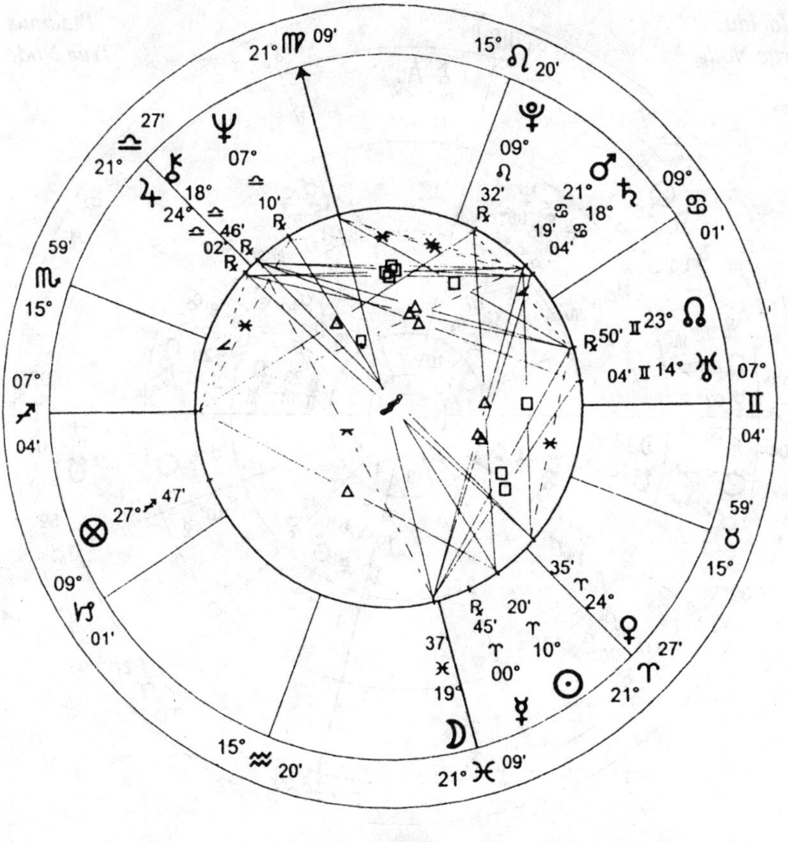

Inner Wheel
尹清楓
Natal Chart
Mar 31 1946
11:00 pm SSUT -7:00
china, china
36° N01'
103° E27'
Geocentric
Tropical
Placidus
True Node

Middle Wheel
Sec.Prog. SA in Long
Mar 31 1993
11:00 pm SSUT -7:00
china, china
36° N01'
103° E27'
Geocentric
Tropical
Placidus
True Node

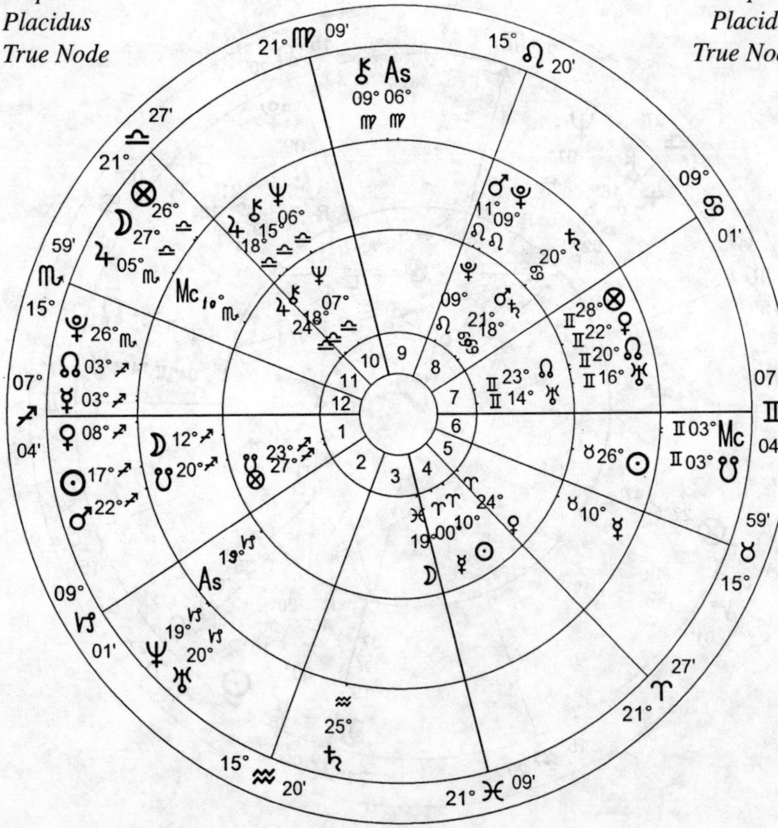

西洋占星學的流年預測應掌握一個觀念，即本命徵象為體，流年預測系統為用，再經由過運法引發，這種三合一運勢論斷模型可以下列方式表達。

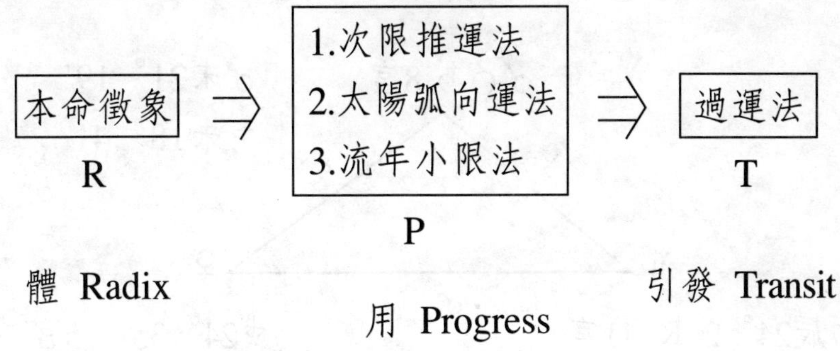

我們以轟動全國的尹清楓上校被謀殺一案，分別就下列三種方法解説

I. 本命/次限推運/過運的三合一運勢

II. 本命/太陽弧向運法

III. 太陽迴歸法

案例二

(I) 本命/次限推運/過運三合一運勢

三合一天宮圖 1.內圈為尹清楓上校的本命盤

2.中圈為1993年出事時的次限推運盤

3.外圈為1993年12月9日尹清楓上校被帶走失蹤當日的過運

A.本命徵象

1.8宮管轄壽命、死亡，8宮在未巨蟹座、水象，宮內見(♂☌♄)兩種傳統的凶星會合。♂ 為12宮(凶宮)主星，不

幸、災禍、意外、陰邪、暗中小人，落於8宮，偶然無力且入巨蟹為弱必然的無力，甚凶；而♄入巨蟹陷，甚凶。

2.8宮內的(♂☌♄)與♃及♀形成三刑會沖的大凶格局。

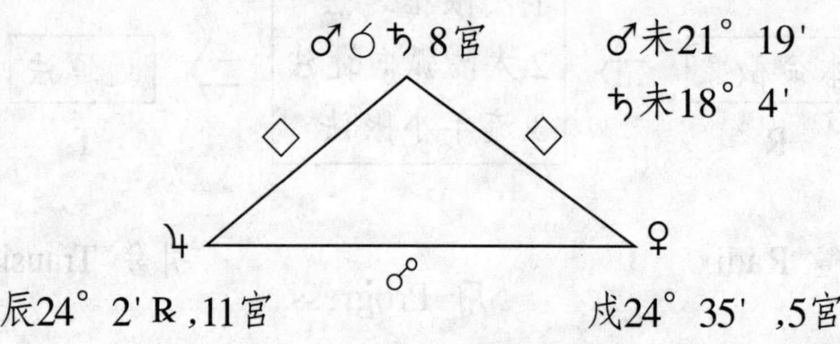

♃為ASC(寅)主星，入11宮(朋友、同僚)；♀為7宮(酉)反對者之主星和11宮(辰)朋友同僚，顯然其凶象涉及明暗小人、同僚有關。

3.12宮始點在卯天蠍為暴戾星座，其主星♂入8宮，犯小人暴戾致死之象，三刑會沖頂點又在8宮巨蟹、水象，落水而死。

4.8宮始點在未，宮主星☽亥19° 36'亦屬水象，☽潮濕相當接近IC天底亥21° 9'，☽也90° 刑□♅申14° 4'，♅(突然，未預期的)在7宮(反對著、談判)，而IC天底生命終結，西方中世紀的占星學視為埋葬之處。

5.☽△(♂☌♄)，似有救助，但(♂☌♄)太凶，難見成效。

從以上本命徵象可知尹清楓上校很明顯地犯明、暗小人，以致被誤殺，突然或未預期地葬身海裡。

B.次限推運盤為用(1993年次限推運流年)

1.次限♄p在未20° 51'☌本命♂$_R$未21° 19'(♄p在本命8宮，♄p甚弱引動凶禍)

2.次限ASCp在丑19° 29'☍(♂$_R$☌♄$_R$之中點未19° 42')(ASCp在本命2宮沖到他人之財8宮7宮(他人)之2(財帛))

3.次限♃p逆行在辰18° 37'□♄$_R$未18° 4'(♃p在本命10宮職務引動凶禍)

4.次限MCp在卯10° 37'□♇午9° 32'在8宮(MCp(職務)在本宮11宮(同僚)，事涉朋友、同僚的職務關係)
以上1~4之徵象都屬1°內形成，凶徵，證明尹清楓上校因工作職務(♃p在10宮，MCp在11宮)將自己(ASCp)擋人錢財(☍8宮，7宮之2)之狀況，陷入不測極危險(♂☌♄在8宮，陷，弱)，甚至有生命危險(8宮死亡)。

C.過運的引發

1993年12月9日尹清楓上校受邀赴約，當天即失蹤，隔日在宜蘭海邊他的屍體被發現，引起全國相當震憾，但案情至今已歷10年卻仍陷入膠著。

1.當日(♆$_T$丑19° 40'☌♅$_T$丑20° 20')☍♄p及(♂$_R$☌♄$_R$)

2.當日♇$_T$ 卯26° 17'☍⊙ p酉26° 8'

3.當日♄$_T$ 子25° 9'☍⊙ p酉26° 8'

⊙ p為流年推運的生命活力受♇$_T$ 及♄$_T$ 之刑沖，生機受阻。

從本命徵象/次限推運/過運之三合一運勢分析，就占星學的學理尹清楓上校死於非命，落水而亡，似難逃噩運。本命的潛在危險在1993年的次限推運激起，最後由過運於適當日期引發，有脈絡可尋。

本案例儘管是馬後砲式的解說，但其中的占星學學理卻是2000多年來占星學界所公認的，讀者若充分體會行星及宮位徵象，當瞭然於胸。

Inner Wheel
I
Natal Chart
Mar 31 1946
11:00 pm SSUT -7:00
chian,chian
36° N01'
103° E27'
Geocentric
Tropical
Placidus
True Node

Outer Wheel
I
Directed - Solar Arc
Mar 31 1993
11:00 pm SSUT -7:00
chian,chian
36° N01'
103° E27'
Geocentric
Tropical
Placidus
True Node

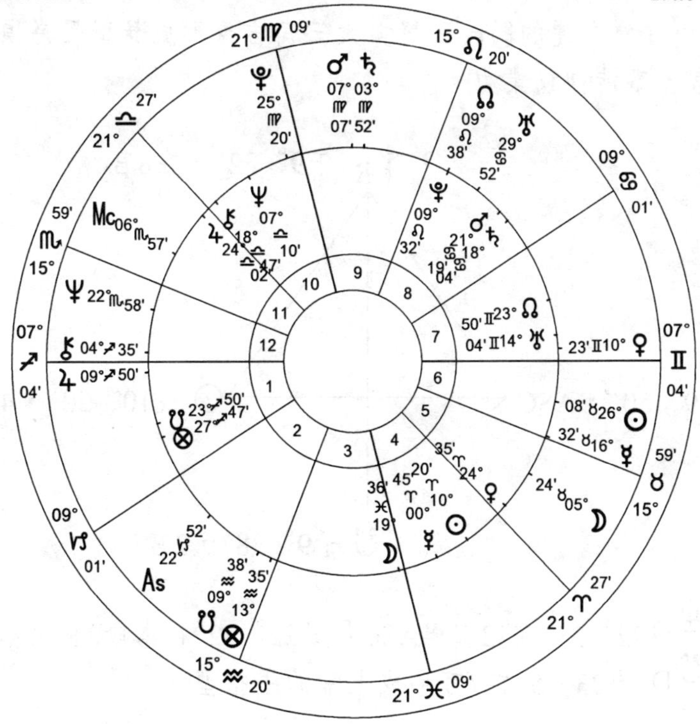

案例三

II.本命/太陽弧向運法，此處向運以D表示公元1993年太陽弧向運流年

1. ♃D 寅9° 50' 位於ASC浮升，入廟，與☉R 戌10° 20' 在本命4宮及♇R 午9° 32' 在本命8宮形成大三角吉象，相關星座皆為火象，♃ 為運氣，☉權威、尊榮，♇掌握、佔權。尹清楓上校於當年度榮升武獲室執行長佔少將缺，這是軍人相當重要的生涯轉折，光耀門楣，其父頗引以為傲。

但此大三角吉象為何當年度遭逢如此身心艱熬，異死海上？此處應注意向運的☋D 正好與大三角吉象形成菱型且為頂點在2宮，事涉神秘業力。

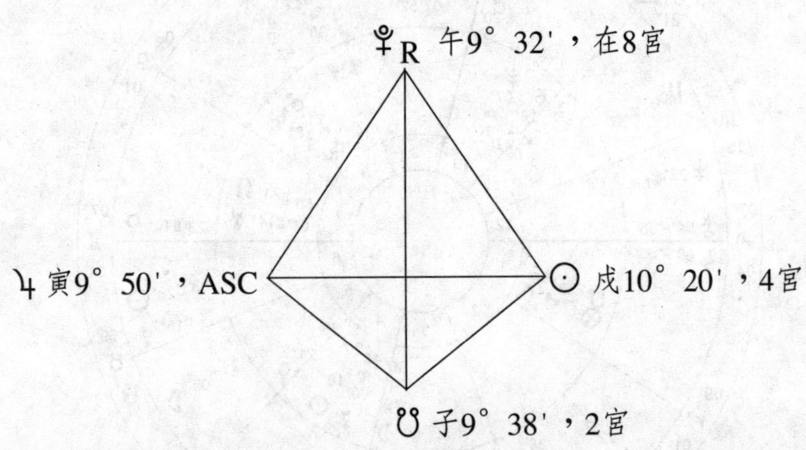

2. ♆D 22° 58' 在12宮與ASC D 丑22° 52' 在本命2宮及本命☋D 申23° 5' 在7宮形成上帝的手指型。

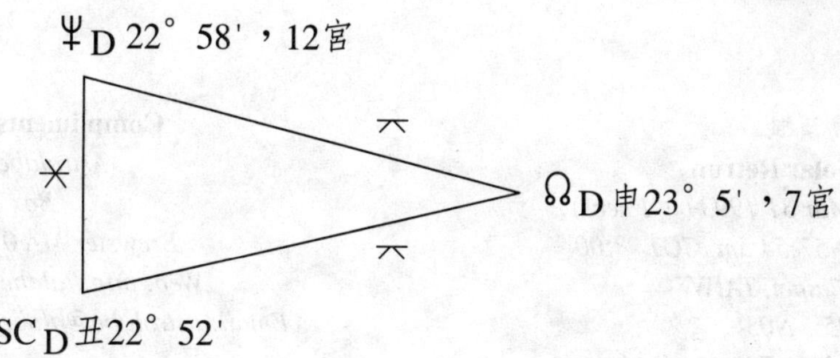

相關行星或ASC_D 皆在暴戾星座12宮(卯)、2宮(丑)與明小人(7宮)、暗小人(12宮)牽涉在內，12宮為災難宮，♆ 在水象(卯)更凸顯不幸災難之狀況。

3.$♂_D$ 巳7° 7'□ASC_R 寅7° 4'，♂ 管轄傷害、兵器、不幸...等且♂為本命12宮卯之主星，ASC代表命主，顯然命主本人受到傷害。

4.ASC_D 22° 52' ☍(♂$_R$ ☌ ♄$_R$)雖離1° 31'，但ASC之計算涉及宮位系統採用，即精確時間之差異會有不同，由於僅差31' 故離精確出生時間約僅2分鐘左右。

本案例當年度同時有幾個吉凶向運並陳，極佳的大三角卻隱藏神秘業力和極凶的向運 $♂_D$□ ASC_R 及ASC_D☍(♂$_R$☌♄$_R$)，涉及生命之憂，凶死。

有關本例之太陽向運係採Naibod Acr每年推進弧度為0° 59' 08"，所得結果頗符合尹清楓上校當年狀況，但研習者應知道事後驗證較易著手，若事前面對此案例如何下結論呢?

尹清楓
Solar Retrun
Mar 31 1993 (±1 secs)
8:57:54 am CCT -8:00
T'aipei, TAIW
25° N03'
121° E30'
Geocentric
Tropical
Placidus
True Node

Compliments of:-
Astrolabe Inc.
Box 1750
Brewster MA 02631
Web: http://alabe.com
Email: astrolabe@alabe.com

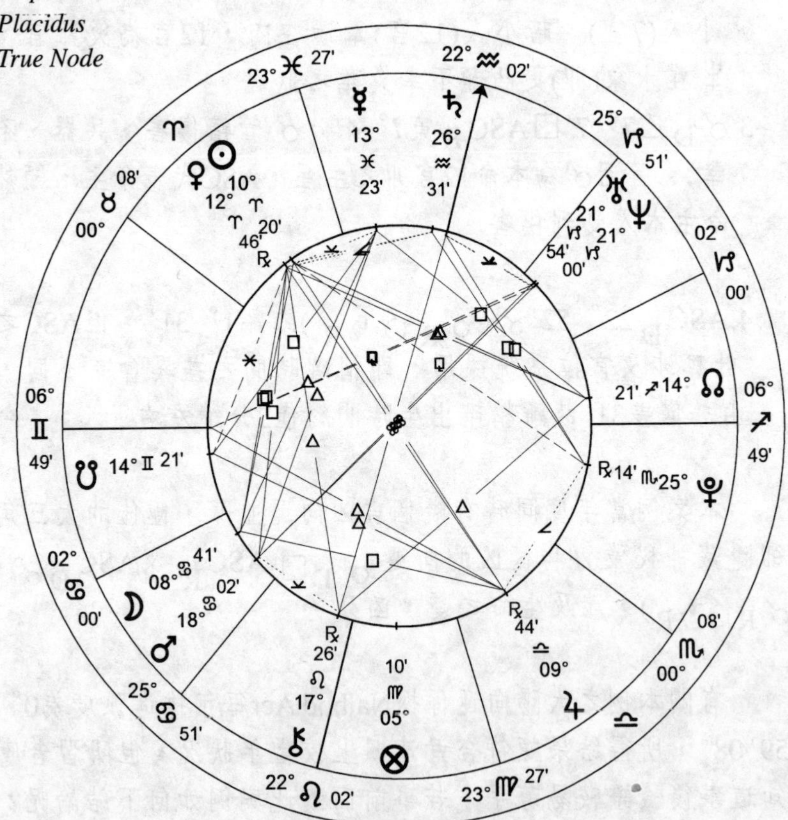

Inner Wheel
尹清楓
Natal Chart
Mar 31 1946
11:00 pm SSUT -7:00
china, china
36° N01'
103° E27'
Geocentric
Tropical
Placidus
True Node

Outer Wheel
I
Solar Return
Mar 31 1993(±1 secs)
8:57:54 am CCT -8:00
T'aipei, TAIW
25° N03'121° E30'
Geocentric
Tropical
Placidus
True Node

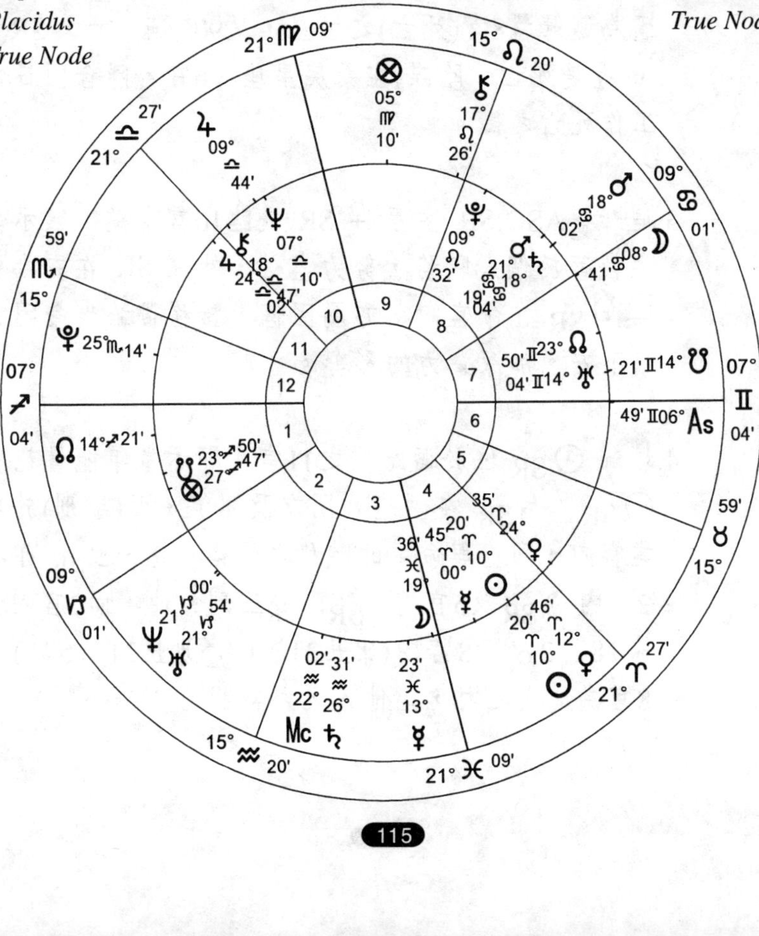

(III)太陽迴歸法

A.單獨的太陽迴歸盤(1993年)以SR代表

1.迴歸盤的ASC SR 在申6° 47'已近本命盤7宮始點中7° 4'，該年必然涉及人際關係之互動，敵人或明顯小人，談判協商，甚或合夥、夫妻之事務。

2.迴歸盤始宮以ASC SR和MC SR為重，☋SR 在ASC必然困頓、內心艱熬前世業力干擾，而♄SR在MC SR內水瓶為旺，代表責任、嚴謹、壓力，然♄SR適為迴歸盤8宮(死亡)之主星，又90° 刑 □♇ SR(♇ 也是死亡、陰謀)在暴戾星座、6宮，隱含因日常工作死亡之徵。

3.迴歸盤ASC SR 主星 ☿ SR 飛臨10宮事業，顯示命主執著於個人職務，努力盡心，然 ☿ SR 在亥為弱 □ ☋ SR 在命宮內，亦屬因個人職務帶給生命困頓、不安，加深業力的影響。

4.迴歸 ☉ SR 位於迴歸盤之11宮，顯示當年能量花費 ☉ SR∠♄SR 在團體、朋友及同僚，而(半刑)於事業宮內，同僚與命主的職務之干格可見，☉SR 亦與2宮內 ☽ SR及5宮內♃SR形成三刑會沖，而2宮內♂未18° 2'☍ 8宮內(♆丑21° 0'☌♅丑21° 54')，8宮為他人之財，擋他人之財甚明。

5.迴歸盤☽SR之最後相位如下圖

8°	9°	10°	12°	18°	21°	21°	25°
未	卯	戌	戌	未	丑	丑	卯
☽	♃	☉	♀	♂	♆	♅	♇

☽未8°離開其所在星座未30°之前所有形成主相位☌、⚹、□、△、☍ 計有☽未8°△♃卯9°，☽未8°□(☉戌10°☌♀戌12°)，8°☌♂18°，☽未8°☍(♆丑21°☌♅丑21°)，☽未8°△♇卯25°。即☽逐漸入相位，最後離開未30°之前120°三合♇，♇為死亡，引動迴歸盤中♇□♄之凶象。

6.迴歸盤ASC SR 在申雙子、變動星座，浮動不定。

B.本命/迴歸盤合盤分析

1.迴歸盤ASC SR 內之☋SR 申14° 21'☌♅SR 申14° 4'在本命7宮且ASC SR 主星☿SR 亥13° 23'□♅SR，指示與對手或明顯小人溝通不成，引動神秘業力，以致意外災難遭橫禍。

2.(♆$_{SR}$丑21° 0'☌♅$_{SR}$丑21° 54')☍(♂$_R$未21° 19'☌♄$_R$未18° 4')在8宮且♂$_{SR}$未18° 2'☌(♂$_R$未21° 19'☌♄$_R$未18° 4')，顯然涉及擋到他人金錢而死亡。

3. ♃ SR 辰90° 44' 在本命10宮☍☉戌10° 20' 在4宮，老父(☉)傷心。

由A.B分別敘述也有當年度死亡之徵。

第七章　卜卦占星學

卜卦占星學(Horary Astrology)是西方占星學四大科，即本命、時事、擇日、卜卦中的卜卦類，Horary的文字意義為與時間有關，這說明卜卦占星學是在處理詢問者內心裡有疑惑之時起盤，由天宮圖的星辰結構來解答所詢問事項，亦即卜卦占星學與時間性質相關關聯，詢問者詢問當時天空的星辰結構隱含了問題所在，占星師得以根據一些法則來回答是或不是，屬於事件吉凶預測的範疇。

西方占星學在17世紀於英國發展成第二次黃金期，當時的占星學的主流即是卜卦占星學，上至王公貴族下至販夫走卒，無不趨之若鶩。大陸學者江曉原博士《歷史上的星占學》第8章第3節星占學家知道什麼？(上)提到占星家提供之私人事務的服務計有1.尋找失物2.尋人、尋奴僕逃犯3.尋船、航海預卜、航海保險4.物價、生意盈虧5.尋寶、尋金、尋找點金石6.訴訟利鈍7.個人的窮通禍福8.職業選擇9.婚姻家庭10.治病11.懷孕12.壽數13.種種私人決策，這些項目除部分可由本命占星學推論外，大多數是卜卦占星學服務的項目，事實上除了這些私領域的問題外，亦可用於公領域的範圍，如占星學發展史最重要的人物17世紀英國的William Lilly的名著《Christian Astrology》中不乏有這方面的案例。

卜卦占星學的主要內容可說是以後天宮位和月亮為中心的占星學，因著重在事件吉凶的預測，一直被攻擊、污蔑，其實預測吉凶何罪之有，該譴責的是操術者的心態問題或心術不正，許多社會科學如心理學、社會學、經濟學不也都是做預測?

卜卦占星學進行詢問者所提問題之判斷，大抵按下列議題:

Ⅰ.檢查所提問題是否為根本的，即所提問題有效性的參考

- 時間主星是否與卜卦盤上升星座ASC主星相同?與ASC星座三分性主星相同?與ASC星座同純質料?與ASC主星是否形成托勒密相位?
- 上升度數是否為星座之前3°，即0°、1°、2°。
- 上升度數是否為星座之後3°，即27°、28°、29°。
- ☽是否在焦傷途徑Via-Combust(辰15°～卯15°)。
- ☽是否空虛(Void of Course)。
- ☽是否在星座的較後度數，即多於27°以上。
- ♄是否在7宮內或為7宮主星。

II.確定問題，認定代表行星和所問事項的自然主星

- 代表詢問者為那一行星？
- 月亮為共同的詢問者，甚或共同之詢問事項。
- 代表詢問事項為那一行星。
- 衍生宮位的應用(涉及非詢問者之人、事、物)。
- 詢問事項的自然主星。

III.計算相關代表行星的力量-Williams Lilly行星力量評價表

· 必然的尊貴與無力(Essential Diginity & Debility)。

1.廟 2.旺 3.三分性 4.界 5.外觀 6.互容與容納

7.陷 8.弱 9.外來的。

· 偶然的尊貴與無力(Accidental Diginity & Debility)

1.宮位位置–始宮、續宮、果宮。

2.運行速度與狀況–行星運行速度比平時快或慢、順行或逆行。

3.月亮的增光與減光。

4.行星接近太陽的狀況–在太陽光束下，逢焦傷或核心內。

5.與吉星♃或♀、凶星♄或♂的相位。

6.行星的相態東出與西入。

7.與☊/☋等分相位會合☌。

8.與吉恆星或凶恆星的會合☌。

IV.檢查月亮所有的入相位與離相位

V.判斷事件能否完成(Perfection)

· 不能完成

1.圍攻(Being besieged)。

2.挫敗(Frustration)，禁止(Prohibition)，妨礙(Interference)。

3.障礙(Hindrance)和妨害(Impedition)。

4.Refranateion。

5.逆行(Retrograde)。

·能完成

1.代表行星或☽間形成主相位之入相位。

2.容納與互容。

3.光線傳遞(Translation of Light)。

4.光線集中(Collection of Light)。

5.代表行星或☽與所詢問事項之宮位的宮始點形成吉相位。

Ⅵ.事件的應期

Ⅶ.方位、色彩、地點等特殊問題的判斷

卜卦占星學的內涵又可演繹為事件占星學，即根據事件發生時刻及地點起盤，解說事件之前因後果，常用於時事判斷，如地震、大災難、殺人事件、政治團體成立日期...等，另在醫療占星學則衍生疾運盤的用法，以作為診斷疾病的輔助工具，又占星師也常根據客人上門之剎那起顧問盤，配合判斷或瞭解客人最想要的諮詢是什麼主題，以此切入可收事半功倍之效。

另外也由卜卦占星學衍生競賽盤(Contest Chart)如運動、球賽、拳擊、政治選舉...等種種一對一的競爭或挑戰、主客場明顯的運動比賽都可以根據比賽時刻起盤或類似卜卦詢問起盤，根據1宮(主)和7宮(客)之對稱及10宮(1宮之聲望、評價)和4宮(7宮之10宮，即7宮之聲望、評價)，若涉及智商、運動才華尚須考慮5宮及11宮，將這些宮位及宮主星予以評估雙方力量，強者勝，弱者敗。

案例三

Disease Chart
May 8 1645 OS
6:15pm GMT +0:00
Londan, Eangland
51° N30' 000° W08'
Geocentric
Tropical
Regiomontanus
True Node

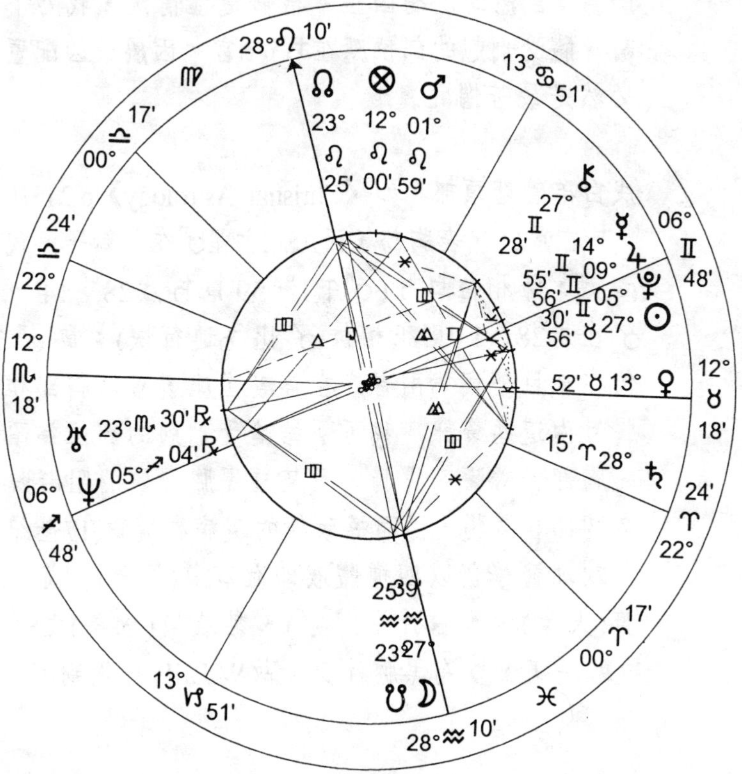

卜卦盤(Horary Chart)：錄自W. Lilly《Christian Astrology》一位生病的醫生詢問：我的疾病是什麼?是否能康復?

<一>該醫生的疾病按W. Lilly自己描述，括弧則為註解。詢問時起出天宮圖如左，ASC在卯天蠍，恆星氐宿－(South Scal凶恆星，當時約在卯11° 20')名"天蠍的腳"近ASC，但未受任何凶星之邪惡刑剋，所以接下來我必須觀察6宮，看它是否受刑剋。我發現♄在該宮入弱(♄在戌白羊，弱)，因而刑剋了該宮(即第6宮)，♄為自然的疾病凶星。根據這種情況，我乃下結論身體受刑剋的部位應在♄和6宮，因屬最凶配置，必然是最苦惱之處。

戌白羊管轄頭部，如《Christian Astrology》p.245所述，♄在戌宮代表胸部，而ASC主星♂在午獅子，代表心臟，離相位□♄(♂午1° 59'□♄戌28° 14'，若♂在未28° 14'則正相位♂比♄運行快)；當♂若仍在未巨蟹與♄兩者皆在啓動星座，管轄胸部和胃腸。由這些資訊，我可下結論受刑剋的部位為頭部、胸部、心臟、胃腸，且某種黑膽汁質的阻礙貯存在胸部和胃腸，因而導致他的疾病和災難(17世紀前，歐洲醫學仍以四種體液即血液質(風象)、黃膽汁質(火象)、黑膽汁質(　象)、黏液質(水象)之平衡論斷疾病，♄為黑膽汁質，故W.Lilly有此判斷)

<二>疾病的原因

♄是疾病的主要代表因子，在它自己的界內(♄戌28° 14'適在♄的界)，且☽位於它的廟宮(☽子27° 29'，子為♄廟宮)入相位⚹♄，這説明黑膽汁質和乾的疾病是因他頭部和胸部不平衡的黑膽汁質所引起，見《Christian Astrology》p244之記載。就疾病而言，♄管轄虛弱，你的醫生當知道先前所述因素是這些部位產生疾病的原因。

ASC主星♂也是在♄之界(♂午1° 59'適在♄的界)，且☽也在♂的界(☽子27° 29'適在♂的界)入相位□☉，而☉也在♂的界(☉酉27° 56'適在♂的界)，所以黃膽汁質(♂所屬體液)也是這位醫生生病的第二個原因。事實上當我跟他談話時，他已遭受極大痛苦，頭痛欲裂，他顯得非常無氣力、遲鈍、憂鬱、睡得很少、乾咳嚴重，抱怨非常虛弱，胸部和心臟部位疼痛，他的膚色介於黑和黃之間，有黃膽的傾向，另外憔悴、疲倦、關節無力，因☽在風象(☽在子水瓶屬風象星座)且卯天蠍上升，代表私密部位膀胱結石，而☽在子也代表私密部位和疾病，他排尿困難，痛苦地血尿。就我有限的醫學常識，我勸他應服熱、濕與奮劑，多少可以延長他的生命，然而☽在4宮入相位於 ♄，他的疾病使他病亡(4宮在卜卦或疾運盤化表死亡、結束，且☽是卜卦之共同代表因子)，他在8月14日(格里曆8月24日)死亡。

<三>生病的時間長或短

♄是致病的原因，顯示它將成為慢性或持續某段時間，如《Christian Astrology》所述，♄是沈悶的、慢性的行星；另外ASC在卯固定星座，☉、☽皆在固定星座與始宮90°刑，況且都在凶星的界內♂為ASC主星及6宮(戌)主星也在固定星座，所有這些情況都指示疾病會拖長，最後♂的映點近☉更刑剋了他(♂在午1°59'，其映點為酉28°01'☌☉酉27°56'，☉代表生命力)。

※本卜卦盤　論斷要點整理

1. 若ASC受凶星刑剋，該刑剋凶星描述疾病之性質部位，若ASC不受刑剋則由6宮內行星代表疾病。

   W.Lilly在本案例以♄在6宮入弱於戌白羊和ASC主星來描述疾病。

2. 代表因子的最近相位是重要的，即使是剛離開其前一星座。

   本案例的♂離相位□♄，但在未巨蟹形成完美相位。

3. 映點的重要：♂主管ASC和6宮，♂的映點☌☉，使詢問者生命力受損，且白天☉為重(若夜間出生☽為重)

4. 疾病的主要代表因子，不管是♄或♂都是凶星，尤其

它們是在ASC或6宮，☽為任何卜卦盤的共同代表因子，應注意它的各種狀況。

5. W.Lilly的論斷是古代醫學診斷方法，卻如斯響應。

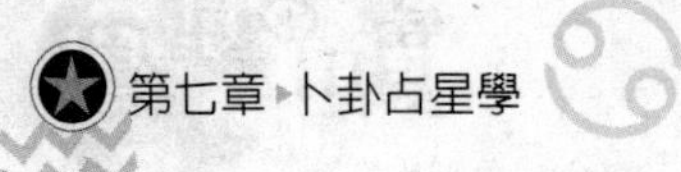

案例四

Career
Natal Chart
Apr 28 2003
5:58 pm CCT - 8:00
Kaohsiung, TAIW
22° N38' 120° E17'
Geocentric
Tropical
Regiomontanus
True Node

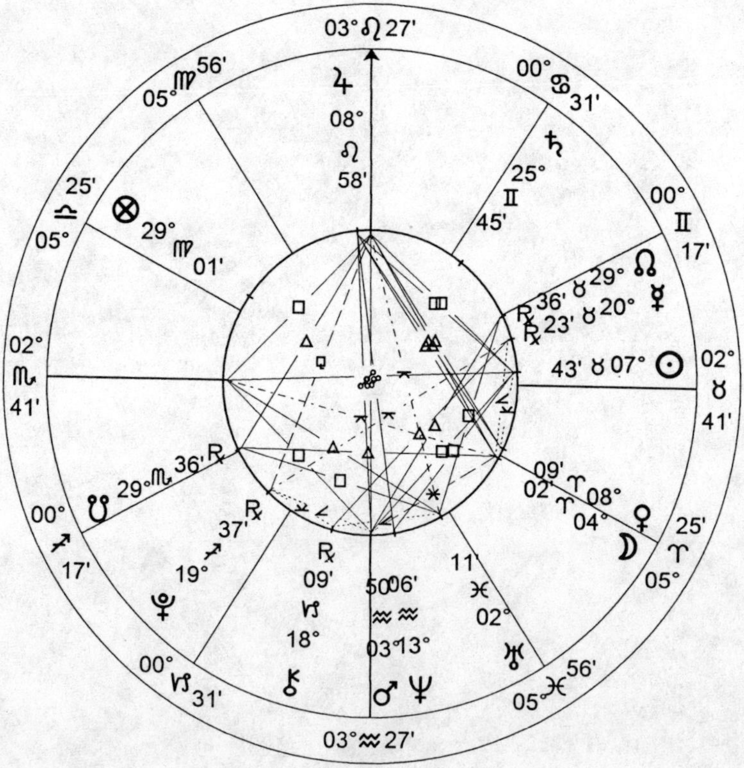

卜卦盤：李先生卜問工作升遷是否可成?

我們針對進行卜卦占星常備的一些程序逐一解說

基本資料：卜卦日期：星期一，主星：☽

卜卦時間：下午5點58，時主星：☉

ASC星座：天蠍座　三分性主星：晝♂，(☉尚在地平線上)　時主星純質料：☉熱和乾

ASC星座純質料：天蠍 冷和熱

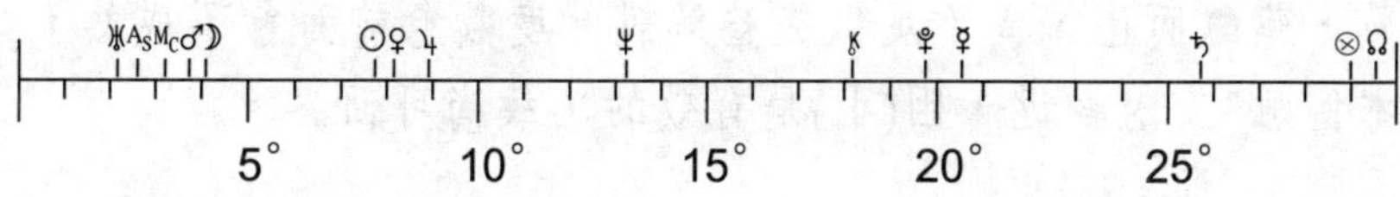

☽入相位☌♀，△♃；☽離相位△M_C，⚹♂

(Ⅰ)詢問問題是否為根本的(Radical)?即是否有效的?有一成立，問題即有效。

1.時間主星☉與ASC主星　不一致。

2.時間主星☉與ASC星座天蠍之三分性主星(卜卦時尚屬白天)♂不一致。

3.時間主星☉純質料熱和乾，但ASC星座天蠍純質料冷和濕不一致。

4.時間主星☉和ASC主星♂形成90°□離相位，90°□為托勒密相位之一。

(II)判斷的拘束(Stricture against judgement)，共有7種情況

1.ASC度數在上升星座的前面3°內

2.ASC度數在上升星座的後面3° 內

3.☽位於焦傷途徑(Via Combusta)，即辰15° ～卯15°，除辰23° 42'外

5.☽空虛(Void of Course Moon)

6.♄在7宮內，或為7宮主星

本例未見2-6情況，但ASC度卯2° 41'在上升星座的前面3° ，依古典卜卦原則，提示詢問者所詢問的問題尚未見純熟，蘊釀而已，尚不足做完整解說。度數愈前面愈不成熟，本例離3° 內較近，因(Ⅰ)是有效的，故尚可回答。

(III)詢問者及問題事項的代表因子

1.詢問者李先生以ASC卯天蠍及♂代表

2.問題事項–工作升遷為榮耀以10宮午獅子及☉代表

3.☽為卜卦盤任何問題的共同代表因子

4.詢問事項的自然主星亦為☉

a.10宮官祿或事業在午獅子座，宮內見♃吉星，似乎升遷有望，榮景有期，但♃在午8° 58'正好位於♄外觀(Face)含有些微阻礙，且ASC主星♂子3° 50'入相位☍♃，雖形成主相位，然沖相困難重重。

b.10宮宮主星☉飛臨7宮酉7° 43'，7宮為他人，榮耀歸之他人，故若同時舉薦恐不利詢問人，且☉離相位□♂隱含權威、主管之代表☉離命主而去，甚或與詢問人不愉快、有爭端(火日爭輝)，而

☉卻入相位□♃，顯然競爭者較有利，但也不免刑剋困難，卻比詢問者較有利。

c. ☽為卜卦盤的共同代表因子，☽在戌4° 2'入相位☌♀戌8° 9'，且入相於10宮內之♃，而♀適為7宮主星，然☽卻離相位 ⚹ ♂，☽亦離♂而去，徒呼奈何

d.詢問事項的自然主星☉已如b之分析

e.那麼是否有轉機呢?古典卜卦法則提供光線傳遞(Trans lation of Light)或光線集中(Collection of Light)本例符合前者之條件

(i)

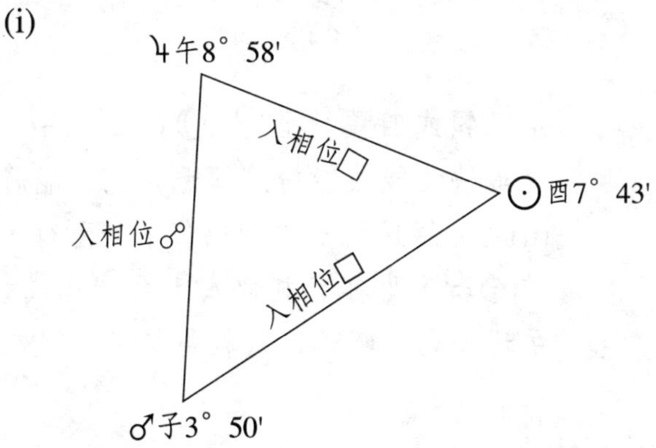

這三顆行星☉、♂、♃中☉速度最快故能扮演傳遞角色，即將♂帶給♃，其意義即隱含透過權威人士或主管(☉且為10宮主星)說項以獲得升遷♃，但因傳遞過程皆是凶相位，恐困難重重、障礙難

以克服，另應注意☉在酉，而♀在戌，成為旺一廟互容，該權威情向他人或競爭者，所以欲透過權威人士或主管這條線，恐徒勞無功，台語俗語：「請鬼拿藥單」。

(ii)

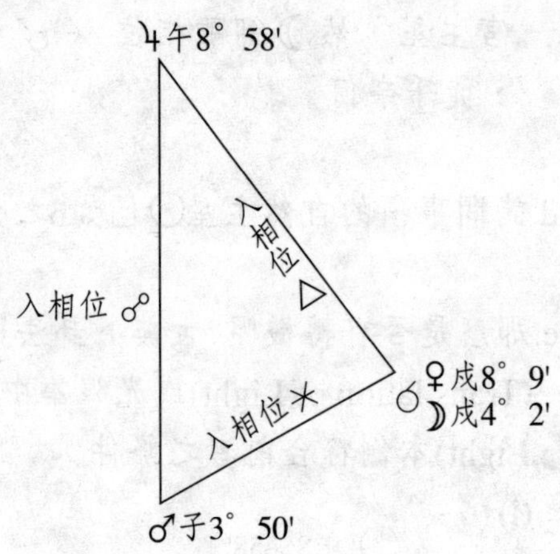

這三顆或四顆行星(♀☌☽)、♂、♃ 中，☽及♀速度最快故能故能扮演傳遞角色，能將♂帶給♃，(ii)之光線傳遞為吉相位似乎較可行，然☽又入相位☌♀，恐亦有利他人，而☽在戌和☉在酉7宮互旺，更可確認他人較得勢。

(IV) 結論：

此次升遷似榮景可期但恐不得主管緣，似乎曾與主管發生爭吵，若無則在過程中應處處提防，恐已內定他人，此人實力不如詢問者。

該詢問者問筆者該如何處理?由於天宮圖徵象不利甚

明顯，勸其忍性，後來他透過許多關係卻得罪他的主管，反而騎虎難下，引起相當大的風波，至今仍餘波盪漾，最後發佈仍由競爭者升遷，詢問者則擦身而過甚為懊惱，由於詢問者背景甚強，但因政黨輪替運作無法像往昔得心應手。後來從旁得知審議過程，他的主管幾乎全在為競爭者護航，此卜卦占星準驗可見一斑。

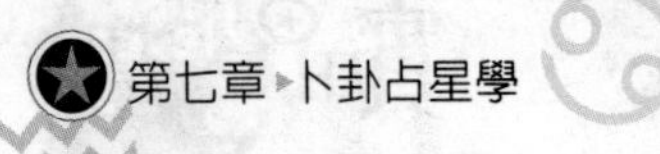

案例五

Contest
Natal Chart
Nov 5 2003
9:10am CCT - 8:00
Kaohsiung, TAIW
22° N38' 120° E17'
Geocentric
Tropical
Regiomontanus
True Node

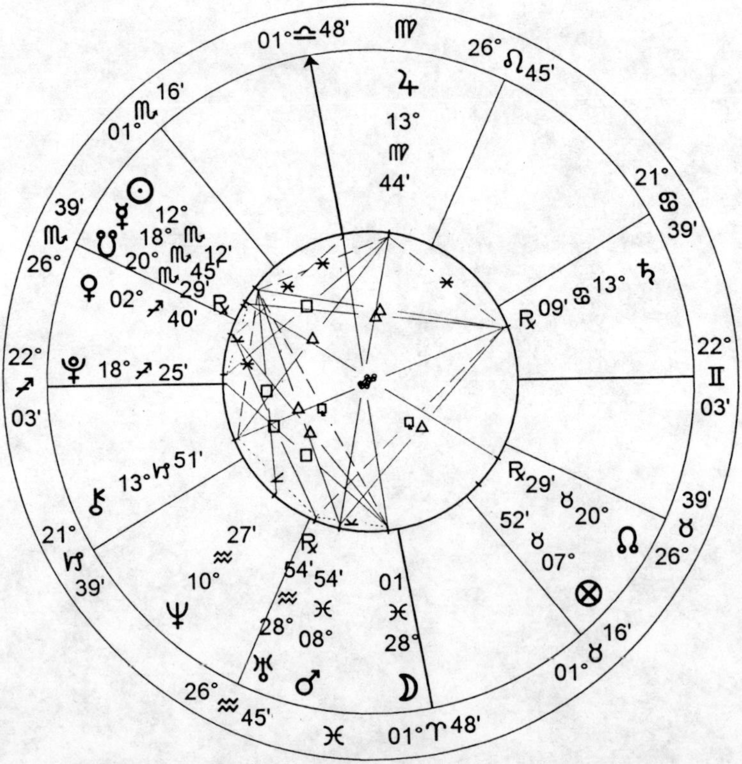

早上9:10看到報紙斗大標題「中韓之戰」，心血來潮關心球賽結果

競賽盤：關心今日中午亞洲盃成棒賽中韓之戰結果?

基本資料：星期三：日主星☿　　時主星：♃

Day of ☿ Horu of ♃
4th Hour of Day
Last Hr ♄ -14 mins Next Hr ♂ +41 mins

MUT. RECEPTIONS		
♀	♃	Ruler-Trip
♄	☽	Ruler-Term
♀	♃	Ruler-Face
♀	☋	Exalt-Trip
♀	☋	Exalt-Term
♀	☋	Exalt-Face
☉	♀	Trip-Trip
♃	♀	Trip-Term

ESSENTIAL DIGNITIES (PTOLEMY)								
Pt	Ruler	Exalt	Trip	Term	Face	Detri	Fall	Score
☽	♃	♀	♀	♄	♂	☿	☿	- 5 p
☉	♂	--	♀ m	♃	☉ +	♀	☽	+4
☿	♂	--	♀	♀	☉	♀	☽	- 5 p
♀	♃	☋	☉ m	♃	☿	☿	☊	+3
♂	♃	♀	♀	♃	♄	☿	☿	- 5 p
♃	☿	☿	♀	♃ +	♀	♃ -	♀	- 3
♄	☽	♃	♀	☿	☿	♄ -	♂	-10 p
♅	♄	--	♄	♂	☽	☉	--	--
♆	♄	--	♄	☿	☿	☉	--	--
♇	♃	☋	☉	☿	☽	☿	☊	--
⚷	♄	♂	♀	♃	♂	☽	♃	--
☊	♀	☽	♀	♃	♄	♂	--	--
☋	♂	--	♀	♀	♀	♀	☽	--
As	♃	☋	☉	♄	♄	☿	☊	--
Mc	♀	♄	♄	♄	☽	♂	☉	--
⊗	♀	☽	♀	♀	☿	♂	--	--

(Ⅰ)問題是否為根本的(Radical)?

時主星♃正好為ASC在寅射手的主星，而且日主星☿也為7宮申雙子的主星，問題為根本的，即是有效的，甚為明顯。

(Ⅱ)競賽盤的代表因子

1.台灣人關心中華隊，以ASC及ASC主星♃為代表。

2.10宮為我方中華隊之榮耀，故與辰天秤及主星♀為代表。

3.5宮為我方運動才華，故以酉金牛及主星♀為代表。

4.韓國隊為對手，敵方以DSC在申及主星☿為代表。

5.4宮(7宮之10宮)為韓國隊的榮耀，故以戌白羊及主星♂為代表。

6.11宮為敵方運動才華，故以卯天蠍及主星♂為代表。

(Ⅲ)狀況研判

1.我方在寅，主星♃適為卜卦時之時主星，機兆頗佳，儘管對方申主星☿亦為日主星，但卜卦重時間隱含我方之利，但仍須全盤解析。

2.ASC在寅，宮內無星，以ASC主星♃為重，飛臨9宮巳13° 44'入陷無力，僅有界主星之力，位於☿管轄之廟、旺星座，顯然受制於他人，幸好三方性主星♀為我方榮耀主星，尚能為爭榮耀而努力不懈

。

3.DSC在申，宮內見大凶星♄未13° 9'且逆行℞入陷無力，另更遭糕，無任何必然尊貴，且♄位♃管轄之旺星座，也會遭受我方抵抗，其三方性主星♀卻是我方榮耀之星。

4.DSC主星☿卯18° 45'飛臨11宮，敵方之運動才華似可展現，惜☿逢⊙焦傷，狀況恐不佳難以儘情渾灑。

5.10宮在辰，我方榮耀主星♀位於12宮寅2° 40'為偶然無力似不妙，幸與我方主星♃形成旺一三方性互容能爭一口氣，但甚微。

6.4宮在戌，他方榮耀主星♂位於3宮亥8° 54'我方主星♃管轄之星座，顯然他方榮耀受制於我方，而且位於果宮，也是偶然無力，然180°☍我方主星。

7.我方運動才華為5宮，宮內見⊗幸運點及☊吉星，而他方運動才能有⊙能量較強，卻焦傷其主星，且凶星☋在11宮內，所以我方較為幸運。

由以上1-6分析可體會我方實力難以發揮，對方也一樣，但更不幸。我們從基本資料中的Essential Dignities (Ptloemy)表整理。

	我方(中華隊)	他方(韓國隊)
主星	♃ -3	☿ -5 P，♄ -10 P
榮耀	♀ +3	♂ - 5 P

※P為外來的(Peregrine)，即行星完全無五種必然尊貴之一，在外遊蕩之意。

結論：中韓之戰，雙方實力皆難發揮，但幸運之神降臨我方，中華隊應可險勝。

結果：中華隊第一局就出現致命失誤被韓國隊連下兩分，韓國隊投手狀況也不佳，可是中華隊一直到第三局、第四局才勉強追平，至此之後一直沒有辦法超越，至第九局又被對方連下二城，讓中華隊陷入絕境，但第九局幸運之神真的降臨，對方投手突然失控連連保送，中華隊辛苦追平，進入延長賽，在第十局下半二人出局滿壘，靠著高志綱的彈跳的場地安打，攻下致勝的一分，舉國歡騰。平心而論，韓國隊實力高出一些，但大凶星入陷在其宮內，而幸運點⊗及☊在我方運動才華宮，相對地他方主星☿逢焦傷及☋凶星在其運動才華宮，兩相對照中華隊幸運許多。

就卜卦占星，此競賽盤頗為準驗，宇宙星象的魅力令人嚮往！

第八章　弧角天星擇日學

中國擇日的法訣、派別甚多且分歧，因著重在造葬這個項目隨地理風水學派林立，而衍生出三合派、九星派、三元派等，而這些派別中又各有不同的法訣，多到令人無所適從，復加上自古留存之説法更是繁瑣不堪。任何派別或法訣皆宣稱根據宇宙天體運行的規律而定，但鮮少提出具體的佐証，一直到明末清初，義大利耶穌會教士來華傳教為接近知識份子，以當時比較先進的天文曆法知識作為傳教切入點，才使擇日學真正地、完整地與星空天體運行直接地關聯，西洋傳入的弧角天星擇日學被溶入中國七政四餘占星學，而衍生成一支獨特的擇日法，在擇日界一般稱之為弧角天星擇日學。

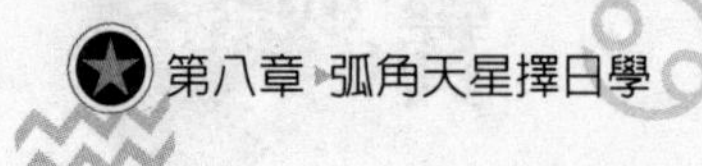

Ⅰ.弧角天星的釋意

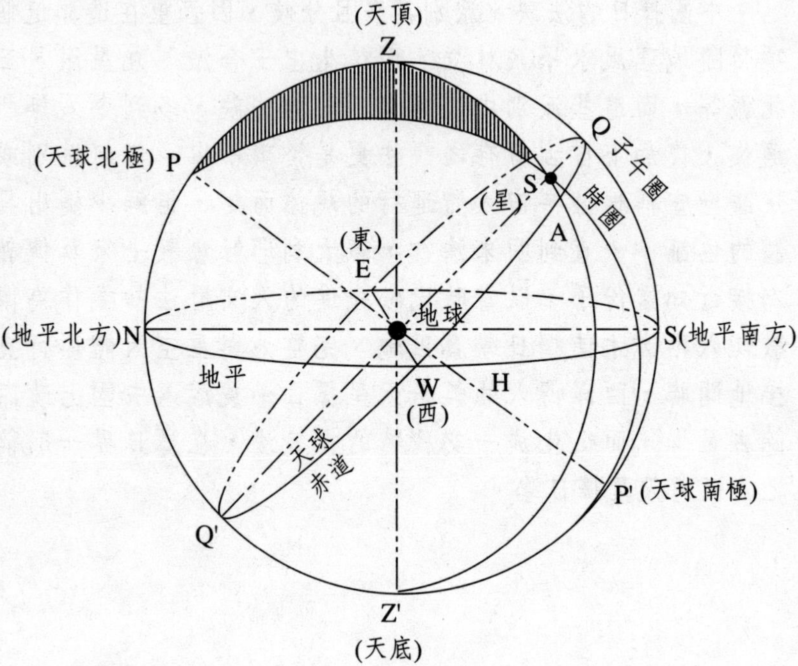

1.此圖為假想的天球模型，圖中央黑點代表地球，天球即由其無限延伸而形成。

2.觀測者的頭頂年限延伸於天球上，即是天頂Z，即相對點為天底Z'。

3.地球的北極點無限延伸至天球即是天球北極P，而其相對點P'為天球南極。

4.由地球看天球，在夜晚可看到天球上鑲滿星球，假設我們要觀測的是S(星)，其所在天球經圈或時圈為PSP'。

5.觀測者所在地球的地平方位圈，向天球無限延伸即是NSEW。

6.地球的赤道圈，向天球無限延伸為天球赤道圈為QEQ'W。

7.透過這種天球模型，利用球面三角學的數學計算可輕易求出太陽到山時刻、太陽日出日落時刻、大陽高度、太陽方位角以及占星學宮位系統的各宮宮始點，以及其他行星的位置，圖中SPZ的陰影區域即是天球球面界定而成的弧角，故有關算法美其名為「弧角天星」。

II.弧角天星流傳不廣的原因

弧角天星擇日學是中國擇日界視為位階最高的一種，但僅在宮廷使用，一般民間不易窺知。清・光緒年間陳麗中出版《御覽天象淵源》1-4為欽天監實務，但內容艱深即使是飽學之士也難以入門，而民間雖有薛鳳祚傳自來華教士穆尼閣的《天步真原》，其中卷二即在計算弧角天星的天宮圖及行星的位置，但處處需要查對數表及行星位置的星曆表，在當時中國尚未有球面天文學的觀念，想像得到有心之士欲學習也必然挫折再三。而民間擇日館學會的人又故意賦予神秘感，嚴禁私傳或需高價方學得到，但也大多處於不知真正原理，僅懂得計算步驟而已。這絕非誇大，可請問從事弧角天星擇日的業界人士所計算的宮位系統到底是那一種宮位系統便知。

就是上述原因，弧角天星擇日僅受業界人士尊仰而望塵莫及，故難以廣泛流傳。但幸運的是，現代電腦科技已澈底簡化了其繁複的計算過程，若瞭解其原理，學會弧角天星擇日學，已非往昔之困難了。

III.中國七政四餘擇日學的步驟

A.根據用事方位(羅經24山之1)的太陽到山時刻。(動盤)

B.查用事當日及方位之靜盤有何吉象。

以靜盤看三方、四正行星是否調入祿元、馬元、貴元。

- 守照、拱、關、輔、夾、對照。
- 查年干支、祿元、馬元、貴元。

C.演算用事之天宮圖

- 立命官
- 定命主星
- 分恩、用、仇、難
- 定格局(行星廟、旺、陷、弱及特殊的排列組合)
- 其他

IV.西洋擇日占星學

A.一般通則

B.重要鐵則–月亮不能空虛及受凶星刑剋，僅取入相位

C.四大元素(三方)及四正的意義

D.黃道12星座、後天12宮、行星、恆星在擇日占星學的用法

E.行星的力量計算(同本命、卜卦占星學的內容)

F.擇日分類項目的特殊法則

1.石川源晃的分割調波的應用

2.Mary Whitty Boyd的股市進出時機

3.Lynne Palmer Gambling的占星運用法則

4.Dr Eugen Jonas的生育及生男生女控制法

5.a.訂婚、結婚

b.公司創立及營運

c.遷居、移徙(i)購屋、購地或租屋之簽約

(ii)新居落成或購屋、租屋遷入

(iii)年久失修或依某項功能調整之動土

d.新建大樓.屋宇之動土、開工、上樑、落成

e.工廠新建同d

f.上升就職

g.選舉登記

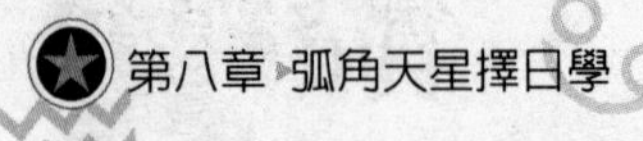

h.一般登記、簽約、申請

i.宴會舉辦

j.葬禮、登穴

k.其他

案例六

清嘉慶17年8月20日申時初初刻
陽曆公元1812年9月25日3:00pm 北緯32° NO'

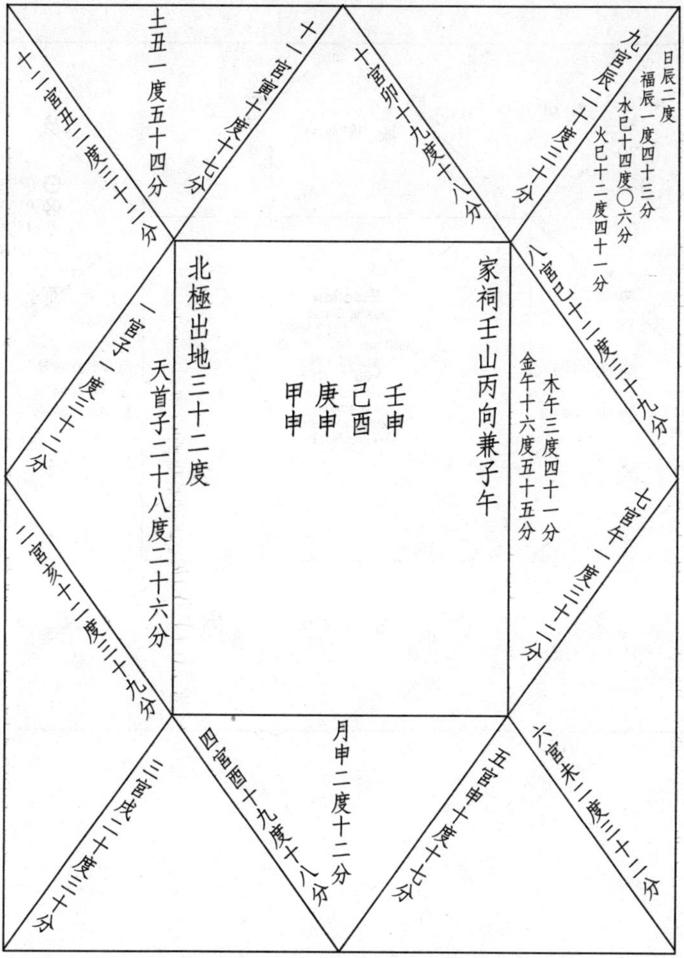

十二宮丑二度三十二分
土丑一度五十四分
十一宮寅十度十七分
十宮卯十九度十八分
九宮辰二十度三十分
日辰二度
福辰一度四十三分
水巳十四度〇六分
火巳十二度四十一分
八宮巳十二度三十九分
木午三度四十一分
金午十六度五十五分
七宮午一度三十二分
六宮未三度三十二分
五宮申十度十七分
月申二度十二分
四宮酉十九度十八分
三宮戌二十度三十分
二宮亥十二度三十九分
一宮子一度三十二分
天首子二十八度二十六分

北極出地三十二度

壬申
己酉
庚申
甲申

家祠壬山丙向兼子午

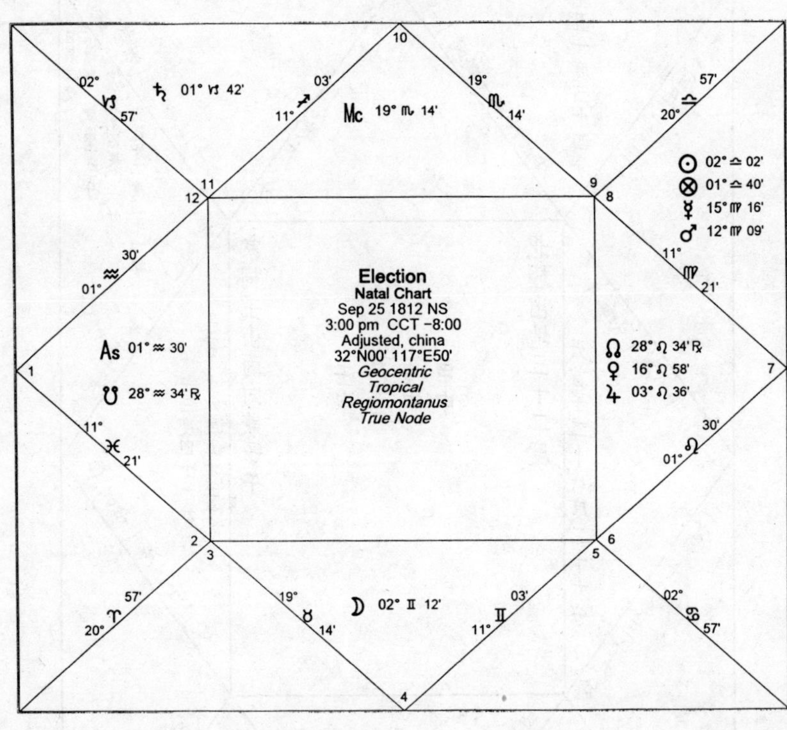
Election
Natal Chart
Sep 25 1812 NS
3:00 pm CCT -8:00
Adjusted, china
32°N00' 117°E50'
Geocentric
Tropical
Regiomontanus
True Node
Mc 19° ♏ 14'
♄ 01° ♑ 42'
As 01° ♒ 30'
☋ 28° ♒ 34' ℞
☉ 02° ♎ 02'
⊗ 01° ♎ 40'
☿ 15° ♍ 16'
♂ 12° ♍ 09'
☊ 28° ♌ 34' ℞
♀ 16° ♌ 58'
♃ 03° ♌ 36'
☽ 02° ♊ 12'

Election
Chart
Sep 25 1812 NS
3:00 pm CCT-8:00
Adjusted, china
32° N00' 117° E50'
Geocentric
Tropical
Regiomontanus
True Node

Compliments of-
Astrolabe lnc.
Box 1750
Brewster MA 02631
Web:http://alabe.com
Email:astrolabe@alabe.com

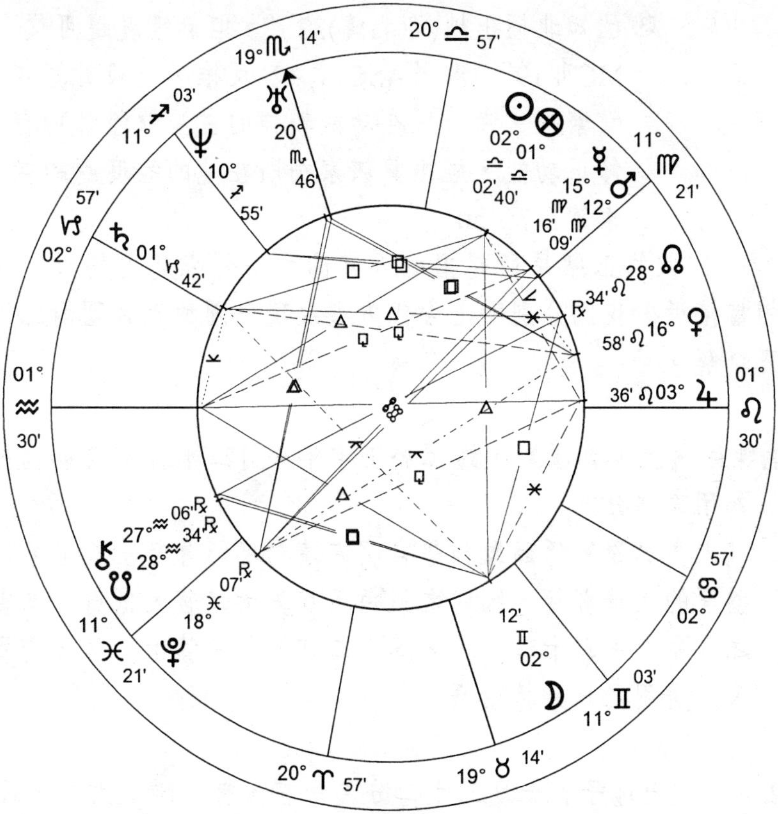

20° ♎ 57'
19° ♏ 14'
11° ♐ 03'
02° ♑ 57'
01° ♒ 30'
11° ♓ 21'
20° ♈ 57'
19° ♉ 14'
11° ♊ 03'
02° ♋ 57'
01° ♌ 30'
11° ♍ 21'

♅ 20° ♏ 46'
♆ 10° ♐ 55'
♄ 01° ♑ 42'
☉ 02° ♎ 02'
⊗ 01° ♎ 40'
☿ 15° ♍ 16'
♂ 12° ♍ 09'
☊ 28° ♌ 34' ℞
♀ 16° ♌ 58'
♃ 03° ♌ 36'
⚷ 27° ♒ 06' ℞
☋ 28° ♒ 34' ℞
♇ 18° ♓ 07' ℞
☽ 02° ♊ 12'

孤角天星擇日實例：

本案例取自清道光擇日名家陶胥來《命度盤説》之例：

基本資料 ①家祠壬山丙向兼子午(未記載真正分金)

※按地平座標，以東地平0° 按逆時針起算，該家祠座山的方位角(Azimuth)應介於97.5° ~105°

② 擇日當時年度為壬申年

祿元：亥，♃；馬元：寅，♃ ；貴元:巳・卯，☿、♂

③ 已知北極出地(即北緯)32° ，但無經度這可從MC卯19° 18' 及ASC1° 32' 反推，一般計算相當繁複，幸好現在功能較強的占星軟體都附有修正功能，經推算該家祠所在地的經度應約在東經117° 50'

依據修正結果所起出的天宮圖和陶胥來起出的天宮圖相當接近，我們分別附上古代方型及現代圓型天宮圖對比即可瞭解。

1.課遵《天步真原》，謹擇於壬申年八月二十日申時初初刻為用事時分。

《天步真原》係薛鳳祚學自明末清初耶穌會教士穆尼閣所整理的天算書籍，國內之弧角天星算十二宮大抵傳自本書之人命卷中算十二宮，表算十二宮及三角算十二宮，陶胥來所選用之日期係陰曆。

2. ①東方出地子宮一度三十二分為命宮，有太陽、太陰、福星三照②木星、金星對照③日、月又與木星、福星左右三合、六合互相吉照，何吉如之！

① ASC在子1° 32'△(☉辰2°☌⊗ 福星1° 40')△☽申2° 12'
家祠座山為壬山兼子，其靜盤對應黃道子水瓶逢辰方的☉及⊗，和申方的☽，形成大三角吉象，為太陽、太陰、福星之三照。

② ♃在午宮、♀也在午宮位於命宮的對方，此為木星、金星對照，木星為年干支祿元及馬元。

③

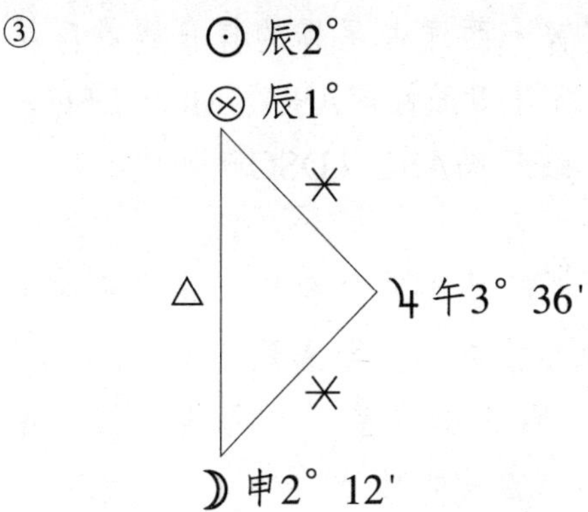

此即日、月又與木星、福星左右三合、六合互相吉照，為西洋占星學的小三角吉象。

3.火同水星到水星宮、金星界，在陰宮權小，土星行遲到降下角無力。

①♂巳12° 41' ☌ ☿巳14° 6' ,♂位於處女座為☿主管之宮位且其度數適在☿的界，☿ 的度數適在♀的界，而處女座為陰性星座。

②♄運行比平時慢稱為土星行遲，但電腦計算♄運行平均，土星接近12宮凶宮、降下宮，無力。

4.凡修造要安命在定宮

ASC在子固定星座，即定宮，西洋占星學的擇日認為房屋修造係為長久住居打算，所以四正柱即ASC、MC、DSC、IC、應在固定星座較佳，最起碼ASC及DSC應如此。

5.太陰在風局與一吉星吉照，正遇其星在廟旺宮分，又在黃道北，先太陽東出，太陰亦在東，光華滿照。

①☽在申風象星座 ⚹♃，因 ♃為吉星，⚹為吉相位，古稱相位為照，故稱☽與一吉星吉照。

②正遇其星在廟旺宮分，又在黃道比太陽東出，此句前半有誤，因♃ 在午獅子並非廟旺之星座，但位於7宮則為偶然尊貴，♃ 之赤緯Declination為+19° 41' 稱為在黃道北。至於所謂先太陽東出，♃ 即正好位於以 ☉ 在辰2° 當作東地平線點來看，♃ 比 ☉ 先出，西洋古典占星學稱為東出性，但並非所有行星東出都吉，祇有♃、♂ 、♄，而 ☿、♀、☽ 宜西入不宜東出。

③ 太陰亦在東，光華滿照則吉

前面②已談及☽宜西入，此日課☽東出，若按西洋占星

學理則是小凶，但影響不大，陶胥來稱光華滿照有待參榷。

6.此盤件件皆合渾天寶照曰:「二曜迎祥，五星效順」此之謂也。

從上述解說可知陶胥來僅站在靜盤考量，不可否認此日課的靜盤小結構確實甚佳，他的論斷幾乎都是西洋古典占星學的擇日內容，雖有誤用但不致改觀，引用渾天寶照之說，則較為誇大。

※完整的中國七政四餘之弧角天星日課應充分考量。

①真太陽到山(動盤)

②靜盤吉象，看三方，四正

③立命宮、定命之星、分恩、用、仇難，定格局

依本例充其量僅有②之吉象外，並無真太陽到山。本例的真太陽方位角為208° 45' 非坐山壬兼子之97.5°~105°，而太陰方位角為108° 22' 係壬山兼亥之方位。另外，雖以西洋古典占星學的內容為論斷要旨，但仍未就整體天宮圖作分析，其實西方也考慮整個天宮圖，祇不過與中國的七政四餘分析方向不同。從陶胥來所著《命度盤説》的內容來看，受《天步真原》影響甚深，所用技巧兼及中國堪輿學所強調的坐山立向，但不純粹採用中國七政四餘的擇日法，以致常遭評判他的案例之後世人士誤解；而他所用的西方古典擇日技巧也不儘然全部正確。

案例七

Chart 1
B
英女王加冕典禮
Jan 15 1559 OS
12:14 pm GMT +0:00
Londan, Eangland
51° N30'000° W08'
Geocentric
Tropical
Regiomontanus
True Node

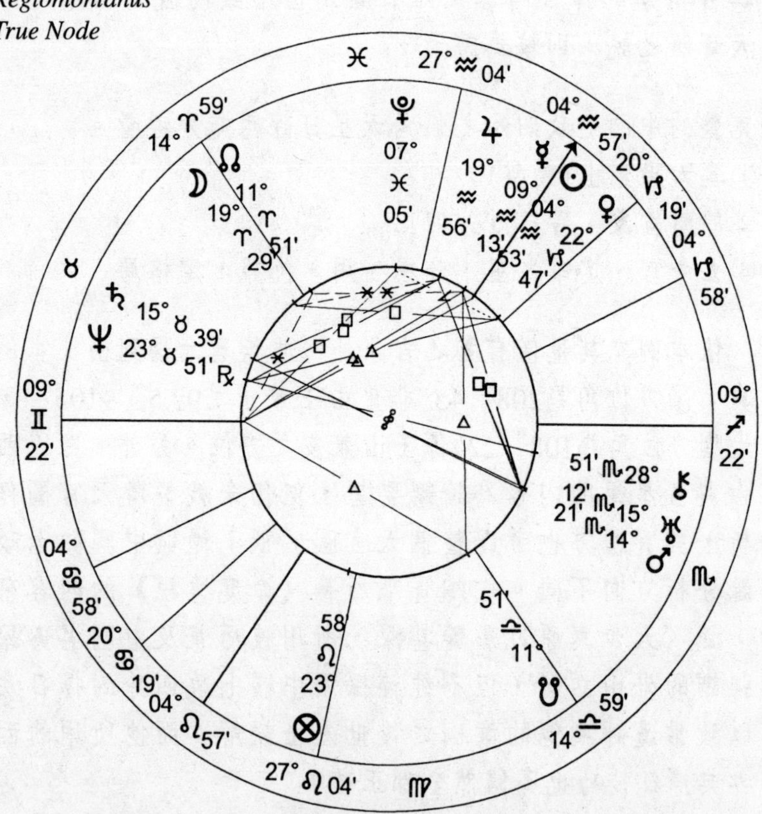

Chart 1

Natal Chart
Sep 7 1533 OS
2:26 pm GMT +0:00
Londan, Eangland
51° N30'000° W08'
Geocentric
Tropical
Regiomontanus
True Node

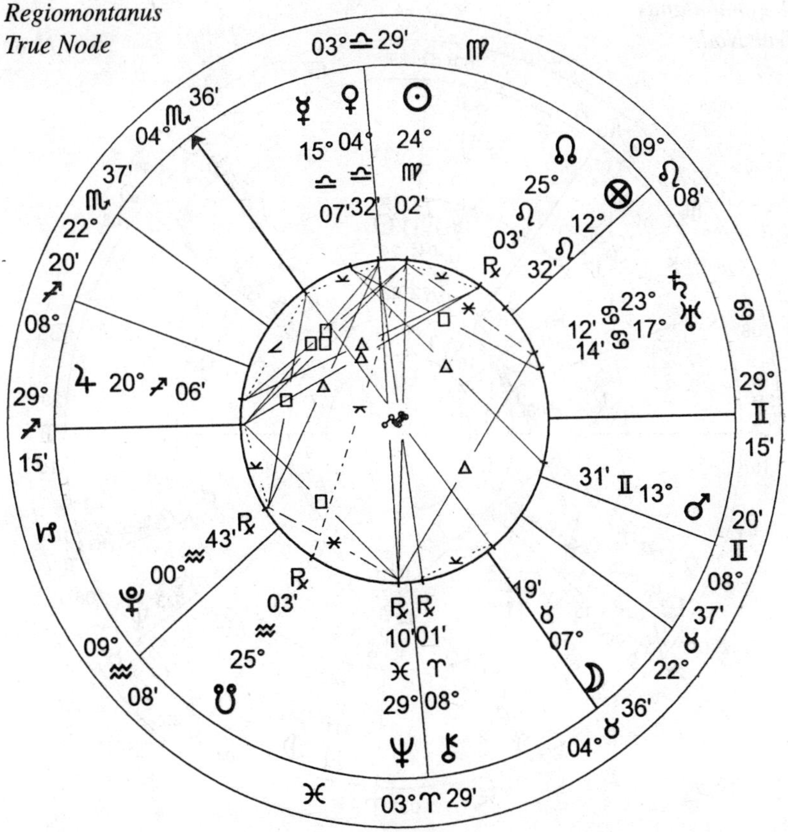

Inner Wheel
C
Natal Chart
Sep 7 1533 OS
2:26 pmGMT +0:00
Londan, Eangland
51° N30' 000° W08'
Geocentric
Tropical
Regiomontanus
True Node

Outerwheel
B
英女王加冕典禮
Jan 15 1559 OS
12:14 pm GMT +0:00
Londan, Eangland
51° N30' 000° W08'
Geocentric
Tropical
Regiomontanus
True Node

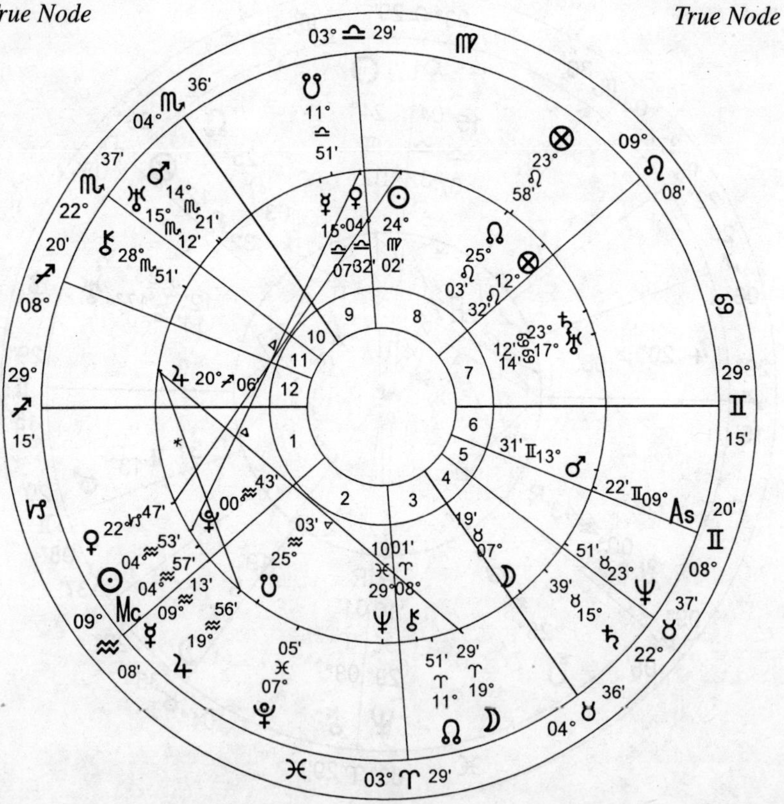

西洋占星擇日實例:英國女王Elizabeth I 加冕典禮

公元16世紀末葉著名的數學兼占星家John Dee，出身於英國劍橋大學，為英國女王Elizabeth I的私人心腹朋友，常為她調查秘密工作以007代號呈寫報告，英國著名的間諜電影007系列，即取自這個典故，007意謂著John Dee是她的眼線，事實上他確實扮好這項工作，為她掃除不少障礙贏得女王的極大信任。John Dee學問淵博，也是位極佳的決策諮詢顧問，據説Elizabeth I後來決定終身不嫁，是因相信John Dee對她命盤的解說，而她藉此作政治操作，順水推舟昭告全英國民眾宣示她已嫁給了英國，不會再嫁給其他人，凝聚全英國上下的士氣，打敗了鄰國西班牙號稱最強的無敵艦隊，從此英國掌握海上霸權。

Elizabeth I勤於政務，全心奉獻使得英國的國運振興，奠定了後來的「日入落國」之深厚基礎，至今她仍深得英國人的敬愛及懷念。

John Dee為她擇日的加冕典禮時刻，一直是西洋占星擇日學的典範，除考慮加冕典禮時辰的吉象，另考慮對當事人Elizabeth I天宮圖的影響。

Elizabeth I的出生資料取自17世紀John Gadbury(Collection of Geniture)所記載的如下，當時是以舊曆即儒略曆，公元1533年9月7日2:26pm。

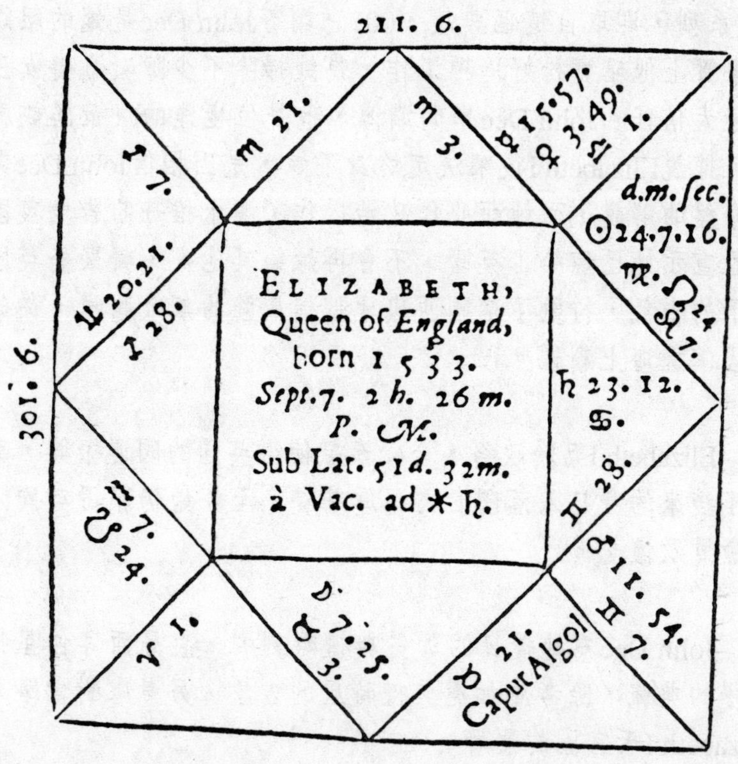
211. 6.
301. 6.
d.m.sec.
ELIZABETH,
Queen of England,
born 1533.
Sept. 7. 2 h. 26 m.
P. M.
Sub Lat. 51 d. 32 m.
à Vac. ad ✱ h.
Caput Algol

John Dee選擇的加冕典禮為舊曆即儒略曆公元1559年1月15日12:14pm於英國西敏寺舉行。

我們瑞摩John Dee選擇此時刻的原因及用意，分析如下：

1. ☉為王權的自然主星，應使它的力量強大，如得必然尊貴或偶然尊貴，最好兩者兼具，如果時間允許的話，應選在午宮獅子座或戌宮白羊座 ☉ 的廟旺之星座，但當時Elizabeth I係突然承繼皇位，其姊英國著名的「血腥瑪莉」的殘酷使得民眾對皇室極不信任，因而交替之際必然動亂，故儘快進行加冠冕才是正確選擇，名正言順地安定民心和政務推行。當時☉在子水瓶入陷，故祇有設法使它在天頂揚升，得偶然尊貴，因此唯有選在午時讓☉☌MC等分相位，而在子固定星座正也隱含持續堅固之意，有利王權穩固。

2. 當時尚未有三王星，就怕與 ♂、♄ 兩大凶星刑沖，John Dee必然估算 ☉☌MC時，若不希望受♂、♄ 刑沖須避開1/22，因該日☉即可能運行至與♄形成90° 刑凶相，但如果早於1/15有可能♂會入相位□☉，故也避開。

3. 以時辰來看，☽移行最快在擇日占星學它是甚為重要的行星，John Dee經過計算選在0:14pm，☽在戌19° 29' 入相位⚹♄在10宮內，而♄又是Elizabeth I的ASC主星(如附圖)，且☽入相位 △⊗ 午23° 58' 甚為吉祥，然而也有些瑕疵，☽入相位□♀丑22° 47' 在9宮，不利國外事務，但整體而言吉大於凶許多。

4. 就加冕典禮時辰起出的天宮圖，立命申雙子座，ASC主星揚昇於天頂雖逢 ☉焦傷但與 ☉聯袂入相位△ASC申9° 22'，☿ 之120° 三合相位為等分相位增強表達、溝通、宣示、威權之象。

5. ♄ 為Elizabeth I的命主星也在天頂揚升，但♄☍⊗，惟☽的120° 之合吉相位可化解，☽具有光線傳遞的功能，反添吉象。

由於♄在擇日盤係7宮寅主星，論國運盤7宮代表公開敵人，即外國競爭對手，♂ 在6宮卯14° 21'入相位 □♄，♂為戰爭自然主星，戰爭不可避免。

6. ♂ 在6宮也入相位☍♄酉15° 39'在12宮，暗中敵人多，可能防不勝防。

7. 吉恆星參宿七Rigel當時還與ASC命度1° 內會合☌帶來吉祥，另恆星中代表王朝權威的軒轅十四(Regulus)又正好與擇日盤的⊗1° 內會合☌，吉上加吉。

另外看看此擇日盤對Elizabeth I命盤的影響，前以E代表，後以R代表

1. $♀_E$ 丑22° 47'△$☉_R$ 巳24° 2'
2. ($☉_E$ 子4° 53'☌MC_E 子4° 57')△ ($♀_R$辰4° 32' ☌MC_R 辰4° 29')
3. $♄_E$ 子19° 56'⚹$♄_R$ 寅20° 6'

4.☽E 戌19° 29'△♄R 寅20° 6'

5.(⊗ 午23° 58'☌軒轅十四午23° 43')△♄R 寅20° 6'

♀、☉、☽、♄及⊗ 軒轅十四Regulus都屬吉星，本案例可說眾吉星駢集。

結論：John Dee在有限日期的情況下，能挑選出這樣的日期時辰，相當不容易，顯示他的占星學理功力，雖有♂☍♄刑沖在擇日盤的6宮、12宮，但瑕不能掩瑜，這個日課一直是西洋占星學界津津樂道的擇日典範。Elizabeth I在位期間與國威正處顛峰的西班牙相抗衡，甚至終於殲滅西班牙無敵艦隊，使英國海上霸權得以建立，John Dee為她選擇的加冕天星日課，應有些功勞吧！

第九章　合盤技巧

·合盤的意義

所謂合盤是將欲討論其相關關係的命盤合在一起，來瞭解他們之間的互動關係，如婚姻、合夥、親友、朋友、工作夥伴、老板與夥計。由於人際關係網路複雜，每個人隨時都需與人互動，即使出家也需同儕、師父之扶持、教導，但人心難測如何開啓互助的人際關係，往往是個重要課題。

中國的八字合婚開始於古時候父母主導，憑媒妁之言決定婚姻，男女互不相識頂多是鄉里傳誦而略知一二，這是大户人家才有的事，一般芸芸眾生根本無從知曉，因此透過生辰八字合婚，而得以瞭解男女新人之狀況。但男尊女卑之社會風氣，合婚幾在維護男家之香火是否可以繫留。即使在現代，八字合婚也僅在男女之間所謂合不合，根本無法深入分析男女之間深層心理及互動關係，即八字用來作為合夥、合婚，大都以功利為主，而且分析僅注意雙方五行之互補不足及日柱刑沖，難以細膩地解析各種狀況；現代占星學的心理分析，則提供了這項功能。古典占星學早已具有合盤的觀念，但未明確指出方法如何，僅概念性地觀察比較兩個人的命盤，這可能是因古典占星學較不著重相位之故，而現代占星學則以相位為主軸，發展出行星互動，彼此影響的具體觀念擴充至兩個命盤，從彼此間的行星互動，得以瞭解相關兩個人之間的往來可能是怎麼樣，，這就是合盤的技巧。

瑞士心理分析大師容格曾說：「任何人與人間的相遇，都像煉金術的兩個化學物質的相會，只要產生過交集，兩者都會受到一定程度的改變，並產生各種新的化學物質。」人際關係的互動就如容格大師所談的，如何提煉出非凡的「神秘合體」，而提昇個體的完成。

合盤的技巧，在現代占星學中的發展中，是由最早的配對盤(Synastry)開始，至1975年，Rob Hand提出組合盤(Composite)，而1983年英國前占星學會理會長Ronald.c Davison提出關係盤(Relationship)，而各具特色，另外也發展出藉由泛音盤導出的合併盤(Coalescent)是由Lawrence Grinnell(Dhruva)提出的，我們列表說明較常用的前三方法。

占星學界較常用的三種合盤技巧，就其起盤方式、重點特色及用途予以列出：

《合盤技巧的種類及使用方法》

種類	起盤方式	重點特色	用途
I 配對盤 (Synastry)	1.將相關的兩個人的個別命盤，看以誰為重作為內圈，另一人作為外圈。 2.將兩個人的命盤內各敏感點及行星作成相位表(Syn Grid)。	1.看外圈盤對內圈盤之影響，以外圈行星和內圈行星相位(托勒密相位為主)，就外圈行星之原理來描述。 2.注意外圈行星所落在內圈之那一宮位，若有形成內圈行星的相位，更凸顯其作用。	1.任何人際關係網路，都可由兩個別命盤的比較，而瞭解兩個人的互動。 2.當三個人以上的互動，顯得捉襟見肘。 3.合盤技巧是最被常用及基本的一種方法。
II 組合盤 (Composite)	1.這兩個或三個以上命盤的MC及各行星等計算其中點。 2.取MC和關係發生地點之緯度，查計算組合盤之其他各宮始點。 3.再計算組合盤中各要素的相位。	1.發展自德國漢堡學派的中點理論。 2.論述組合盤，即在討論相關個別組成之整個關係。 3.可藉推運過運預測整個關係的演變。	1.任何兩個(含)以上的人，都可形成組合盤，較符合現代多人合作、合夥之需求。 2.以單一個組合盤，按一般本命盤分析方法、行星原理所落星座、後天宮來分析，較為簡單。 3.方便實用，評價頗高。

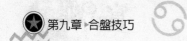

種類	起盤方式	重點特色	用途
III 關係盤 (Relationship)	1.以兩個(含)以上之相關個人出生地經緯和出生時間，計算出平均出生時間和地點來起盤。 2.分別計算關係盤中各要素的相位。	1.考慮相關人之時間、空間，頗一致於占星學的特色。 2.論述關係盤，即在討論相關個別組成之整個關係。 3.可藉推運過運，預測整個關係的演變。	1.任何兩個(含)以上的人，都可形成關係盤，類似組合盤之用途。 2.以單一個關係盤，按一般本命盤分析方法，行星原理所落星座、後天宮來分析，較為簡單。 3.評價不如組合盤。

案例八

Diana
Natal Chart
Jul 1 1961
7:45 pm BST-1:00
Sandringham,ENG
52°N50'000°E30'
Geocentric
Tropical
Placidus
True Node

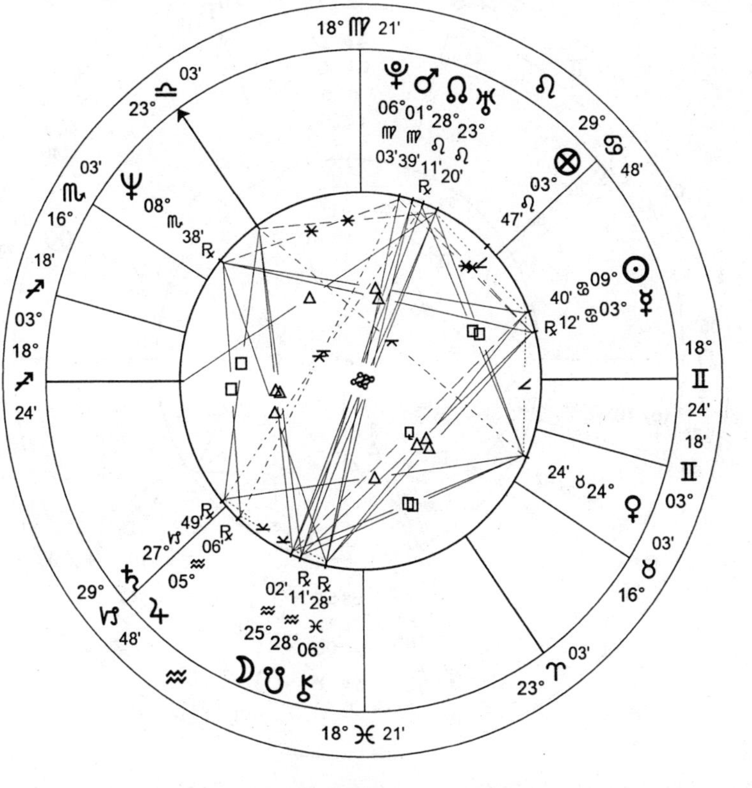

Charles
Natal Chart
Nov 14 1948
9:14 pm GMT -0:00
Londan,England
51°N30'000° W08'
Geocentric
Tropical
Placidus
True Node

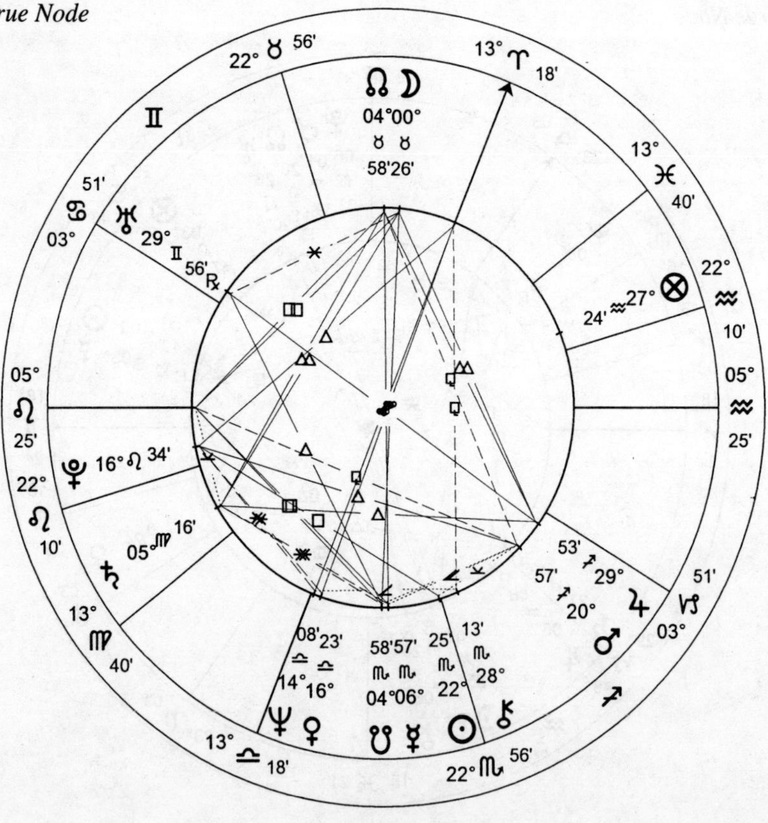

Inner Wheel
Diana
Natal Chart
Jul 1 1961
7:45 pm BST-1:00
Sandringham,ENG
52°N50'000° E30'
Geocentric
Tropical
Placidus
True Node

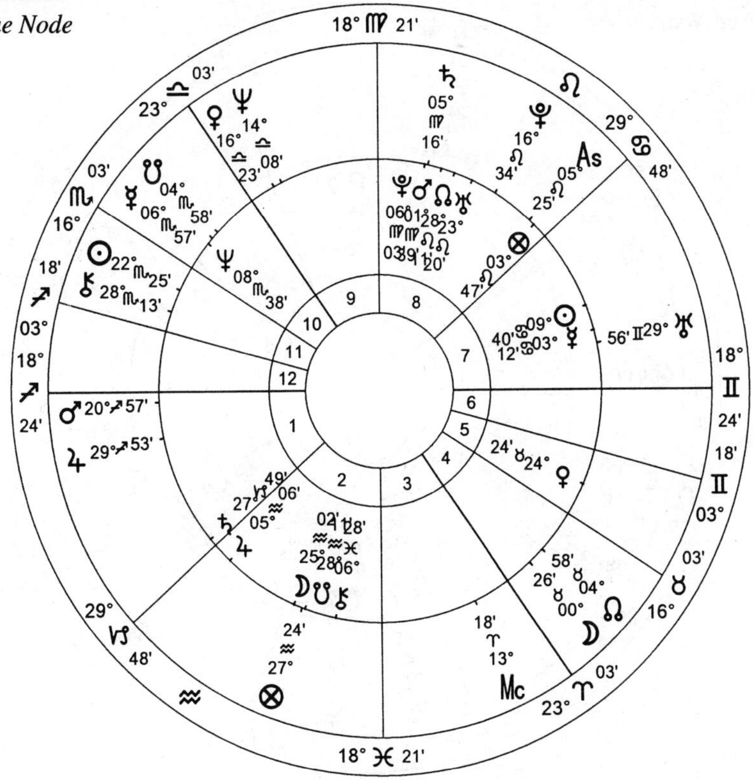

lnner Wheel
Charles
Natal Chart
Nov 14 1948
9:14 pm GMT+0:00
Londan,England
51°N30'000° W08'
Geocentric
Tropical
Placidus
True Node

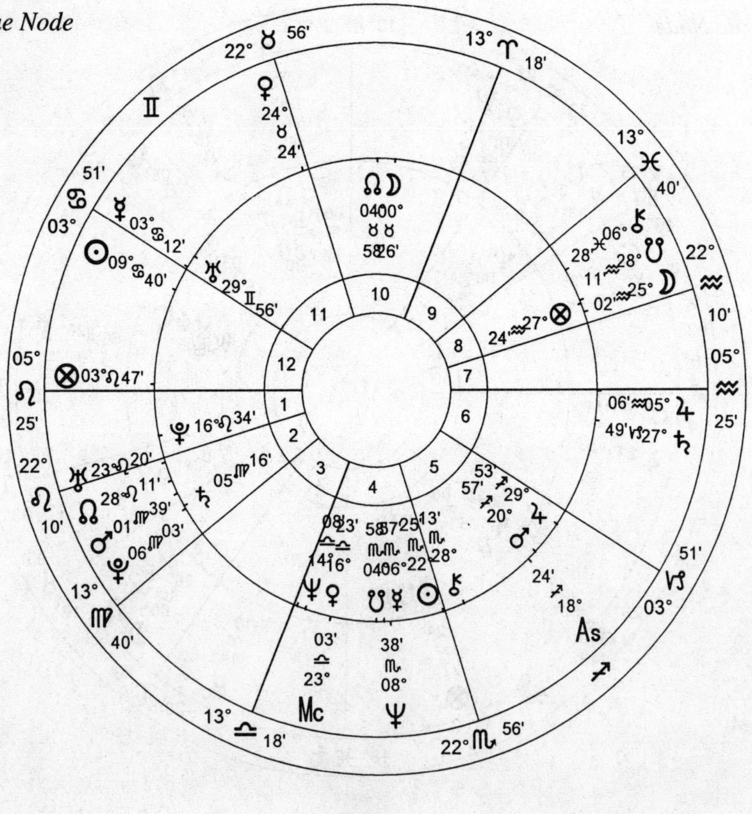

在未分析查里斯王子和黛安娜王妃的配對盤之前，先掌握一下他們倆個別命盤的個性特質和對愛情婚姻的看法，將有助進一步解析配對盤，此即「知己知彼，百戰百勝」。

A.查里斯王子

1.立命午宮獅子，顯示高貴、喜愛人尊重、權威、具領導力之特質；命主星太陽入卯宮天蠍與冥王90°刑，必然深沈、堅持、剛毅、不露痕跡、固執、不妥協、有利於掌握權力。

2.(♀☌♆)在天底且在天秤，☍MC，會因不倫戀情、外遇影響聲望，♀的愛情，♆的浪漫、不切實際落在4宮家庭，顯示查里斯王子家庭與感情間之混亂與曖昧關係。

3.5宮為男女感情，在卯天蠍，水象、豐饒星座，情慾重且重視深沈、內在、介於生與死之間的性愛，5宮主星♂又在5宮且與♇120°三合，必然佔有慾高、享受極致的情慾。

4.8宮內見⊗幸運點，主星♄與♃、☽形成大三角在土象，依容格分析心理學派的説法，土象歸屬感官，8宮與性慾，宮始點在水瓶，故其性愛觀，必然與眾不同，驚世駭俗，感官的刺激提昇其內在情慾為上。

5.又♄與☽、♃大三角，而☽揚升天頂且區分內，母親穩定、可靠、尊貴的角色，應會使查里斯王子有著「戀母情結」的傾向。

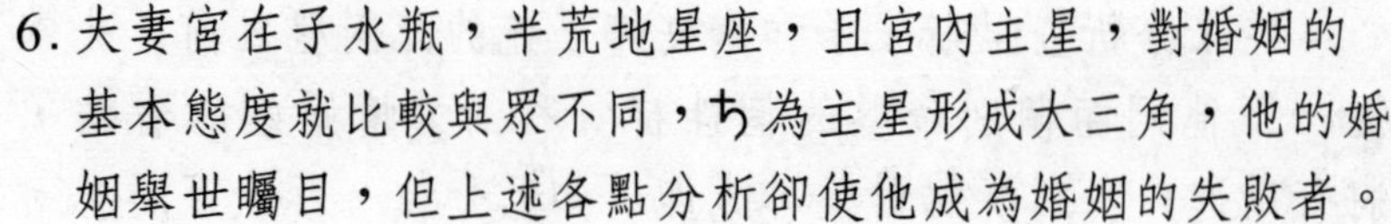

6. 夫妻宮在子水瓶，半荒地星座，且宮內主星，對婚姻的基本態度就比較與眾不同，♄為主星形成大三角，他的婚姻舉世矚目，但上述各點分析卻使他成為婚姻的失敗者。

B. 黛安娜王妃

1. 立命寅宮人馬，本性應屬自由開朗、不喜拘束，命主星♃又入水瓶，會增添其象，然♃□♆，可能有著不切實際的理想。

2. 太陽在未巨蟹，也有著顧家、防衛的外在形象，⊙在7宮，因夫而貴。

3. 她最脆弱之處屬☽在子☍♅在午，顯示她的內在情緒十分敏感、不穩定、容易受傷害，這可能源自小時候因母親拋家庭，與人私奔，造成她內心的傷痛，依弗洛依德說法，累積成不安的無意識。

4. ♀為愛情，在酉入廟，本佳，應可令人稱羨，但♀卻是與♅在8宮，☽2宮形成三刑會沖的頂點，埋下了感情多挫，進而發展出令世人震驚的不倫之戀，身為王妃竟與騎術教練大搞床第之事，且接受媒體訪問坦承其事，(當然也有相當多人支持其勇氣，誰叫查里斯負了她)

5. 8宮多星且凶星居多又刑沖，對性愛必然有強烈的佔有慾，♂、♀8宮，更凸顯應也有強烈的性需求，查里斯王子的冷漠必然種下她的報復心，遂也有不倫戀愛之舉，給查里斯

王子戴頂綠帽子。

6. 夫妻宮在申雙子，荒地星座，夫妻主☿逢焦傷，逆行又外來的，其婚姻不幸似可預見，☉、☿與♆在10宮120° 三合，婚姻建構在虛無飄渺的外在形象(10宮)。

C. 配對盤分析：(C代表查里斯王子，D代表黛安娜王妃)

1. 查的☽落入黛的4宮120°△黛8宮之♂且⚹黛7宮的☿，就查的立場，很容易感受到黛肉體性慾的歡愉(☽C ☌ ♂D 緊密1° 內)就黛的立場夫妻、性及家庭，查似乎提供了穩定的家庭基礎。

2. 查的♂入黛的命宮，120°△ 黛8宮的♅。
就查的立場，會突然對黛產生強烈的性慾，性關係新奇、狂野、刺激。
因♂C☌ASCD，顯然是因黛的外表、身體，激起查的慾望。
就黛的立場，查的♂熾烈燃燒起其內在情慾、興奮。

3. 查的☿入黛的10宮，△黛7宮的(☉ ☌ ☿)，但□♃D 2宮。
就黛而這，查提供婚姻理性思維，但兩者價值觀不同。
就查立場，查的☿是在4宮應顧及皇室形象。

4. 查的☉□黛的☽D☍黛的♀D在5宮，□♅D在8宮。
這種組合對女命而言是最糟糕的，良人不可靠。
就黛而言，查的自我損害到黛的內在情緒，嚴重破壞對愛情的期待，原本熾烈的性愛也突然失落(☉C 激起黛三刑會沖，形成大四角凶相格局，這是他們不和諧的主因)，查的尊嚴受此影響甚深。

5.查的(♀☌♆)⚹黛的ASC且☌MC，也□黛7宮的☉，查應有腳踏兩條船之準備，但黛的三刑會沖不允許。

6.查的♄入黛的8宮☌(♂☌♇)。
查的♄限制黛8宮熾烈的情慾，他的冷漠澆息她的內在性慾必然引起她的報復(♂☌♇)，背叛及嫉妒就是寫照。
這點帶有濃厚的宿命訊息。
而查☽受黛♄的□，查也感受到黛的窒息，更提不起勁，不想與她單獨相處。

從以上分析可知這對舉世注目的金童玉女的婚姻，最後還是在眾目睽睽下離婚收場，就配對盤分析，實良有以也。

Diana-Natal
Charles-Natal
Composite-Midpoints
Geocentric
Tropical
Placidus
True Node

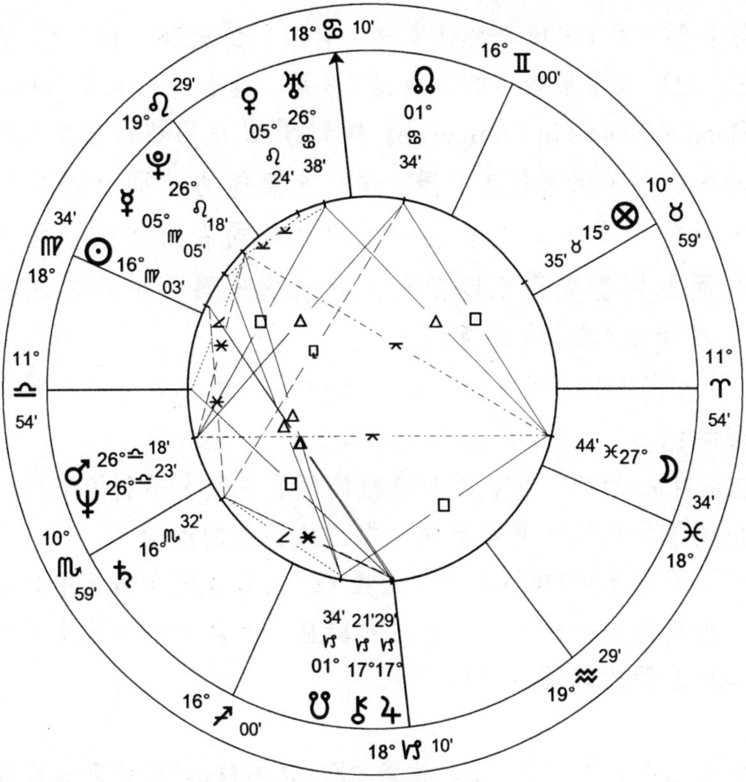

我們以查里斯王子和黛安娜王妃的紅合盤說明整體婚姻的狀況。

1. 查、黛組合盤的ASC在辰天秤，ASC主星♀位於午獅子10宮，他們這對公主、王子的婚姻受到舉世注目(10宮，公開)，全球聚光的焦點(午獅子)，而♀原本就是人際關係或婚姻的代表因子，更凸顯其婚姻頗具功利目的性，效應頗強，男女雙方在婚姻中皆獲名望、地位。

2. 組合盤中的1宮代表婚姻本質，宮內見♂辰26° 18' ☌ 辰26° 23'，相當緊密的會合僅5'差異。組合盤的創始人Rob Hand《Planets in Composite》提到♂ ♆這兩顆行星無法輕易地組合，因♆代表混淆、弱化、無能力，而♂為自我表現的力量，如果會合☌很難驅動兩者正面的強化，反而個別會覺得比以前弱，會表現出讓一半感覺罪惡，或使他(或她)評價低。

   又(♂ ☌ ♆) □ ♅未26° 38' 在10宮，且甚為緊密的刑剋，僅差15'。

   Rob Hand的同引書也提到這種關係易失敗，不利婚姻或其他關係的維繫，易招致未預期的或突然的改變。

   ♂又係組合盤7宮的戌白羊主星，♂入命宮代表婚姻中的兩入也想達成一致，然♂在辰為弱且與♆會合，大逢♅刑，顯然他們的關係必起變化。

3. 組合盤中的☽亥27° 44' 位於6宮，Rob Hand同引書稱這種關係可能有特定目的，不會愉悦的，有一方會覺得委屈、忍辱墊背，會覺得疲憊，甚或出現情緒化、憤怒、報復。☽分別與1宮的(♂☌♆)及♇午26° 18'形成一個上帝手指型。

11宮，♇午26° 18'

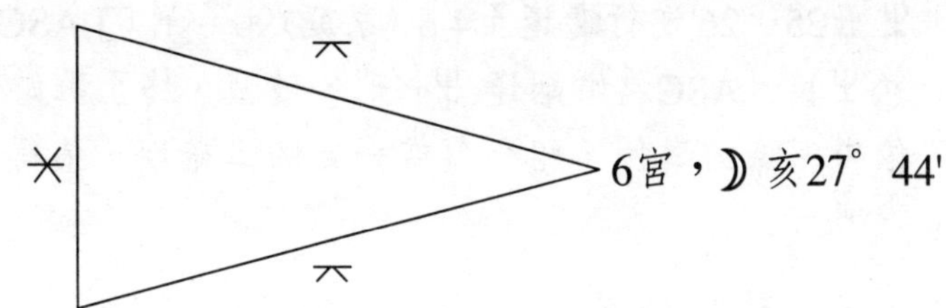

♂辰26° 18'
1宮，♆辰26° 23'

代表他們的婚姻是命運式的，感情不真誠，而☽又分別與☋/☊90° 刑，更凸顯應有前世業力，又☽為組合盤的10宮主星，各望受損。

4.組合盤中的☉位於11宮與♃形成120°△吉象，這個配置佳，代表男女雙方會因其婚姻拓展人際關係，擴大交友圈。再按過運看查、黛何時結婚、分居和正式仳離。

1.1981年7月29日結婚，($♃_T$ ☌ $♄_T$)⚹♀
($♃_T$ 辰5° 39' ☌ $♄_T$ 辰5° 18')與 $♀_R$ 午5° 24'，相當緊密的等分相位，♀為自然婚姻的代表因子，而且是查、黛組合盤的ASC主星，故婚姻成就。

2.1992年12月分居，($♅_T$ ☌ $♆_T$)☌ $♃_R$，且⚹ $♄_R$
($♅_T$ 丑17° 8' $♆_T$ 丑18° 1')☌ $♃_R$ 17° 29'，且⚹ $♄_R$ 卯16° 32'

。若詳細計算上述組合相位與8宮之⊗ 形成菱型，♄$_R$ 正好為頂點，8宮代表性的冷漠、悲觀，顯然係分居之象。

3. 1996年8月離婚，♆$_T$ 遇運至ASC$_R$的（♂☌♆）
♆丑25° 26'逆行遇逢至4宮（家庭）90° 刑□ASC$_R$的（♂☌♆），ASC為婚姻逢 ♆$_T$ 刑，破滅，終至離婚。
依查、黛的案例，組合盤有一定的準確度，值得參考。

第十章　換置占星學

就命運而言，人類一直在天、地、人三才的規範之下，所謂天係指流年運勢；人則是與他人互動的影響；地則為類似中國風水原理擇地而居的選擇。我們已在前面分別論述人與人互動的關係，即如何透過占星學的配對盤、組合盤、關係盤...等來瞭解，也說明各種較準驗的流年運勢方法，但這二者都侷限在命主的出生環境的某些範圍內，若搬遷他鄉不遠可能尚屬各後天宮範圍之內，故本命天宮圖影響各生活領域仍甚深遠。占星學界就有人探討，假若命主遠離他鄉，空間大為變換，是否會改變命運，這就是換置占星學(Relocation Astrology)的由來。

換置占星學的具體發展不超過50年，但由於現代電腦技術大為精進，繪圖美妙，使得換置占星學的發展到令人嘆為觀止的結果，尤其是被譽現代換置占星學之父的Jim Lewis發明Astro*Carto*Graphy(簡稱A*C*G)，風靡一時。ACG圖証明人類確實會因空間選擇而有增強或改變命運的機會，在Jim Lewis發展ACG圖的大約同時，創辦美國知名占星套裝軟體Win Star*的Mihael Erlewine窮究天文座標系統，發覺人類早就跟地平空間(Local Space)關聯甚密。地平空間的概念可由地平座標來表示，Erlewine的這個概念其實早在1929年美國一位頗有名氣的占星家Edward Johndro就曾討論過，而1978年另一位名氣更大的Charles Jayne撰文討論，但在當時受限繪圖技巧，無法充份具體表達，難成為主流，僅在層次較高的占星學先進間互相研討，但1980年代中國的密教黑教宗師林雲赴美講解中國風水與氣的關係後，風水的觀念似乎在英美廣為流傳，研究占星學的人本來就比較不排斥神秘學說，由於風水奠基在地平空間，遂使占星學的地平空間概念更能活化，因此中國風水的觀念結合占星學的地平空間，具體地發展成位置占星學(Locational Astrology)，除有換置ACG之功能外，更附加討論居家環境的安排，美國的Steve Cozzi所著《Planets in Locality》和現住英國的美國籍占星家Martin Davis《Astrolocality Astrology》有非常詳細的討論。

關心中國風水及擇日學的人必然對「太陽到山到向」這個觀念相當景仰，因為它的身價被抄得相當高，要學會其技巧和演算花費駭人，如果懂得地平空間座標就知道所謂「太陽到山到向」即是指太陽到地平空間某個座山和對向的時刻，由於國內擇日界向來不求甚解，未真正深入瞭解天文學中天文座標的換算，祇會渲染其效應，故易以訛傳訛，甚至敢開班授課，令人慨嘆！

另外1920年代，英國占星家Sepharial(與Alan Leo約同時代，且齊名)發展另一套Geodetic Map，但當時未受重視，一直到1988年加拿大女占星家I · I · Chris Mc Rae《The Geodetic World Map》問世後才漸受注意，但相對於ACG和地平空間而言，Geodetic Map聲勢較弱，因其設定基礎人為假設居多。

我們分別針對上述概念一一解説

A.換置占星學

所謂換置的意義是命主離開出生地A到遠鄉居住B，就占

星學而言，若以該地B經度、緯度和同屬GMT出生時間計算，原本A本命天宮圖有可能因各宮宮始點位置會變換，但其各行星的黃道經度仍保持不變而形成B換置天宮圖(Relocational Horoscope)。

換置星盤與原本命星盤之差異在於

・各後天12宮宮始點改變，因而

①各行星與敏感點如ASC、MC或 ⊗ 之相位有可能改變。

② ⊗ 的位置變換與各行星之相位可能改變。

③重要的敏感點MC及ASC位置變換，故與各行星之相位會改變。

④各行星原本分佈之始宮、續宮、果宮可能改變，故其偶然尊貴中的宮位位置須重新運算。

因以上①～④的變化，命主的各生活領域可能就有變化，如本命3宮12宮刑沖凶，易犯交通意外或手足涉有風險，讀書不順...，將此3、12宮不良結構轉換成其他宮事項，也許可以改變上述不利現象。利用行星在始宮尖軸的重大影響力來趨吉避凶，若欲移民、留學、出國、旅行可參酌所欲前往之地方，予以換置瞭解該地方對命主是否有利。

B. A*C*G

A*C*G是Jim Lewis首創，並申請專利，這項觀念源自Jim Lewis在1970年代任職於《American Astrology》雜誌時，與恆星派大師D.Bradley認識，接觸到另位鼎鼎大名的恆星派大師Cyril Fagan的作品，而加以改良發展的。C.Fagan教導讀者，如何繪製行星的上升線和下降線，而D.Bradley則不辭辛苦地以手繪製在太陽始入恆星黃道摩羯時，行星線跨越整個世界地圖之圖表，隨後Bradley根據所要強調的行星線，出版過類似A*C*G這種行星路線圖，但僅一、二條在內，當時大都用於討論時事之用，非使用在本命占星學。Jim Lewis不認同恆星派(即恆星黃道)占星學，但兩位大師強調行星在本命盤的尖軸攸關於居住地方的重要性，卻深深啓迪Jim Lewis而開創A*C*G的概念。在1970年代尚無電腦軟體，他純粹以手工繪製服務客人，這種結合行星路線和世界地圖相當創新，且因驗証性高，引起占星學這項領域的發展，帶動風潮。1982年Jim Lewis再接再厲地完成A*C*G的推運和過運，這種技巧他稱之為Cyclo*Carto*Graphy(簡稱C*C*G)，忽然間A*C*G及C*C*G儼然成為占星學的新貴，頗領一時的風騷。Jim Lewis被公認為權威，甚至也為他贏得占星學界最高榮譽－MarcEdmund.Jones獎，後來他每年出版《Astro*Carto*Graphy® Source Book of Mundane Map》預測國際大事。

A*C*G圖可作為政治時事的重要分析工具，如現代美國總統布希的A*C*G圖的♂IC與♅DSC交會於北緯15°－18°間，其延伸線正好經過中國南海，公元2001年4月發生轟動一時美軍機與中共軍機擦撞意外事件，幾掀起戰爭，♂戰爭、♅意外，似乎有脈絡可尋，又♂IC經過阿富汗、♀IC經過伊拉克，這兩個地區都被布希下令攻打過。

A*C*G圖可供個人移民、留學、出國旅行、談生意的極佳工具，充分掌握全球各地那一地區是命主吉祥地，在全球化、地球村的時代來臨，A*C*G圖不失為相當重要輔助工具。

C.地平空間(Local Space)

地平空間占星學係以地平座標所衍伸的，除可用於擇日學中的太陽到山外，亦可求算個人的地平空間圖，從其中顯現的行星線來安排個人陽宅住居的各種功能使用，即將陽宅風水的概念與占星學結合成一種新的技巧。除卜卦占星學外，一般占星學向來不談方向，但地平空間占星學卻可提供就職、戀愛、賺錢...的適當方向。

D.測定圖(Geodetic Map)

測定圖原本用在時事占星學，它的概念是以全世界地圖為主，假設英國格林威治天文台之經線為戌宮白羊0°，然後東經循黃道秩序，每30°之地理經度劃分對應天空黃道的一個星座，而西經則循黃道逆行，同樣每30°之地理經度劃分對應天空黃道的一個星座，所得結果如下圖：

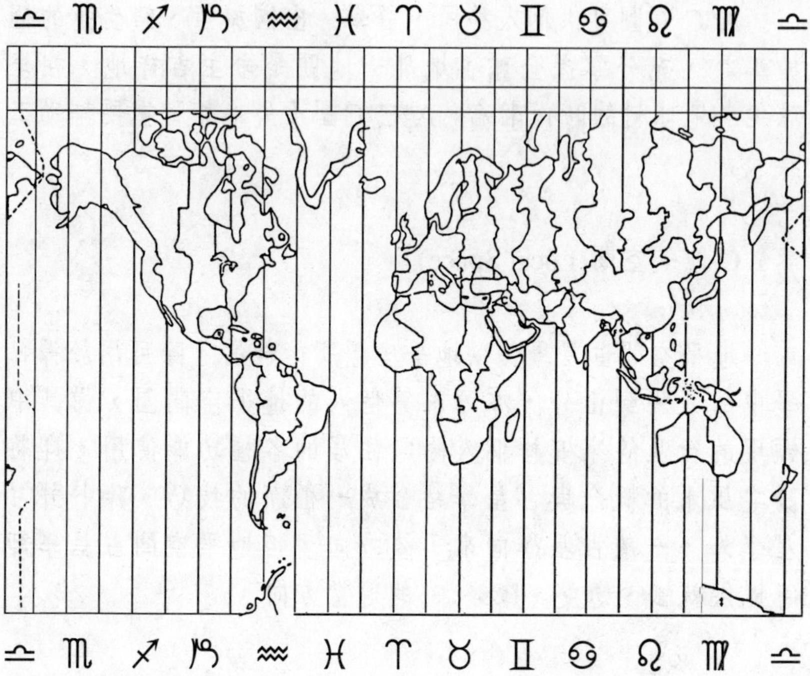

♎ ♏ ♐ ♑ ♒ ♓ ♈ ♉ ♊ ♋ ♌ ♍ ♎

♎ ♏ ♐ ♑ ♒ ♓ ♈ ♉ ♊ ♋ ♌ ♍ ♎

經過這樣的人為設計，可得知全球各地區或國家歸屬那一星座，當行星過運或重大行星會合之重要占星學徵象，出現在那一星座，可判斷時事事件，這種圖形稱之為測定圖。

案例九　張學良

Natal Chart
Jun 3 1901
0:10 am CCT-8:00
Liaoning,china
41°N12'122° E27'
Geocentric
Tropical
Placidus
True Node

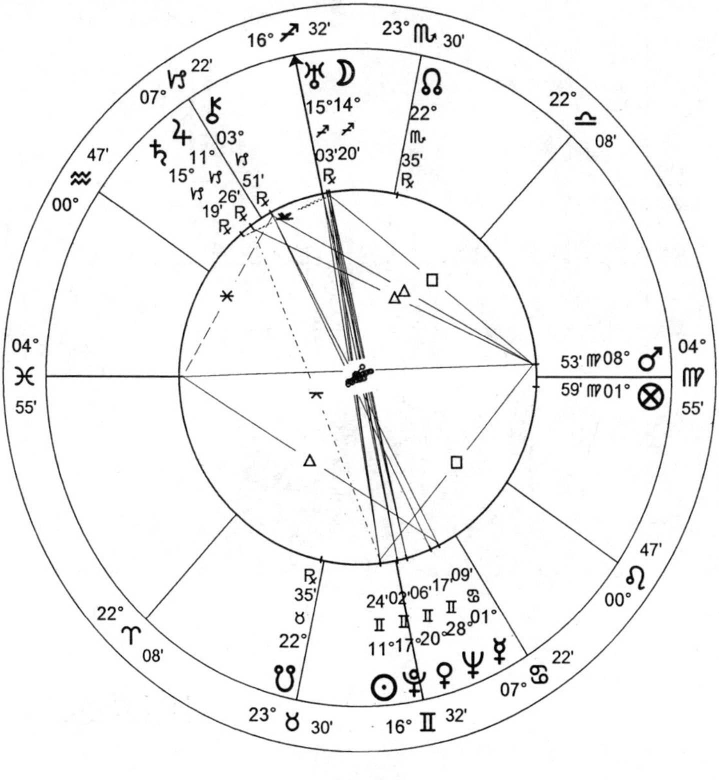

張學良-Nata-Lines:Culm/Anti/Rise/Set(全世界)

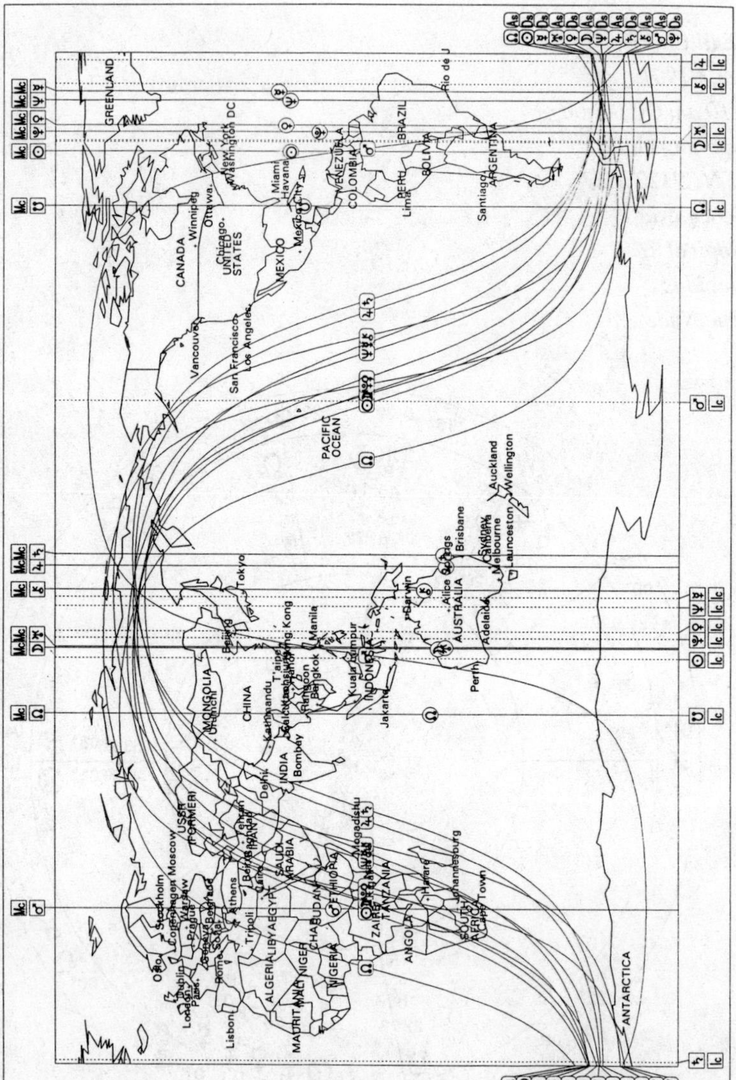

張學良-Nata-Lines:Culm/Anti/Rise/Set(亞洲區)

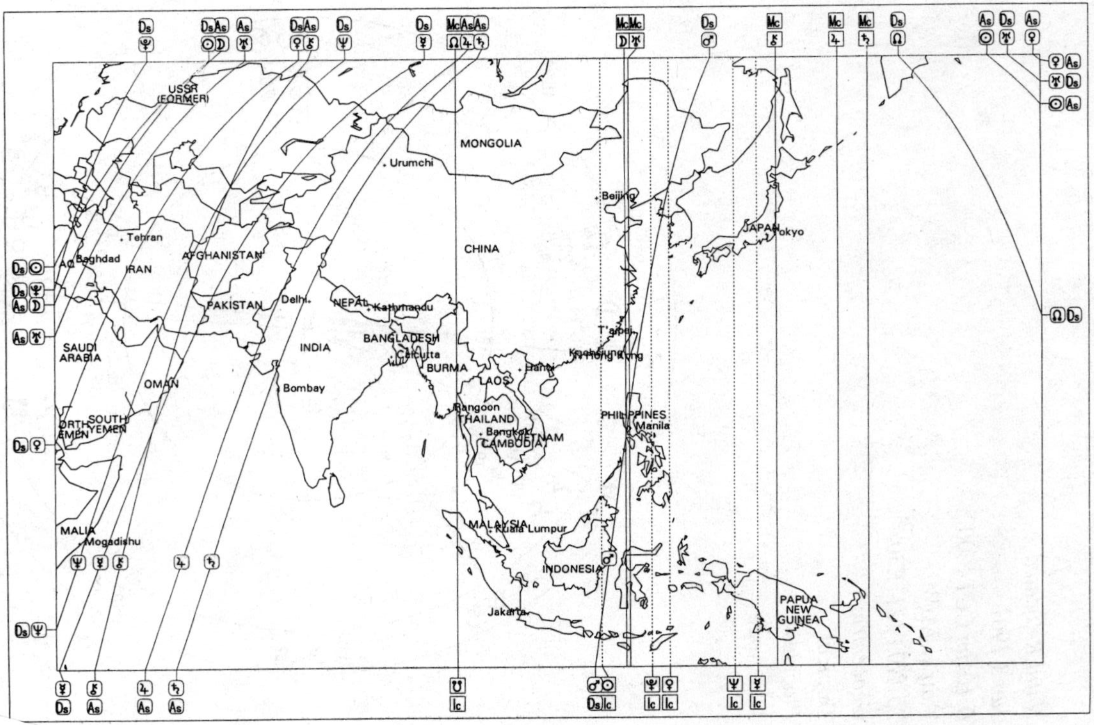

USSR (FORMER)
MONGOLIA
Urumchi
Tehran
Baghdad
IRAN
AFGHANISTAN
CHINA
Beijing
JAPAN
Tokyo
PAKISTAN
Delhi
NEPAL
Kathmandu
BANGLADESH
Calcutta
INDIA
SAUDI ARABIA
OMAN
Bombay
BURMA
LAOS
Hanoi
T'aipei
Kaohsiung
Hong Kong
Rangoon
THAILAND
Bangkok
VIETNAM
CAMBODIA
PHILIPPINES
Manila
MALAYSIA
Kuala Lumpur
INDONESIA
Jakarta
PAPUA NEW GUINEA
SOUTH YEMEN
MALIA
Mogadishu

張學良

Natal Relocated
Jun 3 1901
0:10 am CCT-8:00
T'aipei,TAIW
25°N03'121°E30'
Geocentric
Tropical
Placidus
True Node

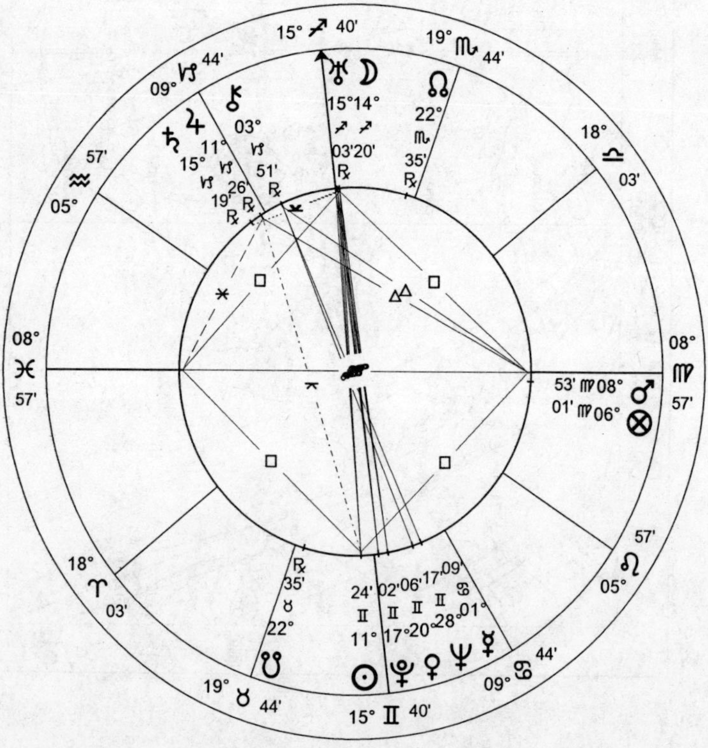

我們以中國近代史最具分水嶺的西安事變主角–張學良將軍在台灣被監禁長達將近50年歲月的事件，說明換置占星學的特色。

(Ⅰ)本命盤的被監禁特徵

古典說法W.Lilly《Christian Astrology》Ⅲ論監禁或入監，提到監禁的代表因子為①☉、☽②♂、♄ ③12宮、7宮等宮內行星及宮主星，其中♄及12宮為牢獄、秘密敵人，♂為競爭、公開敵人。

其中有條法則即♂或♄在始宮刑剋☉或☽之一，且☉、☽無力，即可能入監，張將軍本命的☉在申11° 為外來的，無力，且在3宮果宮為偶然無力而♂在7宮始宮，符合其象，且♂與☉、☽正好形成三刑會沖。

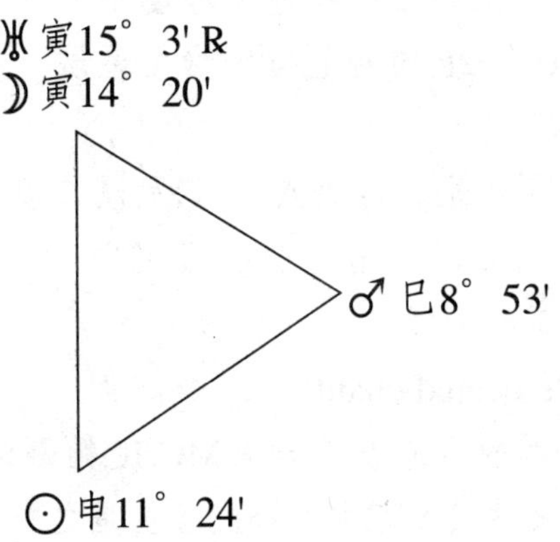

除上述情況，張將軍的ASC在亥雙魚，ASC主星♃在11宮丑，入弱且逆行，會合☌12宮子水瓶宮主星♄丑15° 19'逆行，子為暴戾星座，也類似前引著另條法則，即ASC

主星☌12宮主星且ASC主星℞，亦有入監可能。

命主星♃在丑11° 26' ℞，其映點在寅18° 36'，反映點在申18° 36'正好☌(♇申17° 2'和♀申20° 6')之中點申19° 34'位於天底。

♅寅15° 3' ℞☍♇申17° 2'於MC/IC軸線非常之禍甚明，又涉入兩大行星☉及☽，刑沖於天底更隱含暗無天日之意，♀在♇之側亦位於天底，♀為愛情，張將軍監禁歲月有位堅貞的紅粉知己陪伴在側引為美讚。

(II) A*C*G的特徵

張將軍的A*C*G圖中的☽MC並排♅MC正好經過台灣，本命的(☽☌♅)☍(☉☌♇☌♀)的凶象顯現在台灣，亦數之巧妙。當然☽MC並排♅MC也經過菲律賓、印尼東部、澳洲西部，若他移往這些地區亦屬不利。

☉IC及♇IC及♀IC同時並排經過之區域，台灣正位於它們包夾之間。

讀者可在圖一全世界的A*C*G及圖二以亞洲為地區的A*C*G分別可以看出這個特徵。

(III) 換置盤(Relocated chant)

根據張將軍的本命盤已知其MC/IC軸刑沖凶惡，而♂在始宮三刑會沖及ASC主星☌12宮主星之監禁徵象，應如何利用換置圖來趨吉避凶呢？由於其結構甚凶，欲完全避開似不可能，如換置至某地方此結構仍在，祇是所在宮位不同，假設讓結構頂點♂換置至後天6宮，而(☽☌♅)至9宮，☉至3宮，雖避開監禁，但有可能涉及交通、航

空、海外......等意外，身體受傷。所以欲兩全其美恐而斟酌再三，中國俗語：「耗錢消災」，似有道理。

本案例的換置盤事實上是張將軍被迫隨蔣介石遷徙來台，並非他自願的，但我們仍可事後諸葛亮解說其象。張將軍從遼寧換置至台灣，除各宮宮始點各有些微變動，但整體結構仍和原來的本命天宮圖大同小異，♂更接近宮始點更凶而已，故一關將近50年，徒呼奈何！

案例十

J.F Kennedy
Natal Chart
May 29 1917
3:00 pm EST+5:00
Brookine MA,USA
42°N19' 071° W07'
Geocentric
Tropical
Placidus
True Node

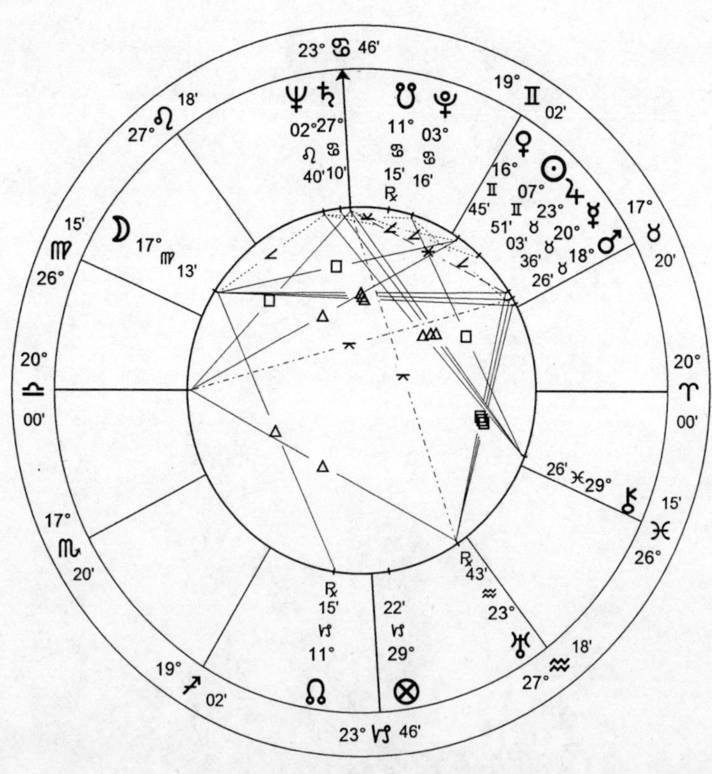

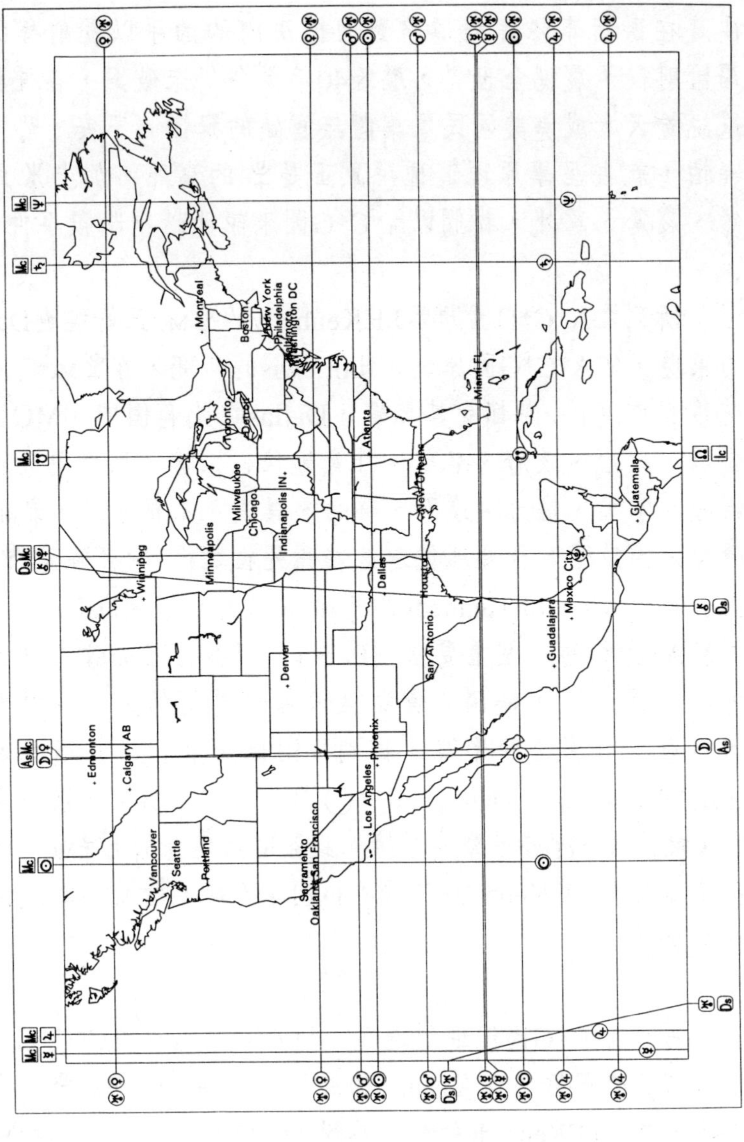

JR Kennedy-Nata-Lines:Culm/Anti/Rise/Set

Edmonton
Calgary AB
Winnipeg
Vancouver
Seattle
Portland
Minneapolis
Montreal
Toronto
Milwaukee
Detroit
Chicago
Boston
New York
Philadelphia
Baltimore
Washington DC
Denver
Indianapolis IN.
Sacramento
Oakland
San Francisco
Los Angeles
Phoenix
Atlanta
Dallas
San Antonio
Houston
New Orleans
Miami FL
Guadalajara
Mexico City
Guatemala

美國總統J.F.Kennedy於公元1963年11月22日於德州Dallas被藏在遊行車隊途經道路對面樓房內的凶手以長射程的來福槍射殺，震撼全世界，歷經40年至今仍未破案，各種臆測眾説紛云，成為美國民眾集體無意識的驚慌、不安、恐懼、害怕，就占星學原理這種現象正是♀的寫照，加上♅的突然、震驚、意外，我們以A*C*G圖來説明這項暗殺事件。

所列之A*C*G圖顯示J.F.Kennedy的♀MC正好經過Dallas的東邊，依A*C*G圖原創人JimLewis的研究，在♀MC這條線前後容許度1°內都受其影響，Dallas在此範圍內。MC主管公眾、政治、政府、名望、社會地位....等，而♀為死亡、暗殺、掌控、權力、殘忍、殘酷、黑道、不擇手段，♀MC正隱含著因政治、社會地位遭逢殘酷死亡之徵(✳應注意♀MC尚有其吉象)，J.F.Kennedy的♀MC線正好影響到Dallas，另外判斷A*C*G的一個重要法則Paran，即各行星交會之點，按地球自轉原理，每個交會點繞地球一圈衍伸成一條緯度線，對命主有深遠的影響，我們從附圖可看出二條橫線，即♅/♂ Paran線正好Dallas圈住，☉為生命力、權力、♅為震驚、突然意外，♂為政擊、手槍、武器這些組合加上♀MC線，活生生地點出J.F.Kennedy不能在Dallas活動，然而不幸地他卻喪命於此。

另外A*C*G尚能進行過運，所形成之圖稱為C*C*G圖，當時♀/♀正好交會在Dallas的緯度，同時☉/☽/♀也交會在此，亦即J.F.Kennedy的A*C*G圖及C*C*G圖指出該年在Dallas的特別危險，及突然死亡的可能。

第十一章　時事占星學

時事占星學(Mundane Astrology)是占星學四大分支之一，其發展早於其他分支，筆者的《占星學–天宮圖的要素分析(上)》第二章占星學的歷史發展沿革中提到，早期先民觀察天象，以期掌握天體運行規律作為生活因應，譬如農作物耕種…等，從出土的巴比倫徵兆泥板，許多記載顯然都跟國家大事有關，其中不乏天象異常之徵兆預示，這是典型的時事占星學內容，儘管在巴比倫時代占星學的發展僅是雛型，但這已説明自古以來天象的變化攸關軍國大事，一直為人類所關心。

中國是世界四大文明古國之一，天象觀察的記載資料相當豐富，重要的各朝代史都記錄這方面的資訊，24史的《天文志》或《五行志》就是典型之例。其中尤以唐朝·李淳風所撰寫的晉書《天文志》的內容最為豐富，漢武帝司馬遷《史記》一直是史家最尊崇的，司馬遷在該書的《天官志》所展現的豪氣干雲，一直是研究天星的人所能感受的。他「究天人之際，通古今之變」即認定一切時事都是由天象而來的。中國占星學所發展之時事占星學雖跟希臘一脈相傳之西方占星學不一樣，但精神則一致，大陸·江曉原教授稱之為「軍國占星學」頗為傳神，從中國時事占星學的分野論，以及將紫微垣及附近恆星群類比為帝王、王子、王妃...等就可得知其精神意涵，由於本節討論係以西方占星學為主，故有關中國之軍國占星學，不擬在此處討論。

西方占星學中有關時事占星學比較具體的記載是托勒密在《四書》所寫的，如各地區與四大元素的關聯。後來占星學由阿拉伯世界保存並加以發揚光大，其中頗令人矚目是時事占星學的更多技巧，如木星與土星會合周期與王朝興起衰落有關。《明譯天文書》第二類·凡十二門斷説世事吉凶就是典型的時事占星學內容，而它安排在本命占星學之前討論，顯見當時時事占星學的位階應高於本命占星學。《明譯天文書》所説明的技巧至今仍被引用，它的木土20年周期近代，很巧合地出現在美國就任總統，祇要是在木土0°會合時的在任總統幾逃不過惡運，除1980年雷根總統例外，但他幾乎險遭不測；第十門説日月交食(即日蝕、月蝕)，更是當今研究時事占星學最重要的項目，如1999年台灣發生921大地震，日蝕於8月11日7:09pm，在集集當地形成占星學最凶的大四角凶星刑沖，令人觸目驚心，如後面實例解説。

《明譯天文書》也論及二分二至點始入盤與國運的關係，天時寒熱風雨(氣象學)、彗星、物價貴賤(經濟、財務金融)、説世運(如水瓶世紀、雙魚世紀…)，若檢視目前時事占星學研究，阿拉伯人所提供的技巧仍是顛撲不破，不得不佩服阿拉伯人的智慧。

後來阿拉伯占星學回傳到歐洲，古德·波那提集精華於他所著《天文書》共10卷，其中有關時事占星學的內容是卷四0°會合(木、土)、卷八，有關二分二至始入盤、卷十，有關暴風與氣候改變；但更詳細討論卜卦問題，17世紀占星

學第二次黃金時期的代表人物里利在《基督徒占星學》是以卜卦技巧討論時事事件，，不純粹為時事占星學的內容，與他約同時期William Ramesey《Astrology Restored》有一集專門討論時事占星學，但與《明譯天文書》比較並未超越。

儘管時事占星學討論的是時事事件，但里利的卜卦技巧利用演變成所謂的事件占星學(Event Astrology)，即根據事件發生時間、地點起盤來研究，但內容技巧應劃歸為卜卦占星學才合理。

步入20世紀後，第一次世界大戰、第二次世界大戰之間人心惶惶，美國更發生史無前例的經濟大蕭條，這些經驗都讓占星學家心有戚戚焉，但完整具體的時事占星學體系或內容並未看到，一直約19世紀末Raphael《Mundane Astrology》，H · S Green《Mundane Astrology》這二本小冊子，才看到比較完整的時事占星學的具體論述。1951年Charles · E · O · Carter《An lntroduction to political Astrology》有更完整的內容，C · E · O · Carter為Alan Leo的接班人，在占星學有一定地位，因此這本時事占星學頗受推崇，事實上，也是讀時事占星學不可或缺之書。

第二次大戰後商業逐漸興起，而1980年代金融財務管理漸受到矚目，股市大為興起，全球逐漸形成金融投資或投機熱潮，財務金融占星學也應運而生，原本財務金屬也屬時事占星學項目內容之一，但目前已獨立出來成立所謂財務金融占星學(Financial Astrology)，但其分析內容實脫離不了時事占星學的分析技巧，祇不過更著重於行星周期將對股市的影響。

目前時事占星學最具權威的是應屬前任英國占星學會理事長Nick · Campion，他與Mickael Baigent和Charles Harey合著《Mundane Astrology：An Introduction to the astrology of nations and Groups》是研究時事占星學絕對不能少的一本好書。Michael Baigent更是早在1980年就根據♃與♄、♆之180°沖預測東歐共產體制的崩潰、柏林圍牆拆除、蘇聯解體，在占星學界一直為人所津津樂道。Nick Campion本身是歷史博士，他廣泛搜集各國史實配合國家成立時間而撰成國運盤集成《The Book of World Horoscope》，也是研究各國國運盤或重要國際組織命盤的重要參考工具書。

研究時事占星學應如何著手呢？我們列出一些綱要，有助掌握重點：

〈一〉時事占星學的內容

1.政治占星學。2.地震占星學。3.氣象占星學。4.財務金融占星學。5.其他(如地誌占星學、種族文化占星學...)。

〈二〉時事占星學研究的共同技巧

1.天宮圖符號象徵在時事占星學的意義

· 行星

· 星座

· 12宮

· 自然主星

2.時事占星學研究的內容材料

· 日蝕、月蝕

· 大會合(0°、☌)

· 停滯

· 始入

· 行星會合的各項周期與歷史事件的關聯

· A*C*G圖的應用

· 測定圖的應用

· 新年盤

3.開端的重要性

· 事件占星學的應用

4.國家命盤

5.總統命盤

案例十一　2002年春分盤

Solar lngress
Natal Chart
Mar 21 2002
3:16 am CCT -8:00
Taipei, TAIW
25° N03'121° E30'
Geocentric
Tropical
Placidus
True Node

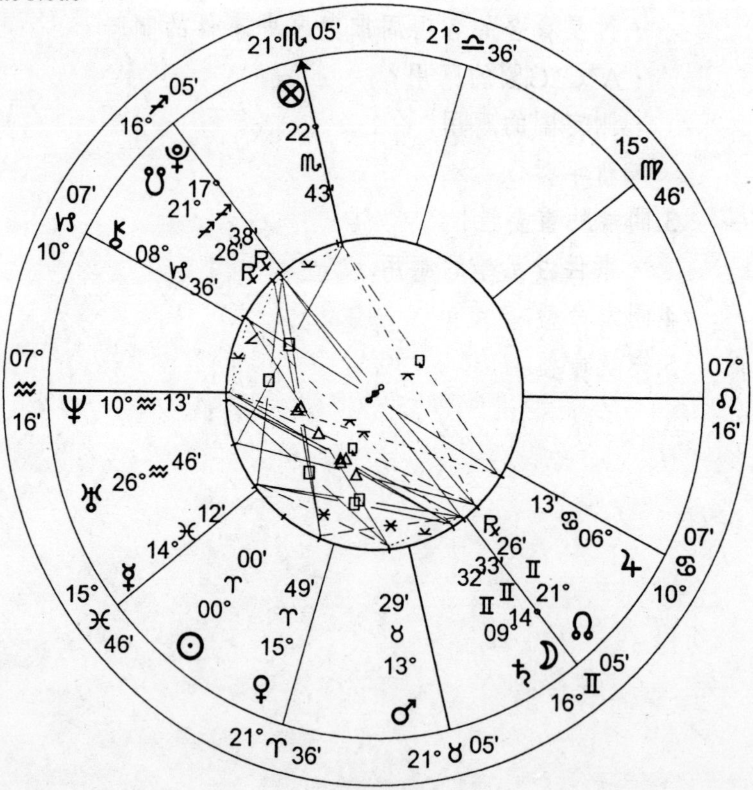

民國91年國運盤解析(2002.3.21~2003.3.19)

※應注意完整的國運分析尚須考慮國家盤，現任總統命盤。

1. 根據《明譯天文書》「凡交新年，必有安年命之理，太陽交白羊(戌)宮初秒，看此時東方是何宮出地平環上，將此宮度便作安年命度數」，「若安年命在定宮，一年禍福皆依此宮分斷之。定宮者、酉金牛、午獅子、卯天蠍、子水瓶」。

   91年的☉白羊始入春分盤，查萬年曆為2002年3月21日早上3:16分，以目前行政中心台北經緯度起盤，ASC在子水瓶為定宮，故此春分盤可作一年國運之基本分析。

2. 應掌握時事占星學中各宮、行星、星座等意義

   第1宮 代表整體國家、人民

   (I) ♆近ASC，形勢尚屬混亂不明，而♆□♂近天底，易逢水污染、藥物迷幻、毒品、搶奪、槍砲重大事件。
   ※台北縣，北城配錯藥和屏東里港崇愛診所的新聞事件轟動一時，又台北市限水措施之水污染也發生。

   (II) ♅在宮內，百姓自主意識較強，90° □ MC，顯然對政府施政不滿或有革命意圖(政治人物喊出的二次政黨輪替或有芻型)。

   (III) 1宮宮主星♄入4宮，卻逢☿、♀三刑會沖，☿為5宮主星(股市投機)和近2宮始點，顯然整體國民對股市、經

濟必然有所不滿，☿又係媒體之自然代表因子，再經媒體之渲染，人民感受更加強烈。

第2宮 代表經濟、財政

(Ⅰ) ☿近2宮始點三刑會沖4宮♄及11宮之♇，經濟情勢恐尚未明顯好轉，或不符人民預期(♄刑，♄為ASC主星)。

(Ⅱ) 2宮主星♃入5宮巨蟹為旺，其實經濟情勢之底質已轉佳，入5宮有利股市轉強。

第3宮 代表交通、運輸、教育、新聞

(Ⅰ) 宮內見♂凶星，且♂入陷酉宮，♂□♆在命度，必然發生國內運輸交通之意外，跟海有關，民眾酒醉駕車、爭執。

※華航客機和復興航空貨機墮於澎湖海上，國內多起酒醉駕車不服取締之畫面歷歷在目。

(Ⅱ) 教改混亂、教師上街頭爭取權利或爭吵。皆可由♂□♆來顯示。

(Ⅲ) ☿為新聞、交通、教育之代表因子，與♄、♇三刑會沖，新聞媒體豈會安寧?新聞更是色羶腥比比皆是，燥動不安。

(Ⅳ) 3宮在戌，主星為♂□ASC更加凸顯上述論法。

第4宮 代表土地、家庭價值、農業及反對黨

4宮在酉金牛，其主星♀入3宮戌白羊為入陷，無力，雖逢☽60半合及♀120°三合，房地產、土地可回穩，但仍屬無力，而土地房地產之自然主星♄限制、困難，入4宮建築業豈能在本年回春?

第5宮 代表股市、投機、孩子、出生率、愛情

(Ⅰ)5宮始點見⚹☽♀以佳，且2宮主星♄入5宮為旺，股市應有起色，然♀無力，♄之定位星☽會合♄受剋，且180°沖♇，欲大力反彈恐受限制。

(II)5宮主星☿三刑會沖，故底質仍屬不良居多。

※91年股市春夏尚佳，至5/20即衰落(配合♄☌♇正確度數會合)國際走勢一片哀鴻遍野，台灣連帶受影響，綜觀雖比90年度好，但幅度不大卻有蘊釀之契機。

(III)☿為5宮主星90°刑11宮(國會、議會)之♇故91年國會議員之桃花事件的新聞感染力(☿)特別強，尤以

①民進黨鄭余鎮與王筱蟬兩人的桃花新聞最具爆炸力

②民進黨柯建銘大小老婆

③親民黨鄭志龍與高金素梅的傳聞

④親民黨李鴻鈞遺棄之前女友(懷孕生女)返國

⑤親民黨孫大千當街摟吻女友，而他尚未辦離婚

⑥親民黨鍾榮吉早年風流韻事

⑦親民黨李慶安揭發涂醒哲黏耳案涉嫌性搔擾，更是轟動一時。

(IV)5宮主星刑沖嬰兒出生率也是話題之一

第6宮 代表衛生、勞動、服役...等

(I)6宮在未巨蟹，主星☽入5宮孩子，逢三刑會沖，衛生問題突顯在孩子的用錯藥。

(II)醫療健保，☽逢11宮♇180°沖及☿在2宮90°刑(財政)，健康保險財政負擔確有問題，逢國會阻撓無法調漲，而欲節流根本不可能，健保財務黑洞必會持續下去。不負責任的國親立委美其名為人民看緊荷包，實際為政治操作給執政黨難堪，台灣的健保費其實相當偏低的，當然執政黨無力將藥蟲、醫蟲揪出來也該受譴責。

第7宮 代表敵對國、婚姻問題、契約合作...等

7宮在午，宮內無星，☉為主星入旺宮不見任何刑沖，敵對國氣勢較我們為強。

就兩岸現狀，中國大陸目前氣勢正旺當紅。

第8宮 代表稅務、保險政策、遺產、死亡率...等

8宮在巳，宮內無星，☿為主星入2宮(財帛)三刑會沖，稅收顯然不理想，不利財政，亦不利保險政策之運作。

第9宮 代表宗教、道德、高等教育、司法...等

9宮在辰，宮內無星，♀為主星入2宮(戌)無力，幸會合♇及☽多星吉相，有關議題尚非91年之重大問題。

第10宮 代表政府、執政黨、政府重要領導人物...等

(Ⅰ)10宮在卯天蠍，宮內無星，但1宮內見♅□MC，人民對政府之拖政不滿。

(Ⅱ)10宮主星♂、♇分別受刑沖，♂□♆，♇逢三刑會沖(♇在11宮)政府不受人民尊重且顯然受11宮之牽制。

(Ⅲ)4宮在酉為反對黨，4宮刑沖並見，儘管執政黨施政不佳，但反對黨也不見得受人民青睞問題重重，因♀入3宮無力，逢♇△及⚹☽，國會對反對黨有力，然宮內♄亦見三刑會沖。

國內政黨政治的發展令人憂心忡忡，都祇見口水不見理性思辯，祇問立場不問是非，無視正義祇見挾怨。

第11宮 代表議會、社會福利、願景...等

♇會合11宮宮始點，國會較強勢、霸道、蠻橫，然與☿、(☽☌♄)等三刑會沖，國會聳動性的新聞層出不窮，堪稱全世界之最，令人概嘆！

第12宮 代表監獄、醫院、犯罪率...等

12宮在丑，主星♄三刑會沖，犯罪率不可能降下，醫院問題頻見報。

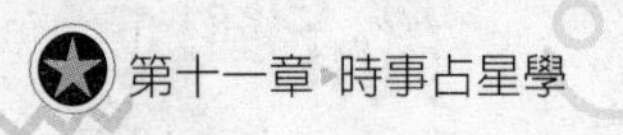

案例十二　2003年春分盤

Solar Ingress
Natal Chart
Mar 21 2003
9:00 am CCT -8:00
T'aipei, TAIW
25°N03' 121°E30'
Geocentric
Tropical
Placidus
True Node

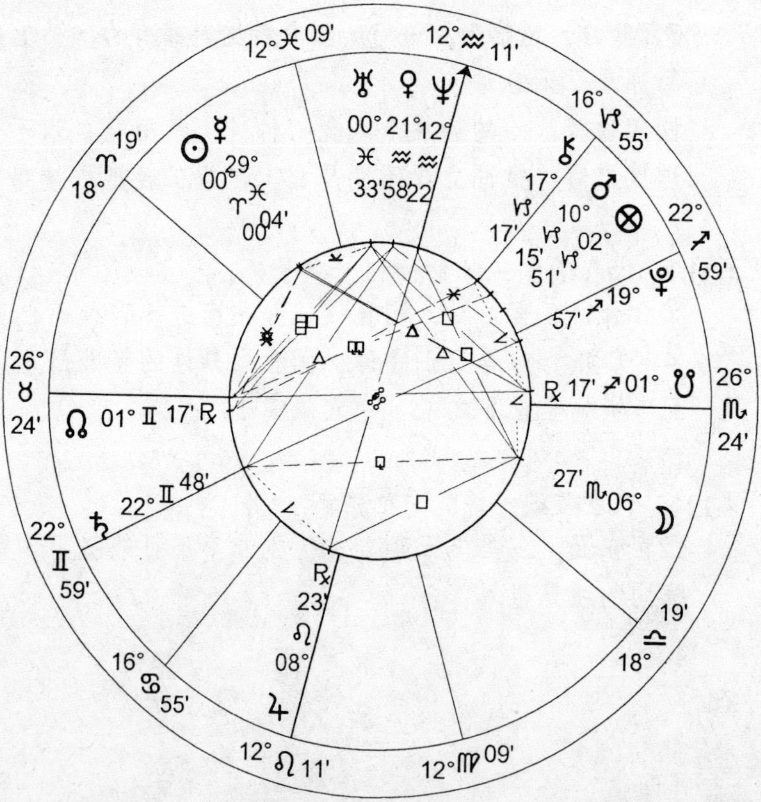

民國92年(2003年)國運逢非典型肺炎SARS

以Solar Ingress於公元2003年3月21日9:00AM首都台北起國運盤

1.ASC代表國運、人民、國家形象

ASC在酉金牛26°24' ☌ 大陵五Algol酉26°12'，相當緊密的會合 ☌，大陵五係恆星中最凶的，應傷害、斬首、損害到脖子及喉嚨、火災、病、暴力、謀殺、恐佈，西方占星學界莫不視之為凶戾之星。

2.6宮在國運盤管轄衛生、疾病、醫療、工作勞動...等

6宮內見☽在卯6°27'適與♆在子12°22'10宮及3宮內的♃午8°23' ℞，形成三刑會沖，論國運碰到重要的行星組合結構應予以密切觀察。

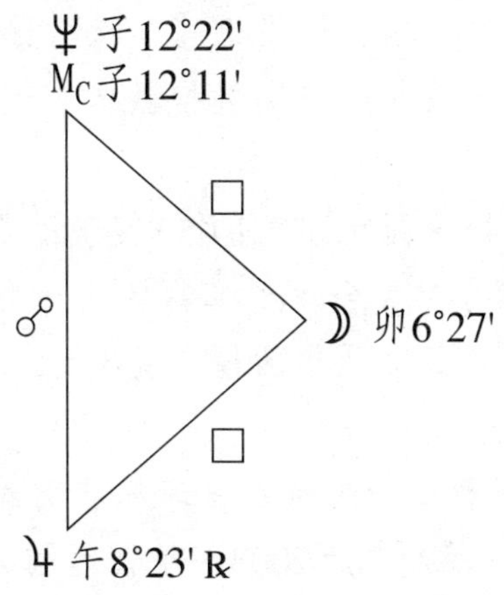

三刑會沖的頂點☽在6宮，顯然隱含2003年國運應有衛生、醫療的重大問題，☽在國運也管轄人民大眾，☽在卯入弱無力，而♃為8宮(壽命、死亡)寅之宮主星，♆為混亂、歇斯底里、隱藏、藥品、迷幻位於MC(在國運盤管轄政府政務部門)，其象意可解讀為人民在衛生、醫療的問題碰到極大困擾、不安、驚慌、惶恐，政府部門處置無能、一片混亂甚或隱藏，導致人民死亡。

更令人恐怖的是♃為死亡宮主星逆行正好與凶恆星積屍氣Praeses在午獅子7°32'會合☌它應盲目、屍體的堆疊、傷害、悲劇、謀殺、火災。

3.MC10宮代表政府或執政黨

♆在子12°22'提升於天頂MC子12°11'，在四個尖軸的行星都賦予重要的權值，♆為迷惑、混亂、藥品。

MC的主星♄申22°48'也⚼半刑☽，幸△♀子21°58'在10宮，♀為ASC主星，最後終能處置挽救，但總是緩慢。

4.♇為凶災、橫禍、死亡在寅19°57'其映點為丑10°3'，正好逢♂丑10°15'在8宮內會合，♂亦為凶星，此映點結構等於是♇、♂會合在一起，死亡凶禍不免。

※筆者每年定期會與學生就占星學原理討論國運時事、財經股市、卜卦...等應用，2003年年初起國運盤，學生中就有人發現6宮內這個特殊結構，當時分析曾說明今年國運恐有特殊的流行疾病致人於死，想不到國曆4月份終爆發，且比

討論的更為嚴重，舉國上下一片驚惶失措，北市府和中央政府的無能暴露無遺，而人性的醜陋及光輝活生生為國人上了一課。

北市府馬英九及其團隊常動不動就說執政黨打壓，這次SARS事件就因衛生署不敢介入，以免又落人口實，讓北市府獨自處理，結果造成一發不可收拾，損及多少優秀菁英和無辜生命，北市府及衛生署都該受譴責。雙方應從這事件體會中央、地方政府的和諧才能創造雙贏，為人民真正謀福祉。

案例十三　日蝕時刻盤

Aug 11 1999
7:09 PM -8:00
集集，台灣
23n50 120e45
Geocentric
Tropical
Placidus
True Node

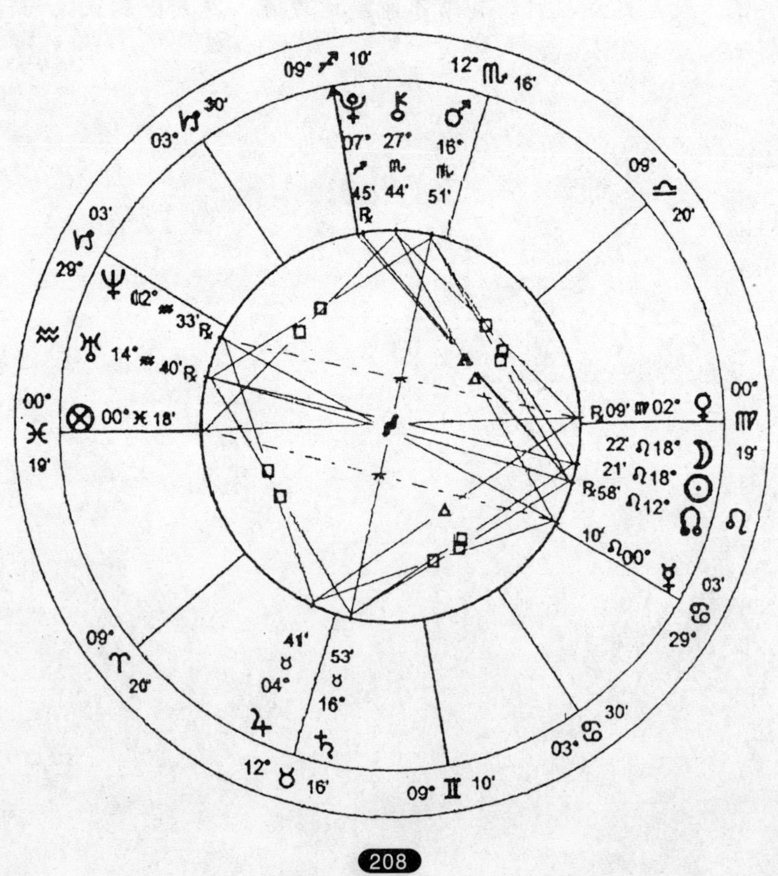

日蝕時刻盤(台灣南投縣集集鎮)

日蝕、月蝕向來是分析國運時事最重要的工具，一般它的效應約半年左右，1999年9月21日凌晨1:40發生台灣有史以來最令人恐怖的大地震，事實上它發生之前的日蝕以震央的南投縣集集鎮經緯度來起盤，就有跡可尋。我們分析如下日蝕盤中的♂卯16°51'(♅子14°40' ℞☌☋午12°58' ℞)，♄酉16°53'及(☉☌☽午18°22')形成大四角刑沖，大十字星象如下圖

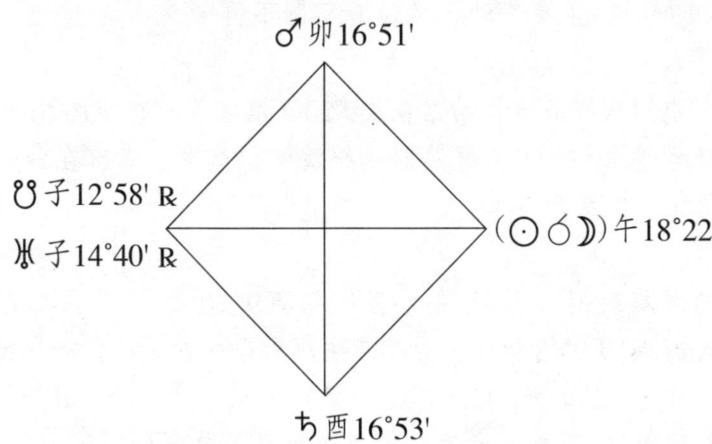

此結構涉及三大凶星♂、♄、♅及☋(適為♂的映點子13°9'與之1°內會合)，根據慕尼黑大學的Dr. Tomaschek研究歷史上的134個大地震和當時星象關係，發現♅在地震扮演著相當重要的角色，本例的♅亦不例外，♅在占星學的原理指示突然、震動、驚惶、革命、意外...等，它會合了三大凶星♅、♂、♄及☉、☽之大四角刑沖，更凸顯它的凶象，在日蝕隔天土耳其即發生7級以上的大地震。16世紀法國的Nostradanus

曾預言1999年天空十字星象全世界毀滅，或許就是這個星象，一般預言總是誇大其詞不必當真，但土耳其及台灣921地震都令人震驚，記憶猶新。

1.ASC在亥0°19'，星座甚前的度數，不穩，ASC主管國運、國家形象、全體國民，其ASC主星♃在酉4°41'與12宮的♆子2°33' ℞ 及6宮的☿午0°10'三刑會沖，人民遭受生命、財產的損失雖暴露人性的缺失，但♀在7宮始點120°△♃，得到外界援助，但♀入弱杯水車薪，多少撫慰災民之傷痛，☿為4宮(家園)主星逢沖，災民有家歸不得。

2.2宮為財政經濟，宮始點在戌9°20'，宮主星♂在卯16°51'，大四角刑沖，大凶，顯然財政經濟受損嚴重，幸♂在卯入廟尚旺，根基尚存。

3.10宮為政府、執政黨，宮始點寅9°10'適與恆星心宿二(Antares)寅9°43'會合，心宿二主應戰爭、大火、橫禍、突然的損失，且♇寅7°45'℞☌MC，♇指示破壞再建設，另外10宮主星♃三刑會沖，政府或執政黨必然焦頭爛額。

4.12宮為不幸、災難宮，宮內見♆三刑會沖♃(民眾)、☿(家園)，及♅大四角刑沖，驟然凶禍；12宮宮始點在丑摩羯為暴戾星座，又宮主星也涉及大四角刑沖，顯示災難凶惡。

5.☽亦主公眾，會合☉且與♂、♄、♅大四角刑沖，而☽位於6宮無力，民眾陷入驚慌不安沖，不利健康，恐疾病流行。

案例十四　火星最接近地球

Natal Chart
Aug 27 2003
5:51 pm CCT -8:00
T'aipei, TAIW
25°N03' 121°E30'
Geocentric
Tropical
Placidus
True_Node

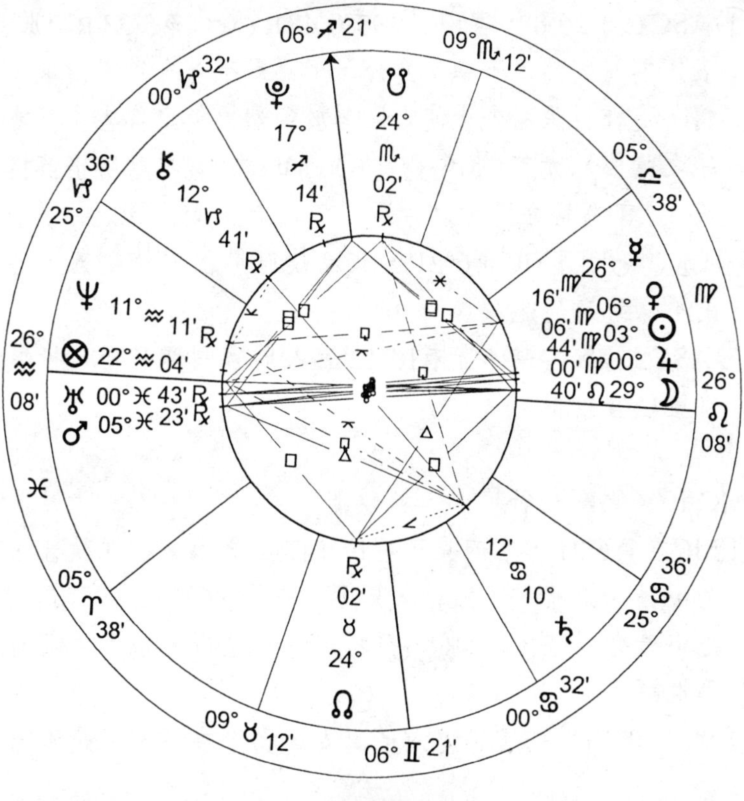

特殊天象時刻盤(公元2003年8月27日5:51PM台北，火星最接近地球)

重要特殊的天象自古以來就常被注目，它往往隱含為人所不知的星象訊息，此次♂最接近地球，按台北首都起盤，我們解說其意義類似國運盤的分析，著重四大尖軸及相位型態。

1.ASC 1宮管轄國運、國家形象、全體國民

①ASC在子26°8'，宮內見♅ 亥0°43'℞☌♂ 亥5°23'℞ ，♅ 代表震驚、突然、不幸、意外，♂為戰爭、火災、槍炮、受傷，這種行星組合會使人民陷於突然火災之傷害，甚或戰爭之陰影。尤其(♅☌♂)☍(☽☌♃)在7宮更應防止擦槍走火，7宮為對立國，以台灣目前而言，對立國為中共。

②(♅☌♂)□ MC寅6°21'，MC為政府單位或執政黨，恐人民不滿意政府施政

③ASC主星♄ 入於5宮未10°12'，入弱宮國運尚弱，投機性格重(5宮投機)，

2.MC 10宮管轄政府單位、執政黨

①MC在寅6°21'，宮內見℞ 寅17°14'℞，♀為掌控、執善、奮鬥不懈、謀略、不服輸，顯示政府單位或執政黨相當努力但帶有謀略，逢(♅☌♂)之刑，不見得會讓人民認同，恐批評多。

②MC主星 ♃ 入7宮正好入巳處女，弱，亦不利執政團隊。

3.7宮為對立國、協商、主要競爭對手

①7宮在午26°8'，宮內多見吉星，☽、♃、☉、♀、☿顯示氣勢對方贏過台灣，但亦逢(♅☌♂)180°沖，尚見台灣的挺立對抗。

②7宮主星☉巳3°44'逢♃及♀⚷星包圍，更凸顯對方國勢。

4.4宮為土地、房地產及反對黨

①4宮在申6°21'，宮內無星，但亦見(♅☌♂)之90°□IC.人民對反對黨，也不見得認同。

②4宮主星☿巳26°16'旺宮，反對黨應有著力點。

③4宮主星☿旺，有利房地產之復甦。

第十二章　財務金融占星學

財務金融占星學(Financial Astrology)是討論個人理財進而擴及國家整體經濟金融情勢、全球股匯市、各種資源等為主題的占星學，在1980年代之前，它歸類為時事占星學的旁支而已，而1980年後全球經濟趨勢逐漸朝向連動的地球村，如全球各地區因時差關係各地股、匯市相繼開盤幾形成24小時的連線，除各國或各地區個別政經情勢不同外，大體會受歐美股匯市、商品期貨市場的影響，因而這種股匯市商品期貨的瞬息萬變已成為全球各商業集團、政府財經單位的重要決策資訊，財務金融管理更是1980年後全球各著名大學的著名科系，財務執行長常是公司集團總裁的進階位置，這些風潮持續至今仍未減退。

由於股匯市瞬息萬變，個人理財稍一不慎就萬劫不復，所以祗要浸於股匯市、商品期貨，無不思考如何攻城略地成為股海的優勝者，各種財務顧問公司如雨後春筍都號稱擁有獨家祕笈能為顧客操作以獲最大利益，這些獨家秘笈大部可歸類為基本分析、技術分析兩種。

1.基本分析–就投資標的進行基本研究，如投資某支股票必須瞭解其行業別，該行業長短期在國內外的遠景、市場展望、定位、佔有率及影響力、經營者或團隊的企圖心如何、背景…等，財務方面最起碼須瞭解其EPS，獲利能力、損益比的變化，進一步瞭解該股股性在市場上的表現…資訊皆須相當充裕。一般的投資信託顧問公司常有這方面的報告，但須防流於投信操盤者的抬轎工具，基本分析通常是長線佈局重要的工具。

2.技術分析–就投資標的股票，進行交易量、價位作長期性趨勢的研究，其中利用一些技術指標，如圖形的曲線變化，瞭解趨勢的可能變化，長短期平均指數交叉、KD、MACD…等，用來尋求買點或賣點，技術指標甚為重要，常是短線操作者的利器。

不管基本分析和技術分析的功能如何，對於市場上突然事件的影響或重大反轉訊息，都無法提供一個明確的反應，這是股、匯市及商品期貨等市場人士最感頭痛之處，事實上，他們也聘請相當多的財經、數學、統計等人才作研究，無不希望找出能隨時反應市場訊息的訊號，然而直到今日已公開的測量模式，都還未達到令人稱許的滿意程度復加上人性的浮動，各種指標常失靈。

1987年10月19日美國紐約股市大崩跌，隨即展開大屠殺，至今都令投資者記憶猶新，美國股市著名的技術分析師Arch Craword配合占星學，準確地預測何日大反轉崩盤，而英國的Charles Harvey也同時預測出何日，後來美國的Henry Weingarten準確預測出東京股市1990年3月大崩盤。英國的Graham Bates也曾多次相當準確地英國股市的反轉。這些著各個案使得占星學在股匯市、商品期貨市場的應用水漲船高，而占星學界在財務金融的努力確也使財務金融占星學逐漸從時事占星學中分離出來成為單獨一支。

儘管財務金融占星學歷史尚短，但若詳細返頭看，事實上占星學用在股匯市已有一段時光，被稱為股市之神的W.D.Gann(A.D1878-1955)即技術分析中"甘氏角"的發明人，他以100美元投入股市，退休時已獲利超過上億。Gann本身是數學博士，當人們問起他的操作技巧，他慣以"我以數學計算事情"回應，但據現代研究他的技術，事實上是以行星周期作為後盾，配合數學而有甘氏角的名稱，他最為膾炙人口的傑作是1929年美國股市大崩潰的前一個禮拜發出通知書，警告他的客户危機來臨，有聽從的人皆能倖免，迄今仍為股市界津津樂道。

1938年，美國女經濟學家Louise Mcwhirter撰寫著名財務金融占星學名作《Astrology and Stock Market Forecrsting》至今仍是財務金融占星學必讀的範本，其中她長年研究的北交點周期和美國GNP的關聯甚為巧妙，這個模式依美國道瓊指數的趨勢仍相當準驗，令人嘖嘖稱奇，目前美國股市著名的Mcwhirter原理，就是以她的名字命名，我們稍後說明。

在戰前另二位以占星學應用於股市的著名人物是L.J.Jensen和J.M.Langham，他們的著作現在也都因財務金融占星學而成為搜羅對象。

戰後一直到1980年之前，財務金融占星學發展較零散，大都以經濟循環的周期為主，因經濟循環和股市起伏興衰有甚大關聯，如William.L.David的《Astro-Ecomonic》詮釋經濟循環和行星周期之關聯，提昇行星周期的重要性，另外恆星學派著名人物D.Bradley純以行星相位各附以權數用來判斷股市起伏，他的方法一直都是財務金融占星學軟體的一項工具。

學習財務金融占星學要掌握幾個重點：

(I)財務金融占星學的研究內容

a.行星代表之行業。

b.經濟循環、股市與行星周期的關聯。

·經濟循環周期與行星周的一致。

*太陽黑子周期約11.1年。

*Clement Juglan的9年Juglan周期。

*Joseph Kitchin的40月Kitchin周期。

*Edward Dewey的9.2年股市周期。

*W.D.Gann的10年股市周期。

*Krohn的長周期與短周期。

*Brahy的研究。

*Langham的研究。

*L.J.Jensen的研究。

*Louise.Mcwhirter的月亮交點模型。

*D.Willian的多重相位效應。

*T.Rieder的逆行行星效應。

*C.C.Matlock的快速移動周期激發慢速移動周期。

· ♃－♄20年周期及周期的重要性。

· ♃－♅周期對資本主義和自由市場經濟的影響。

· ♃－♇周期。

· 相位的重要性

· 占星學預測股市的工具

*多重周期，☉的年周期，☉的4年周期，☿和♀的周期，☿/♅的會合周期。
☿/♅的雙重會合周期，☉中心的周期。
☉/♂會合周期

*單一周期，☊的周期.（同Louise Mcwhirter的月亮交點模型

*☽的影響，☽在卯宮，☽/♃周期

*市場的激發，☉/♂，♄－♇受☉/☽的激發，♃－♄受☉特殊激發。

· 其他特殊天文現象

· 太陽為中心的觀點

· 月亮北交點周期模型

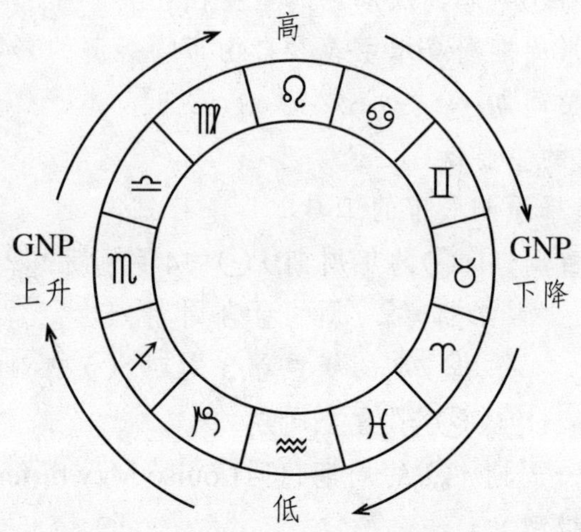

☊在黃道上逆行繞轉，周期約18.6年，當☊運行到子水瓶，美國經濟陷入谷底，到卯天蠍已脫離低潮邁向光明，到達午獅子則是最繁榮之時，而後高處不勝寒，開始慢慢衰退，但到達酉金牛則是經濟蕭條的警訊，就這樣周而復始地與美國經濟情勢有甚大關係。

Mcwhirter的這個模式，係一般情形，可能會受第二種行星因素而有所修正，她分別列出增加和減少之影響因子。

(i) 增加

1. ♃ ☌ ☊
2. ♄ △、⚹、⚺ ♅
3. ♃在申或未
4. ♃☌、⚹ △或 ♅，或♄但僅當♄和♅有相位之時
5. 外行星，△或 ⚹ ♀

(ii)減少

1.♄ ☌、□或☍☊
2.♄ ☌、□、∠、⚼或☍♅
3.♄在申
4.♅在申
5.♅ ☌、□或☍☊
6.外行星□或☍♇

Mcwhirter的月亮北交點周期理論出奇地準驗，仍適用於現代的美國經濟活動，但在其他國家的應用就不見得靈光，由於國際經濟受美國影響甚遠，因而美國經濟的變化，也會影響與她貿易頻繁的國家。

現今最暢銷的財務金融占星軟體的創作人Alphee就相當推崇Mcwhirter理論。

月亮北交點☊在黃道一周為6,793天，約18.6年，公元1928年11月28日，☊進入酉金牛，1929年即發生股市崩盤，而後歷經經濟大恐慌，到1933年7月，☊進入子，是當時經濟肅條低盪時期，1942年11月，回復漸趨繁榮，而後1952年3月和1970年11月，☊又分別來到亥、子，美國經濟在這兩次又落入低谷，最近的低谷是在老布希總統主政期間，儘管他因嚴懲伊拉克贏得8成多施政滿意度，卻逃不過因經濟因素而被柯林頓取而代之；柯林頓上台之時，☊已到寅21°即將擺脫陰霾露出曙光，而後☊步入卯，美國經濟一片榮景，股市從DJ2000多點一路躍進近DJ12,000。在1998年9月達到最高峰，柯林頓並不因緋聞四起，而阻斷連任路，實在是拜經濟大好所致，而這顯然是因☊進入佳境，小布希接手時☊已入未巨蟹，榮景已過，預估公元2003年4月☊又進入酉，美國經濟活動，又將慢慢停頓，除非有其他行星因素的修正。2003年7月中旬後♄⚹♅，一到年底♆⚹♇，符合上頁增加之4.5項，故不致停頓，反會上揚。

II.特殊的預測技術指標(源自占星學)

· Donald.Bradley的Siderograph技術指標。

 *Alphee的改良式Siderograph

· W.D.Gann的獨特技術，時間/價位比率與Fibonacci比率

· George.Bayer

 神祕的蛋形理論(橢圓形壓力與支撐)

· L.C.D.William新月估量圖的效應

· Larry.Pesavento市場加速度指標–黃金切割率的應用。

III.財務金融占星學在台灣的實證

· 經濟循環

· 股市走勢

IV.股市盤(股票交易所命盤)、國家命盤、中央銀行命盤、公司命盤，股票上市第一次交易盤。

V.個人理財配合財務金融占星學的原則

· 是否應在股市進行投資(或投機)的活動?

· 如何選擇股票經紀人?

・應購買那一類股票?

・如何選擇對的股票?

・注意股市盤與國家命盤。

・選擇買與賣的時間點。

第十三章　醫療占星學

醫療占星學(Medical Asrtrology）曾是占星學的重要分支，應在B.C2000年以前古代先民就懂得草藥和星空的結合智慧來促進治療和平衡的自然狀態，有關人類、植物、要素、色彩、行星和星座之間能量形態的和諧研究和促進，即來自先民的經驗。

埃及人應是首先使用醫療占星學的民族，約在B.C500埃及的象形文字即發現黃道12宮與身體部位的對應，這是醫療占星學的濫觴，後來希臘人承繼這項醫療傳統，B.C460-357，Hippocrates將古希臘哲學四元素論，即宇宙間天地萬物係由四個基本元素地、水、火、風所組成的概念，結合當時四種體液論，謂人體四種體液黑膽汁質、血液質、黃膽汁質、黏液質與四種純質料濕、乾、熱、冷及四季有密切的關聯，如下圖

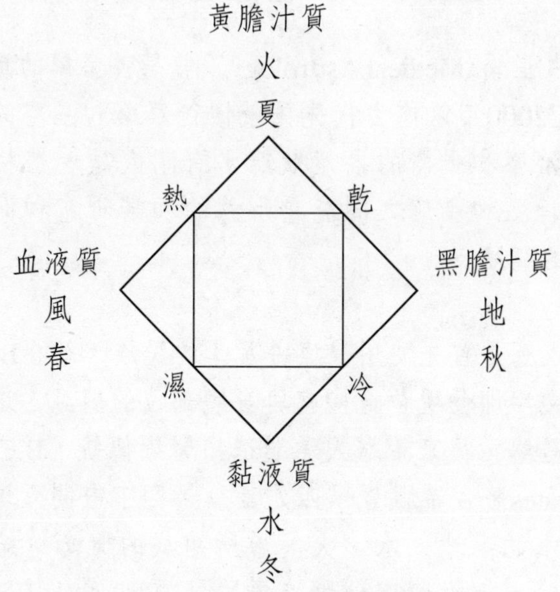

Hippocrates認為大自然總在力求保持穩定狀態，其力量也促使人體體液的平衡，若平衡人體就健康，任何影響皆導致失衡因而疾病發生，他稱醫生的任務在幫忙大自然回復平衡狀態，人體內的四種主要體液是經由食物攝取及消化後而產生持續地更新心臟造血液、肝臟產生黃膽汁、脾臟製造黑膽汁、腦則製造黏液。

又希臘人相信人體內另有固有熱可以驅使四種體液的移動、混合，固有熱是產生自心臟的一種能量，產生後再從食物製造出體液並保持平衡，所以固有熱是人的基本組成。

由上圖可知，四種體液與四大元素有直接的關係，也關連到四種純質料及季節，所以人體與宇宙也息息相關，這正是小宇宙與大宇宙對應的寫照，大宇宙是天文學家的工作，在當時天文學等同占星學，所以Hippocrates說「一位醫生若沒有占星學的知識，無法做位稱職的醫生」，希氏努力地建立病因及治療的模式，且他認為做為一一位醫生應具有正義的使命感、責任感及共通的個人禮儀，如他的《箴言錄》(Precepts)提及「人類的愛所及之處，也是藝術之愛所及之處」希氏的倫理道德使他贏得醫學之父的尊稱，現今每位醫學院的畢業生都會效忠他的誓言。

Hipporcates強調治療必須針對其所生之情境予以矯治，而不是只針對疾病徵候呈現結果做處理，此即整體性醫療，其觀念與中國醫學所強調的無分軒昂。

羅馬時期，出現一位影響醫學發展甚深遠但倍受爭議的醫學天才Galen (A.D130-199)他仍承繼希臘時期的遺風，以四種體液論作為醫術核心，並從中人體內某種體液的凸顯會與當事人的性格有直接的關係，如血液質多的人較理性、風趣、思維清晰、表達能力佳但浮動；而黃膽汁質多的人膽氣足、勇敢、冒險犯難、積極行動派，但魯莽；黑膽汁質多的人則鬱悶寡歡、嚴肅、保守，但悲觀；黏液多的人較感性、直覺力強，但易退縮，這些觀點在17世紀英國著名占星家William Lilly曾以表格予以評價計量，証之實驗，確實準驗，如香港動作巨星成龍，經Lilly評價表計量其黃膽汁質最為凸顯，所以他顯現出大膽冒險犯難之特質。

Galen本身是位實驗性醫學的創始者，認為精確的解剖才是瞭解疾病的基礎，儘管他承繼四種體液論，卻非從整體性醫療觀點，他可說對抗療法的鼻祖，他的解剖知識建立在許多動物的解剖上而得以臆測想像人體內血液、心臟、肝臟或肺臟之功能，他認為人體內攜帶有三種血液，血液內又攜帶著不同器官所賦予的精氣，如靜脈帶有從頭腦而來的動物精氣，心臟僅為血液加熱之用，有關動脈血液和靜脈血液顏色不同，象徵著性質方面的差異。他又說食物經攝取在胃裡被轉換成可使用之體液稱為乳糜，再換成血液流入肝臟，因此肝臟既是所有靜脈的起點，也是源頭，透過這些作用，全身獲得血液滋養，就像水渠灌溉良田，心臟接收了血液，再傳給肺臟。Galen假想心臟是個單一器官，一定會有些血液由膈膜(兩側分隔)小孔滲入，血管在此受到心臟熱度的精鍊，並且和肺靜脈輸送而來的空氣相混合，這種重新充滿活力的血液流入頭腦，會貫穿所有的神經及韌帶。

Galen以其解剖及生理的研究，指出人體的運作法則及致病機轉的觀念直到16世紀1514-1564 Andreas Vesalius 的解剖，以及 1578-1657 William Harvey的血液循環論，才打破Galen觀點的將近1500年左右之禁固，但不可否認，當時大學的醫學教育將占星學列為科目之一，連最著名的義大利之Padua大學也不例外。儘管醫學生物學的嶄新時代已來臨，17世紀醫療診斷的主要工具仍是類似卜卦占星學的疾運盤(Decumbiture)為主，它根據病人第一次躺在床上之時刻起盤，可瞭解病人有否生命危險及其應期？應採何種藥？何時會

痊癒？或是否會變成慢性病？由於具有一定的準驗性，難怪大學的醫學教育將之列為必修科目之一，17世紀最著名的醫療占星學家是英國的Nicholas Culpeper(AD1616-1654)本身也是位草藥專家。

18世紀後，占星學的根基－地心學說已被哥白尼的日心說所憾動，新的行星又被發現，傳統的星座主星已無法滿足此一新行星，又加上理性主義逐漸抬頭，促使占星學步入第二次死亡期，醫療占星學也跟著衰落，另外18世紀末法國的Fiancois Magendie (AD1873-1855) 致力化學及藥理學，為現代醫學埋下種子。

19世紀細胞學說的發現，以及顯微解剖、胚胎學、病理學的進展，現代醫學幾已完全擺脱希臘時期的四種體液論及Galen的臆測生理學，再加上麻醉劑的使用外科手術盛行，醫學界普遍朝向微觀方向發展，20世紀後電子儀器及電腦科技的進展更提昇現代醫學的聲譽，新藥的發明也帶給人類健康的福祉。

當主流的醫學療法朝向微觀以對抗療法作為主軸，也受到相當多的質疑，因為心靈、身體、精神是一體的，健康是整體的，但現代醫學視心靈和肉體是分開的，為機器的一部分，焦點集中在機器，出錯在那裡?過於集中在病理學，因而導致醫學系統是干預的，今日醫學界抗生素濫用，是典型的對抗療法，只為了壓制及殺死細菌使疾病快恢復卻勿略了是否會造成病人過度的承載，無法防止再度復發，因此有心人士重新檢討古典醫療方法所強調的整體性，增強免疫力和正常的心理反應，並以自然的植物，如草藥花卉或精油來作為治療之用，因此醫療占星學遂有重新被檢討的機會，不少生化學家或醫學博士參與其中，如1990年代的Robert Carl Jansky就注入生化鹽、維他命、礦物質等現代醫學產物於醫療占星學中，贏得現代醫療占星學之父的雅稱，Harry.F.Darling則從解剖學的觀點，更細賦地將骨骼系統、呼吸、消化、內分泌腺、神經系統各自對應12星座及行星為動能來論述疾病，有別於傳統的方法，令人耳目一新。

1990年代以後，澳大利亞裔的Dylan Warren-Davis及英國4代相傳的草藥專家Graeme Tobyn分別從疾運盤觀點及Culpeper的事蹟重新演練4種體液的生理學、疾運盤的如何應用及草藥選擇，相當精彩。

醫療占星學的研究內容：

I.古典的醫療占星學

·四大元素的特殊作用

a.四種體液與四大元素、季節的關聯

何謂血液質、黃膽汁質、黑膽汁質、黏液質？

b.William Lilly脾氣評價計量表

c.疾病源自四大體液的生理、病理解析

d.四種體液之組合與身體各種狀況之對應

e.調配與分泌過程

f.生命力、根本濕及固有熱的作用

g.燈的隱喻

h.食療、保健及預防
· 疾運盤的使用與判斷
· 草藥的特性及應用

II.現代醫學占星學
· 解剖學與12星座、行星之對應
· 生化鹽與12星座之對應與使用
· 維他命、礦物質與12星座、行星之對應與使用
· Bach花卉或其他精油的使用
· 宇宙生物學派的實証

體質、脾氣、習性評量表出現在里利《基督徒占星學·第3冊》，根據往昔先賢之心得加以綜合而得，用來評估命主之脾氣、習性，但事實上也包含身裁、體型、膚色...等。此評量著重在脾氣、習性，從所列項目應可得知，依古典傳統方法透過四種純質料之組合成元素，而特別著重在ASC及月亮，前者較為一般人所熟知，而月亮自古以來即被視為性情流露之行星，如《明譯天文書》第三類·第八門說人生性、智識就提及「說人生成之性，有緩急、憂樂、志氣高遠卑微之分。...生性，太陰(月亮)主之。」，《天步真原》卷上性情也有類似說明，但將水月混雜在一起，其實水星代表智識，《明譯天文書》區分較明。

該表的使用很簡單，祇要依表內容逐一填實，會分別得出四種純質料之個別數量，再將之匯合成四種體液(四大元素)

熱和濕 ⟹ 血液質(風象)

熱和乾 ⟹ 膽汁質(火象)

冷和乾 ⟹ 黑膽汁質(土象)

冷和濕 ⟹ 黏液質(水象)

關　係　表

4要素	火	風	水	土
主要特性	熱和乾	熱和濕	冷和濕	冷和乾
氣　質	膽汁質	血液質	黏液質	憂鬱質
體　液	黃膽汁	血　液	黏　液	黑膽汁

	熱	冷	乾	濕
表層感覺	熱和粗糙	冷和平滑	乾 和 硬	柔軟和平滑
毛髮特性	茂 盛	稀疏或禿頭		
毛髮形式	捲 曲	直	捲 曲	直
毛髮顏色	紅 或 黑	棕 色		
身體構造	瘦 弱	肥	苗 條	肥

	血液質	膽汁質	憂鬱質	黏液質
皮膚氣質	熱 和 濕	熱 和 乾	冷 和 乾	冷 和 濕
表層感覺	平滑和柔軟	粗 糙	粗糙和硬	平 滑
身 材	中 等	短	中 等	短
體 格	肌 肉	瘦 弱	苗 條	肥
毛髮特性	多毛髮的	非常毛髮、捲曲	毛 髮 稀	毛 髮 稀
毛髮顏色	暗棕色/淡黃色	紅、黃	棕 色	微棕/淡黃
脈 博	大 且 滿	迅速而強	慢	小 而 低
食慾/消化	良好、快速	強的消化	食慾較大	兩者皆弱
尿 液	薄 且 黃	稀 且 黃	白	白 且 薄
臉 色	微紅且結實	結 實	蒼白且不完全	薄 弱
夢 境	歡樂/紅	火、爭吵	黑暗、恐怖	水/沈溺
相關的情緒	快 樂	憤 怒	害怕/憂慮/悲傷	無 差 異

充分瞭解上述關係及衍生四種體液的特性，有助於掌握命主的外表及內心個性，這些原本是醫療占星學的基本內容，但仍可使用作為本命占星學論述，外表、個性的內容。

17世紀最著名的醫療占星家丘勒匹柏，是里利的學生，進一步根據四種體液之最有可能8種組合，整理出一個表，在算出評量後，看看何種體液最多，再算次要的體液，即組合成氣質組合，其架構即是上述諸表。

我們以出生於香港之國際武打巨星成龍之命盤為例說明，即可體會體液、脾氣、習性評量表之意義。

成龍的LOG是♂，且在摩羯，必然的尊貴。

案例十五　成龍

May 09,1954
香港
00:15:00 AM CCT
ZONE: -08:00
114E10'00"
22N18'00"

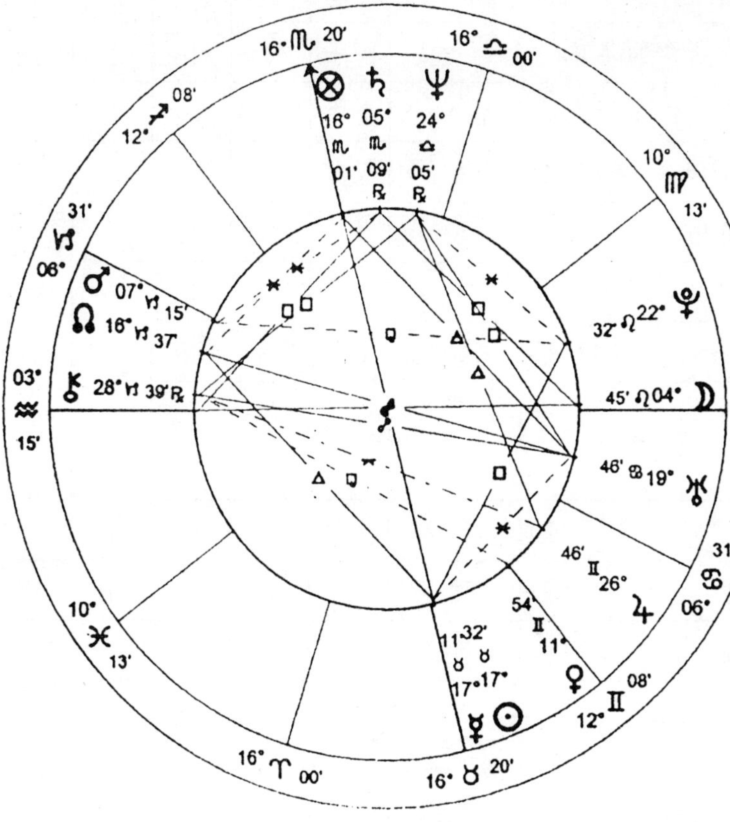

體液・脾氣・習性評量表

評　量　項　目	星座	濕	熱	乾	冷
1. 上升星座	水瓶	1	1		
2. 上升星座主星	♄			1	1
3. 位於ASC內的行星或☊/☋(若是☽則加倍)					
4. 與ASC形成主要相位之行星所在星座	♄ 卯 ☽ 午	1	1	1	1
5. ☽所在的星座	獅子		1	1	
6. ☽定位星所在的星座	金牛			1	1
7. 與☽形成主要相位之行星所在星座	♄ 卯	1			1
8. 月相		1	1		
9.☉的季節(春・夏・秋・冬)	春季	1	1		
10. 命盤最強行星所在星座(若與ASC主星同則3倍)				1	1
11. ♄　東出／西入				1	
12. ♃　東出／西入		1			
13. ♂　東出／西入			1	1	
14. ♀　東出／西入		1		1	
15. ☿　東出／西入			1		
總　共		7	7	8	5

※ 第10項 按行星強弱評價表所得最強力的行星 稱為LOG

LOG：♂

熱＋乾 共 15 ，火象，黃膽汁質

熱＋濕 共 14 ，風象，血液質

冷＋乾 共 13 ，土象，黑膽汁質

冷＋濕 共 12 ，水象，黏液質

國際巨星成龍的四種體液並未差異太大，但以黃膽汁質／血液質重，尤其是黃膽汁質及LOG♂最凸顯故會顯現脾氣急、動作迅速、快而敏捷、頗具衝勁、積極進取凡事爭先、不服輸，相對地運動傷害增多。

案例十六

Disease
Natal Chart
Feb 19 1981
3:30 pm GMT +0:00
lONDAN, Eangland
51° N13'001° W25'
Geocentric
Tropical
Regiomontanus
True Node

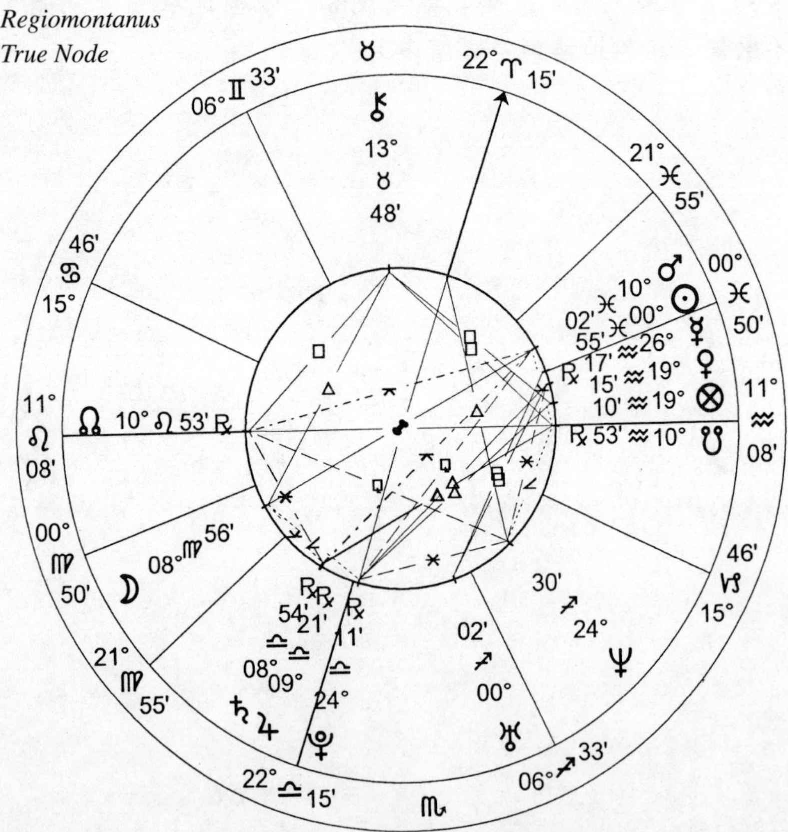

疾運盤的案例研究

英國剛過逝知名的復古學派女占星大師Olivia Barclay的一位朋友要求Barclay去跟她坐坐，稱極為危險，頗有交待遺言之意，這位朋友知道她第一次躺在床上的時間，Olivia Banclay乃根據此時刻起疾運盤如附圖，這位朋友已被診斷出患有腎盂炎(Pyelonephritis)。

腎盂炎是種腎臟疾病，為腎臟中微小的過慮處發炎。正常而言，血液通過腎臟會過慮形成尿液，由於代謝作用，身體排泄殘渣進入尿液，若腎盂炎發生會阻礙尿液產生，導致尿素累積和氮殘渣在血液中產生，這種情形嚴重的話，對生命有潛在威脅，時常導致昏迷或死亡，所通過之小量尿液明顯地暗避免紅血球從腎盂進入尿液，因發炎腎臟膨脹致使背部緊痛，此症狀常引起傳染性高燒。

疾運盤的判斷應特別注意幾個重要宮位的意義

1宮:患者，6宮:疾病狀況、種類，7宮:醫生，
10宮:處方或藥草，8宮:壽命、死亡，12宮:住院
4宮:結束。

在疾運盤中，疾病由6宮代表，宮始點在丑摩羯，宮主星♄入辰天秤(管轄腎臟)，傳統說法♄在辰"顯示血液腐敗，背部和腎臟致病，尿急而排泄困難，膝無力且疼痛，大腿風濕症，坐骨神經痛，痛風"。

♄在風象星座，風象跟血液質有關，說明血液腐敗的可能，這是尿素累積在血液中的可能結果，醫學名稱為尿毒症(Uraemia)；而背部和腎臟致病的描述直接根據辰天秤，它主管身體的這個部位，尿急排尿困難是因尿液要通過困難，♄與限制有關，所以指示尿液通過困難。

♃☌♄也描述患者的狀況。傳統上♃在辰"顯示病人的血液太多"引起閉塞、血液腐、敗發燒、痔、腫瘤、發炎、過食、食量不知節制。

♃的純質料為熱、濕跟發燒時的熱有關，同樣地，♃也關連到腫大、膨脹和發炎，當♃在辰(主管腎臟)，而辰風象又與血液有關，♃的大量以致會出現血液太多的聯想，由於腎臟的阻塞和發炎，較多量的血液卻流出少會腐敗發炎。♃☌♄顯示♄刑剋限制了♃，故病人的血液質體液無法保持正常的平衡，引起疾病。

病人的狀況是危急的，ASC在午獅子，☉為ASC主星象徵她的健康和生命力、活力，卻飛臨8宮(主管死亡)亥，☉在此為外來的，行星的力量甚微，必然的無力且為偶然的無力，命主星☉在8宮始點處，指示她的生命力正處於生、死交關的門檻。非常明確地描繪她可能陷入昏迷，相反地♄代表她的疾病卻入旺宮(♄在辰為旺)，表示疾病強過她的生命力，亦即她缺乏生命力去克服來勢凶凶的疾病，而♄☌♃，♃適為8宮亥的宮主星，是疾病最終性質的另一種指示。

☽為疾運盤的共同代表因子，入相位☍♂在8宮，指示疾病的高度發燒W.Lilly曾説"☽入相位於8宮內的某行星，總是危險的"

8宮為卯天蠍的同族性宮位身體的下水道，體內排出尿液的器宮，♂主管紅血球位於8宮，鮮明地呈現紅血球在尿液中，導致暗紅像漆的顏色。

值得注意的是，不管她的病況多麼嚴重，病人在疾運盤起出後6個星期康復過來，W.Lilly的話最能形容她康復的理由即"4宮代表疾病的結束…"，4宮始點在辰，宮主星♀與♄形成互容，即♀位於子水瓶(♄主管)，而♄位於辰天秤(♀主管)，這個互容有效，♄在辰容納代表從腎臟移除障礙，而相對地，♀的容納(♀為腎臟的自然主星)象徵腎臟的功能適當回復尿液流暢，顯然地這個結果相當戲劇化。

注意♄亦為7宮(丑)宮主星代表醫生，記住斷訣"若7宮主星是凶星，醫生將無法治療..."且看看♄同時主管6宮和7宮，她原先的醫生應跟其疾病有關，事實上她沮喪多年，♄為6宮主星正是沮喪、憂鬱的寫照。因為她的悲觀，她的醫生開給大量的鎮定劑transquilizers，同時她正服用避孕藥丸(Contraceptive pill)，這種藥劑組合對腎臟相當禁忌的，當問及她的疾病是否因醫生指示而形成的，她回答説"絕對是的，自從第一次服用藥片後，從未覺得舒適過"故可説她的腎臟疾病問題是在經特別診斷服用藥劑成癮後變乾所致。

※要點整理

1.這個疾運盤案例頗為精彩，值得把玩欣賞。原文記載於Olivia Barclay《Horary Astrology Rediscovered》。

2.1宮為生命健康之宮，代表病人，6宮為疾病症狀，1宮及6宮主星的行星力量相較可作為判斷康復的條件。♄在辰入旺宮似強，但因℞逆行且在果宮弱；ASC主星☉在8宮亥，外來的且弱，☉比♄弱似無生機，但4宮結束♀入始宮與♄互容，終能康復。

3.☽入相位☍♂，☽在巳處女，土象、乾，♄為6宮(丑摩羯)主星亦為乾，♂發燒、發炎。

4.♄為6宮(子)，7宮(丑)宮主星，隱含醫生與疾病有關。

第十四章　氣象占星學

氣象占星學(Astro meteorology)的淵源甚為流長，幾乎與西方氣象科學的發展劃上等號，現在的氣象學(Meterorology)一詞係引自希臘亞里斯多德所著《氣象通史》(Meteorologica)，Meteor源自古代希臘人用來指大氣上面的事物，即一切大氣現象如雲層雨、雪、雹、霓虹、風…等，該書有系統地搜集先賢的氣象思想和經驗，其中B.C 490-B.C 435 Empedocles的四元素論影響最為深遠，他認為天地萬物是由四個基本元素－地（土）、水、火、風所構成，而這四個基本元素皆由四種純質料－濕、乾、熱、冷兩兩組成，如下圖

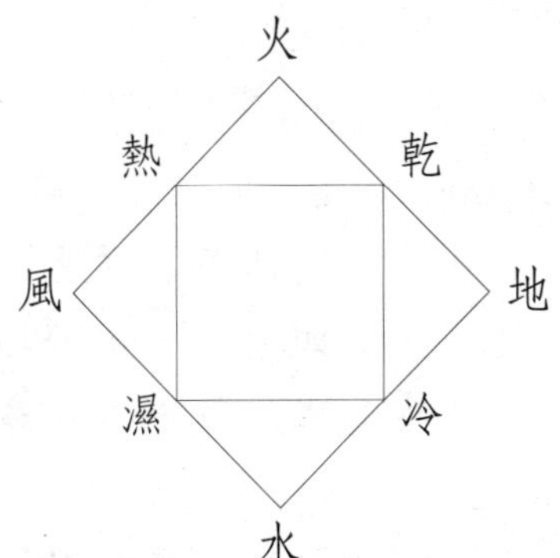

這種四元素論被亞里斯多德奉為圭臬，《氣象通典》第一冊內第2章；第3章就以四元素作進一步的闡釋，他相信宇宙是球形狀，認為所有星球都是以地球為核心而環繞著地球作向心的運動，他又將宇宙分成兩個區域如圖中月球軌道以外的區域，另一如圖中月球軌道內與地球之間的區域，前者屬天體部份，後者為大氣現象，此為氣象學研究的對象。

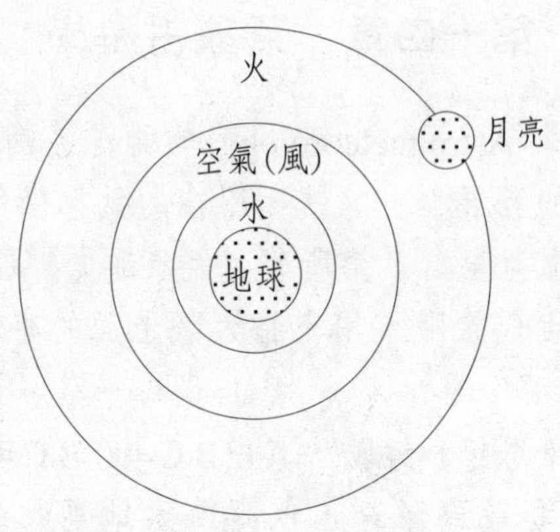

圖：亞里斯多德的宇宙觀

亞里斯多德根據Empedocles 的四元素論，將土地（地球表面），水、風（空氣）、火四基本元素以地球為圓心，依序按同心圓狀的環繞分佈如上圖，由於四元素也是占星學的核心，上述模型自然就成為氣象占星學最根本的模型，影響氣象科學發展甚為深遠，一直到16世紀法·笛卡兒以科學方法討論氣象學術才擺脫《氣象通典》臆測之束縛，而17世紀氣壓表的發明才使氣象科學邁入一個嶄新的里程碑，但不可否認地，占星學的生命力極其旺盛，即使已進入科學昌明的21世紀，以亞里斯多德模型推論之氣象預測，仍留傳於歐美等先進國家。

中國的氣象學發展也與天文、星象掛鉤，古代的農業生產與天氣狀況好壞有極密切的關聯，因而隨著農業的發展，中國古代先民的氣象知識也累積甚豐富，出土的殷商甲骨文就記載甚多有關氣象的卜辭；因經驗累積，至秦漢時代就已訂出24節氣與物候的關聯，為歷代曆法必備形成中國曆法的一大特色，但綜觀中國的氣象發展儘管資料龐大，都僅呈現經驗之談，沒有共通的模式如亞里斯多德的氣象模型。

明末時期，耶穌會教士利瑪竇來華，曾將此模型引進寫在其《乾坤體義》上卷，加以詳細介紹。後穆尼閣傳薛鳳祚《天步真原》論日月五星之能即是氣象占星學的主題，但因星曆表未流通、計算天宮圖繁瑣，並未在中國開花，更不用談結果。

西方的氣象占星學雖在16世紀後逐漸走向科學方法，但仍有知名天文學家以古典方法研究如A.D1546-1601的Tycho Brahe，及他的徒弟A.D1571-1630的Johannes Kepler所出版的農民曆，預測氣候傳誦一時，Kepler更發現行星若形成一定角度即相位會影響地球上的氣候，他曾出版長期的天氣預測，時間從公元1618年6月28日−1692年8月9日。

17世紀英國的Dr.J.Goad根據Kepler的觀察再加上自己的研究，於1686年出版《Astro metorologica》一書是相當重要的氣象占星學專著，一直到19世紀初葉仍是權威著作；古典力學的始祖A.D1642-1727 Isaac Newton也涉足氣象占星學的研究，他曾在公元1704預測在1750年2月當日蝕時，月亮最近地球時（近地點），而木星也在該近地點，Aurora Borealis（北極光）隨著恐佈的風暴出現在北方天空，將重擊英國和地震將損毀倫敦，結果Neston的預測就在他死後的第23年，即其所預測之1750年2月，極恐佈的暴風真的重創倫敦，然後再地震損毀了城市的部份。

19世紀初葉，較著名的農民曆是由R.J.Morrison出版的，他本出身於皇家海軍著迷傳統的占星學，曾出版幾本重要的占星學著作，以Zadkiel之名重新改寫Williams Lilly《Christian Astrology》，19世紀中、末葉，Dr Alfred. J .Pearce步其後塵，繼續出版農民曆來預測氣象，其著作《The Textbook of Astrology》就設有專篇討論氣象占星學。

邁入20世紀後，氣象科學的進展日新月異，但仍有不少氣象占星學的研究者如天文學理學家Dr. Charles Greely Abbott經過多年研究後，在1953年宣佈"太陽變化、行星間的某些角度與地球的氣候存在著無可爭論反駁餘地的關聯"，然而其發現並不被科學界人士所接受，無奈地Dr. Abbott將其氣象占星學的發現在歐洲出版。

另一位知名的氣象占星學家為Dr. Irving Krick，他認為太陽系的重力中心經常移動是太陽活動的原因，而氣候和地震歸之於所有行星，他曾試圖使科學界好友信服氣象占星學的奧秘，即使他的預測達到90%以上準確，氣象科學界仍拒絕承認其預測事實，Krick最後只好放棄，自行成立公司為跨國企業和國內企業服務，績效良好，賺了不少錢，成為國際知名的氣象專家。

Dr. Andrew Douglass則是以樹輪來判斷事件發生年代的專家，他結合樹環和行星的運行、太陽黑子周期來預測天氣。

與Dr. Irving Krick齊名的George. J. McCormack是另一位氣象預測天才，但不同的是Krick原本是科學的氣象學家而Mc. Cormack是位占星家，Krick開公司預測氣象而致富，而Mc cormack則窮極潦倒，死時幾無分文，美國Analog 的編輯John. W. Compell曾以Mc Cormack的預測和美國氣象局的預測隨機取連續6個月做比較，結果發現他的預測高達94%準確。

Mc Cormack也曾研究土星與流行性感冒的關聯，倍受氣象專家嘲笑揶揄，他公開預測美國在1964年2月18日將爆發重大的流行性感冒，因♄在水瓶正好落在前一全日蝕(1962年2月4日）之度數上，該日蝕點就在美國國家盤的6宮（健康宮）內，結果就如Mc Cormack在1964年致命的流行性感冒以瘟疫般傳染，其高峰就是在2月，他曾出版《Astrotech Weather Guide》。

氣象占星學的研究內容如下：

- 四大元素的古典氣象意義
- 行星、星座、後天宮位在氣象占星學的意義
- 行星間相位的特殊意義
- 一般四季氣盤－太陽四季始入圖
- 風動盤－水星始入星座盤
- 濕度、雨量盤－月亮月相圖
- 地區特殊的天氣型態－以台灣為例
- 雷鳴、暴風雨、冰雹
- 龍捲風、颶風
- 颱風
- 大水
- 乾旱
- 冷與熱
- 降雪

第十五章　出生時間的修正

中國的命理學如紫微斗數、四柱八字或七政四餘，使用的時間單位為兩小時一個時辰，因而一般人家記載出生時間都以時辰記載，在民國60年代之前大部份都由產婆來家接生，時辰的記載不若60年代以後普遍在婦產科出生，由醫院開具之出生証明記載到分那麼明確。

更早之前，許多母親生孩子之時，都僅依稀記得大約在什麼時辰而已，甚或含糊地説雞啼或天光或黃昏....等，又民國34年光復後，政府施行日光節約時間，大多數人家都以鐘錶記載當時時刻，甚少會想到要調整回來，而民國26年10月1日起至民國34年9月30日，台灣受日本殖民統治期間因中日戰爭，而實施與日本本地同時間之戰時時間，這些因素都使得出生時刻無法精確。西洋占星學所使用之資料為出生年月日時分以及出生地經、緯度，要求更精細，碰到這種情形必然會打折扣。為扭轉此種狀況，西洋占星學在16世紀之前就曾專門討論出生時間的修正（Rectification of Birth Time），國內出版的《天步真原》是耶穌會來華教士穆尼閣傳授給薛鳳祚的占星學資料，在卷中的「變時真否」即是這項內容，17世紀最著名的英國占星家Williams Lilly《Christian Astrology》第3冊開宗明義討論生時修正的重要與方法，這是古代時間的修正，但這項傳統在19世紀末、20世紀後幾乎已被放棄，因自此之後占星學的走向朝命主的心理層面發揮，不重視傳統占星學的事件吉凶預測，不必以事件吉凶來反推精確的出生時間，幸好重視傳統占星學的人仍予以保留使用，更拜現今電腦科技之賜且人工智慧的運用，出生時間修正已達相當精準之境界。

中國的鐵板神數雖也具有時、刻、分之校正，但經不同的人或不同人生階段演算，出現結果可能不同。西洋占星學的流年預測系統多種，若採用不同系統來校正，也有可能出現上述現象，因此欲作出生時間修正，務必對各流年預測的精髓有所掌握，才能得心應手，校正出的出生時間，才對求算的人有益。

一般上最常用之出生時間修正方法係採主限向運法(Primary Direction)，前述的《天步真原》即採此法，但使用此法必需有深厚的天文數理基礎，懂得球面天文學方有辦法著手，且這種方法若誤差達30分鐘以上，效果就大打折扣，因約4分鐘即差異一年，30分鐘的差異將約有7-8年的誤差。

目前軟體的設計大抵都採過運至本命，太陽弧至本命，次限推運至本命等較流行的流年預測系統來校正，效果尚佳，但這些方法也需在一定範圍的出生時間，如知道出生的年、月、日約在何時，取試誤法直到精確的出生時間出現，假若連日都不知道，事實上根本無法修正。

有關出生時間修正的觀念或方法，甚少有書籍談到，我們推薦英國頂尖占星家Nick Campion《The Practical Astrologer》P.125有概念性之經驗法則值得模做，其大意如下：

1.不知道出生時間（需知道日），可以半夜12點或中午12點起盤。

2.出生時間校正，一般常用生命中一些重要的事件看看這些事件與ASC和MC有何關聯

3.試著2之步驟調整ASC的度數至有關的事件。

4.以ASC星座來觀察命主的外在顯著的特質，找那些不受☉和☽影響的特質。

5.有些占星家則用身體上的特徵來分辨ASC的位置（如R.T. Mann《The Round Art:The Astrology of Time and Space》如一個人有紅頭髮，則ASC星座可能是白羊、獅子、射手，黑而深邃的眼睛通常係ASC在天蠍。

6.當一個可能的ASC決定了以後，其他人生事項的後天宮位也接著決定了，因此可觀察這些宮位內的行星對命主個人的興趣或環境有何關聯。

7.占星家會考慮孩童時期發生的第一件事，特別是嚴重的疾病或意外或其他外傷事件，這些應可由重要的過運至ASC或由推運的ASC p至其他行星的相位來顯示。

例如先設定命主的ASC星座為處女座，發現他（她）在3

歲時♂☌♅聚集在巳10°，剛好發生一場足以喪命的意外事件，通常會斷定其ASC就是巳10°。

又命主往後人生所發生的事件，如結婚也可用來判斷跟ASC有關之出生時間。

出生時間的修正是一項高度藝術化的工作，基本上它是反推的，即由已知的命主事件來反推命主真正的出生時間，通常主要提供3-5項的命主第1次人生事項即可作為修正之用，如第1次結婚、第1次生小孩、第1次就職、父母親逝世、第1次嚴重疾病或車禍意外....等日期的資訊。

就經驗而言，下列事件有助出生時間的校正。

1.嚴重的疾病、住院治療、外科手術、疾病種類。

2.特殊的經驗、贏取獎金、犯罪罹災、小孩出生、車禍意外、與人嚴重爭吵打架掛彩。

3.第一次約會、第一次性經驗、結婚/離婚。

4.上班/失業、工作變動、職務升遷或降職。

5.大獲財利、破產失敗、購買住宅、搬遷。

6.父母親、兄弟姊妹、配偶、子女...等六親過世，而深烙在內心的哀傷。

案例十七

CHOU
Natal Chart
Jan 31 1956
1:25 am CCT-8:00
Fu uay, TAIWAN
23°N43' 120°E26'
Geocentric
Tropical
Placidus
True Node

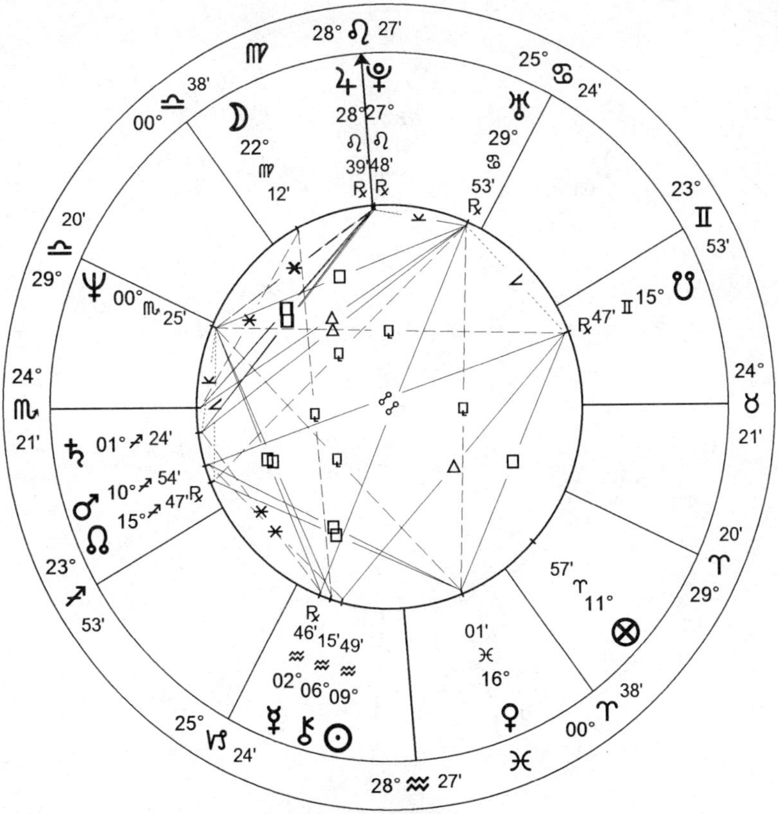

CHOU
Natal Chart
Feb 1 1956
1:25 am CCT-8:00
Fu uay, TAIWAN
23°N43' 120°E26'
Geocentric
Tropical
Placidus
True Node

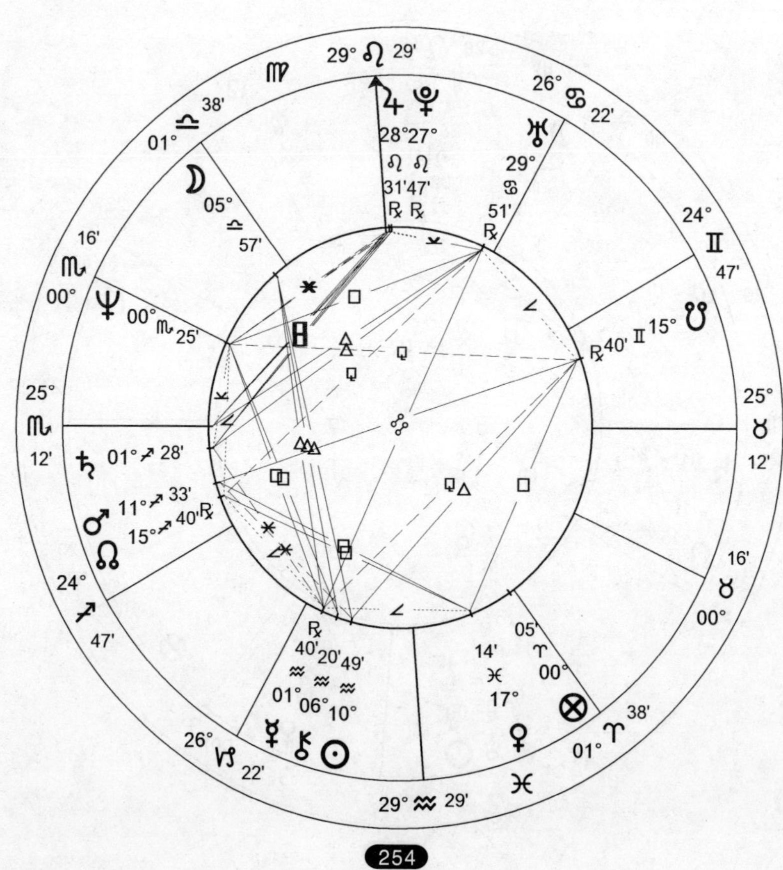

出生時間修正案例

鄒先生常為其出生日期傷腦筋，母親給他的資料為陰曆換算國曆為民國45年2月1日，凌晨1:25，因值子夜母親不敢確定是1月31日或2月1日，讓他相當困擾。由於在南投經商，有一次當地某神壇神明降駕就其出生日期之疑惑鐵定地向他說，他是1月31日生，由於是神明說的話一般拜神的人會當真，自此就以該日期作為生日，後來經友人介紹來算占星，但整個推論過程不甚符合，鄒先生乃主動提起曾有過的上述困擾，我建議他記下一生重要事件來反推，裨便作出生時間修正。

鄒先生當時記下下列事項

1.民國67年5月，結婚
2.民國72年7月，創業
3.民國75年3月，購屋，卻頗有壓力
4.民國80年，大虧錢
5.民國82年獲利頗豐

筆者就兩個出生日期時間分別打出天宮圖，及根據上述事項按次限推運系統逐一比對，因次限/本命配對盤甚多，此處我們列出

	A.1956年1月31日 AM 1:25	B.1956年2月1日 AM 1:25
1.1978年5月 結婚	ASC_p□♀，餘無相關相位	☽$_p$在8宮△ 4宮內♀，且☿$_p$△☽$_R$
2.1983年7月 創業	♂$_p$△MC，☽$_p$☍♀，♄$_p$△MC	MC_p⚹♅且♂$_p$ △MC_R
3.1986年3月 購屋	☉$_p$ 在4宮內□♂$_R$ 在ASC內	☉$_p$ 在4宮內□♂$_R$ 在ASC內，且☿在4宮始點□♄$_R$ 於ASC內
4.1991年大虧錢	☽$_p$ 在2宮財帛△MC_R，流年其他有關錢財之相立皆吉	♄$_p$在2宮□☽$_R$且(♃$_p$☌MC_R)□♄$_R$
5.1993年獲利頗豐	無明顯相位	ASC_p 在2宮△(MC_R☌♇)，♂$_p$□☽$_R$

1.結婚常與婚姻自然主星♀或7宮主星有關聯，本案例的兩個日期之7宮皆在酉金牛，

A.見ASC_p刑♀，若係結婚恐心態不願意或勉強。

B.則屬和順、願意，因多都吉相位。

筆者向鄒先生結婚過程如何，他表示係戀愛結婚，頗為甜蜜不勉強。

2.創業常與MC和10宮宮主星有關，本案例的兩個日期之10宮在午獅子、主星☉，

A、B皆見MC的涉及。

3.購屋但有壓力，常與4宮及4宮主星之刑、沖有關。

A、B皆見4宮的刑沖。

4.虧錢常與2宮財帛、2宮宮主星、錢財自然主星　有關，刑、沖居多。

A.見吉象。

B.則多見2宮或♃之刑沖。

5.獲利豐常與2宮財帛及宮主星、錢財自然主星♃有關，吉相居多。

A.未見吉象。

B.ASC p在2宮△(MC$_R$☌♇)。

從上述推運/本命之垂象，顯然B之1956年2月1日1:25 AM，件件皆合，而A僅2、3項合而已，所以B之日期、時間應屬正確，筆者乃告訴鄒先生這項修正結果，他仍有點狐疑，說要回祖居處再向長輩詢問看看，經過一個星期後，他打電話給筆者說，祖父母處留有生辰八字的記載，確實是2月1日所換算的陰曆日期。

第十六章　其他學派

· 心理占星學(Psychological Astrology)
· Huber學派(Huber School)
· Draconic占星學(Draconic Astrology)
· 中點理論(Midpoint Theory)
· 教堂之光(The church of light)
· 泛音盤(Harmonic Charts)
· 恆星學派占星學(Sidereal Astrology)
· 度數象徵(Degree Symbolism)

·心理占星學

19世紀末20世紀初，西方占星學發展史上形成相當重要的分水嶺，原本古典傳統占星學強調的事件吉凶預測逐漸被摒棄而轉向個性、心理發展，這個分水嶺的重要旗手為英國的Alan Leo，他因被控算命為逃避刑責，經由律師建議，他向法庭陳訴占星學是在分析個性及心理，符合學術研究，而得以避開牢獄之災，卻擦撞出占星學往心理學發展之契機，而當時西方學術潛意識心理分析正如火如荼地展開，為顯學之一。有識之士研究占星學似乎很容易成為話柄，加上事件吉凶的預測易陷入宿命論，倍受攻擊，因而占星學與心理學順理成章地結合，抬高認同度以免落人口實。

Alan Leo在英國的繼承者C.E.O Carter博士也深入檢討事件吉凶預測的弊病，而朝向心理之探討；在美國Marc Edmund Jones更發揮其影響力，將占星學導向哲學、人性的方向，他認為占星學應使用在幫助客户看清自己的傾向，藉由其傾向適當地發揮其才能，這種觀點深深地影響到法裔美籍相當知名的占星家Dane Rudhyar，他認為占星學是一種生命哲學，天宮圖是命主的潛能模式，説明命主祇要努力就可以成為什麼樣的人，基本上對人性抱持著樂觀的態度，在占星學界被稱為人本主義占星學派，從1960年代迄今，一直倍受尊崇，更進一步地將占星學賦予哲學化、人性化，在知識份子之間引起頗大的迴響；1980年代美國的Stephen Arroyo將人本主義占星學發揮得淋漓盡至，他的幾本著作一直是被列為心理占星學必讀書籍。

談到心理占星學，一定得提及心理學界的思想巨擘瑞士分析心理學大師Carl.G.Jung，他的學問相當淵博，幾乎遍及考古、神話、宗教、東西方文化、社會、心理、鍊金術....等。曾涉獵占星術的研究，提出「同時性」觀念，合理地解釋預測事件的巧合性，而原型的觀念又為心理占星學奠定堅實的基礎，他對無意識心靈的研究，提供占星學命盤深層的探索，獨創的集體無意識也為時事占星學打下合理解說的基礎。他對20世紀的占星學發展可說是全面性的影響，他的一些觀念常被引用在心理占星學中，如英國的Liz Greene，荷蘭的Hamaker-Zondag，尤其是Liz Greene更是近20年來引領心理占星學的風騷，她的觀點不同於Dane Rudhyar的靈魂成長，較著重於個體化過程，而她強調Jung的心理動力學，以及了解無意識運作過程的應用方法，儘管心理占星學派也有差異，但已將傳統占星學所著重的外在領域導向內在領域，它的焦點放在命主的內在心理結構，並且認定無意識心靈會構成和決定一個人的行為模式，除此之外也談及「補償」、「投射」豐富了心理占星學的內涵。

若說20世紀下半葉是心理占星學的天下一點也不為過，提升了占星學的學術地位，但相對地對普羅大眾似乎太遙遠了，它拋棄了傳統占星學的預測功能，也失之偏頗難以融入，太過專業心理學術語不易被瞭解，這些都成為心理占星學為人詬病所在。

我們列出占星學與容格無意識心理學對照表，當可梗概瞭解心理占星學的特色。

占星學	容格無意識心理學
1.天宮圖	1.心靈地圖(Map of Soul) 原型的象徵性組合隱含人類的各種潛在心靈的可能性，若能充分解析，即能揭發潛意識的動機與感覺。係個體的人格結構。
2.行星、星座、後天宮三要素	2.原型(Archetype) 與生俱來內藏而先驗的知覺模式，與本能相連，可以調整知覺本身，活生生的心靈力量為所有人類所共有。
3.宇宙星體的排列	3.同時性(Synchronicity) 人類心理狀態與客觀事件的非因果關係。它與內在意識存在著難以想像的關係，有意義的巧合。
4.☉	4.自我(Ego) 意識領域的中心，賦予個人目標感和認同，是珍貴的意識之光。
5.黃道12星座，☿	5.本我(Self)或譯自性 心靈自身更高組織的原型，不僅是中心點，也包含意識與無意識的圓圈，以☿作為本我和自我的橋樑。
6.♂	6.利比多(Libido) 心靈系統運轉的原動力，或性能量。
7.ASC、MC	7.人格面具(Persona) 呈現在意識表層，個人表現在外的行為狀態，關於個人以什麼樣的形象面對社會則是個體和社會集體之間的一種妥協，意思是「呈現的人」。

8.四大元素 a.火象星座 b.土象星座 c.風象星座 d.水象星座	8.心理類型(Psychological Types) a.直覺型(intuition)：無意識地傳達知覺的機能 b.感官型(sensation)：能夠知覺地傳達物理刺激的心理機能 c.思維型(thinking)：合理地、邏輯性地看待和判斷事物 d.情感型(feeling)：表達個人感受、情慾和情緒 由四大型的組合衍生8種心理類型。
9.相位 調和、不調和	9.情結(Complexes) 心靈力量的網狀組織，同時隱含正面和負面的因素。
10.♄ ♇ ⚷	10.陰影(Shadow) 陰暗面，經常隱沒於無意識之中，或被無情地壓抑，以維持表面的道貌岸然。
11.♂ ♀	11.男性與女性的原理(Anima/Animus)阿尼瑪/阿尼瑪斯 Anima：男性之女性一面 Animus：女性之男性一面
12.宮位/對宮 星座/對面星座	12.投射(Projection) 將心靈內容無意識地錯置他人或物體之上。
13.♅ ♆ ♇	13.集體無意識(Collective un Consciousness)

以上所列的對照表僅是概念性而已，裨讓讀者儘快掌握其意義卻不宜刻舟求劍。有關容格無意識心理學與占星學的基本對照可由下圖表示

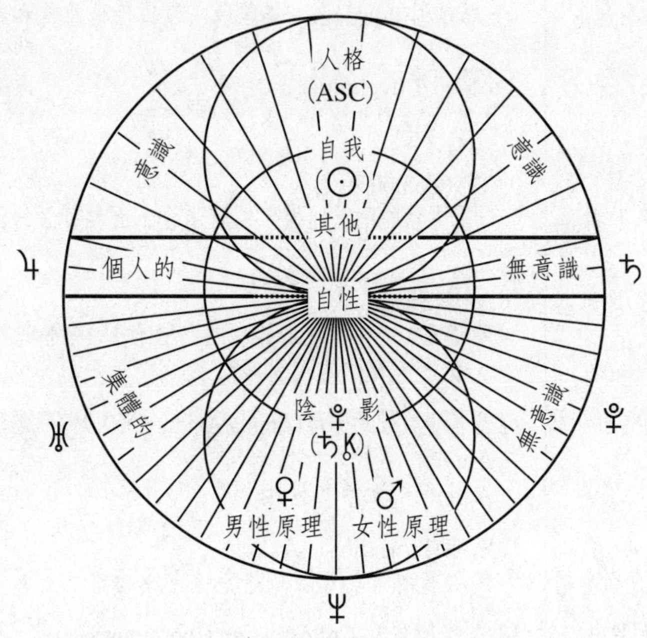

容格發現人生下來具有以某些特別的方式做出反應和動作的先天傾向，跟古老傳說老祖先同樣方式來認知世界和做出反應，亦即人的心理是透過進化而預先存在及確定的，這就是集體的無意識，有別於個人的無意識。集體無意識存有各式各樣的原型，阿尼瑪(女性原理)、阿尼瑪斯(男性原理)、陰影、自我、甚或人格面具，當人格中的幾種主要原型產生衝突與對抗，若過於激烈有可能導致精神官能症。

自性在容格學說中最不易瞭解，它也是一種原型，為心靈自身更高的組織原理，促發一種對個人實存意義的體認；至於個人的無意識類似佛洛伊德的無意識概念，是容格無意識的一部分，它常是那些一度被意識到但又被忘記的心理內容所組成。

自我屬意識層，個人能展現意志、慾求、反思和行動中心的經驗。

心理占星學將容格學說的類比為天宮圖就像一張心靈地圖，圖中的行星運轉有助於察覺內在能量變化和外顯事件的關聯，這張天宮圖顯現內在情結、無意識的各種原型、心理類型，命主如果透過教育與學習整合心靈平衡，即在意識與無意識之間建立起合理的關係，對心靈的健康是有幫助的，此即個體化，那麼這張天宮圖即能轉變成靈魂的曼陀羅。

案例十八

Carl G Jung
Natal Chart
Jul 26 1875 NS
6:55 pm +0:00
Kesswill, German
47°N36' 009°E19'
Geocentric
Tropical
Placidus
True Node

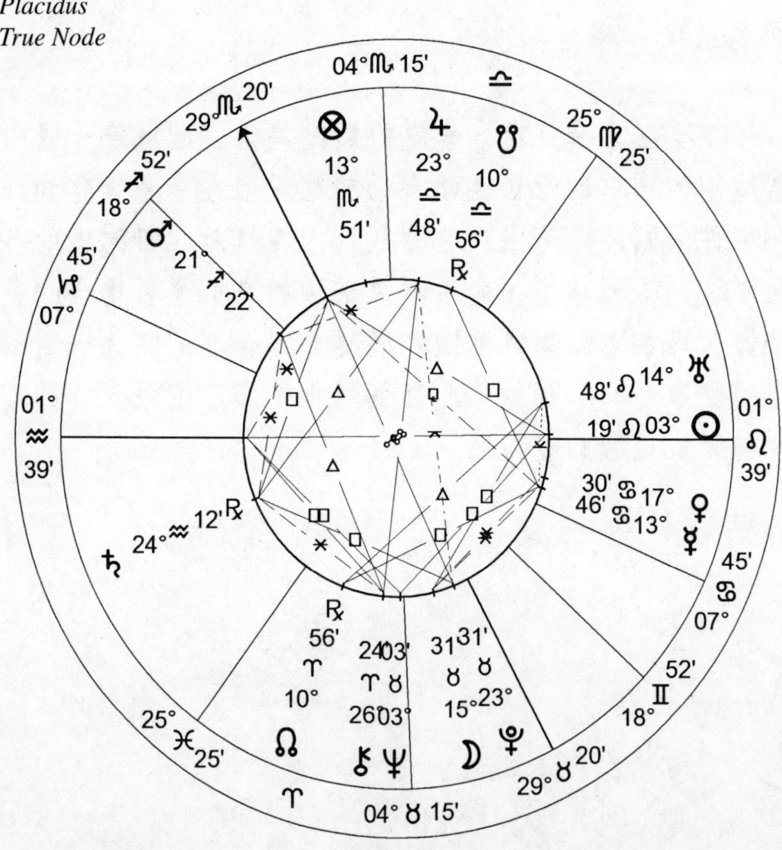

發現人類內在的哥倫布
分析心理學大師：容格

1.立命子水瓶、風象，傳統主星♄，現代主星♅，而♄和♅分別在1宮和7宮，傳統與現代的對立，二元矛盾常在容格心中激盪。

容格早年的宗教啓發與瑞士新教派產生強烈的矛盾與衝突，這種雙重宗教影響使容格陷入矛盾，父親是名牧師滿口神的恩寵，而母親是位靈媒似乎知曉更多的惡魔和靈魂真相，變得可怕而怪異。這些因素使得他同時具有「1號人格」和「2號人格」；前者表現在日常生活中缺乏信心、情緒化，相較於他人較不聰明，後者具神性和上帝恩典的秘密。兩者展現作用和反作用，正是上述星象的寫照。

ASC在子水瓶，代表他有與眾不同的理解力，科學化地探索理論、固執己見，卻能激起學術革命，ASC屬人格面具之一，他給外界的形象正是如此。

2. ☽酉15°31' ☌♀酉23°31'
☽管轄心靈的能量、無意識、母親...等，♀管轄黑暗、恐懼、害怕、緊張不安的情結、幽暗冥府、集體無意識。

容格小時候很害怕黑夜，母親的靈媒能力使他感受母親是黑暗、不可預測，而埋在無底的深淵，母親知道他的心中住著二號人格，對母親帶著恐懼而尊敬。

3.♄在子24°12'□♇酉23°31'

♄代表傳統、嚴肅、科學、恐懼、無安全感，自古常與前世、靈異有關。

4.火象最強，且☉在午獅子3°19'近DSC(始宮)

原則上直覺型較強，容格是位凝視著未來，希望朝著自己所夢想的努力奔馳，而☉在獅子強且近DSC，能成為先驅者，揚名於世界，容格認為直覺不單只是知覺或想像，那是在理解事物之同時，將之推展於積極性、創造性的過程。

5.☉ 午3°19'□♆酉3°3'，及☽酉15°31'□♅午14°48'

☉為陽性、堅持，☽為陰性、變動，兩者同時與外行星形成90刑相位，正意味著容格內在形成衝突複雜的心理糾葛，也顯現出雙重特質，再次印証他同時具有「1號人格」及「2號人格」。

☉與♆的刑顯示層層的迷霧總在他內心徘徊不去。

☽與♅的刑意味朝未知、無意識、黑暗神秘的國度作科學研究，歷經重重困難與打擊或誤解。

再加☽☌♇，容格的☉、☽都與♄之外的三王星構成相位，其內在心靈對未知領域特別感興趣，終能創造出無意識心理學的顛峰，其中♅、♆、♇正是集體無意識的最佳代表因子。

6.⚷戌26°24'☌♆酉3°3'

⚷在希臘神話中為半人半馬的醫神凱龍，掌管醫療、教育、占星學，神話中他被毒箭射中，卻無法醫治他的傷口，

所以隱喻為「受創傷的醫者」。⚷也是陰影之一，容格命盤中的⚷☌♆正顯現他是位心靈指導者與精神治療師的結合，而這源自他內心裡對無意識探索過程曾有過的創傷，如畏懼、不安、卻能昇華。

7.♂℞在寅21°22'停滯，即將轉為順行

♂管轄性慾也是心靈能量利比多(Libido)的典型。

容格自小曾夢見他一直掉到一個大房間，那裡有塊紅地毯，還有個金質的王座，上面則坐著一個奇怪的東西，巨大得像顆樹幹但卻是肉作的...」，這是容格有名的「陽具之夢」，它代表了自然界黑暗的創造力量。

♂在寅總是不斷地誘他類宗教式地去信仰更寬廣的性驅力，他的老師佛洛伊德為無意識心理學重要的領航人物，但卻狹隘地認為性才是無意識的一切力量，容格以他的靈異情結經驗、超自然現象，走向更寬廣的道路。

8.♀在6宮未17°30'⚹☽酉15°31'，且♀與☽互容，即♀在未，☽主管的星座；☽在酉♀主管的星座。

6宮為治療、服務，♀為愛情，容格常與他的病患發生緋聞，☽為神秘主義、無意識，顯示容格對神秘主義、無意識的狂愛，投射在他的治療服務中，將精神失常給浪漫化了。

案例十九

Sigmund Freud
Natal Chart
May 6 1856 NS
6:15 pm CET -1:00
Freiberg, Moravia
49°N38' 018°E09'
Geocentric
Tropical
Placidus
True Node

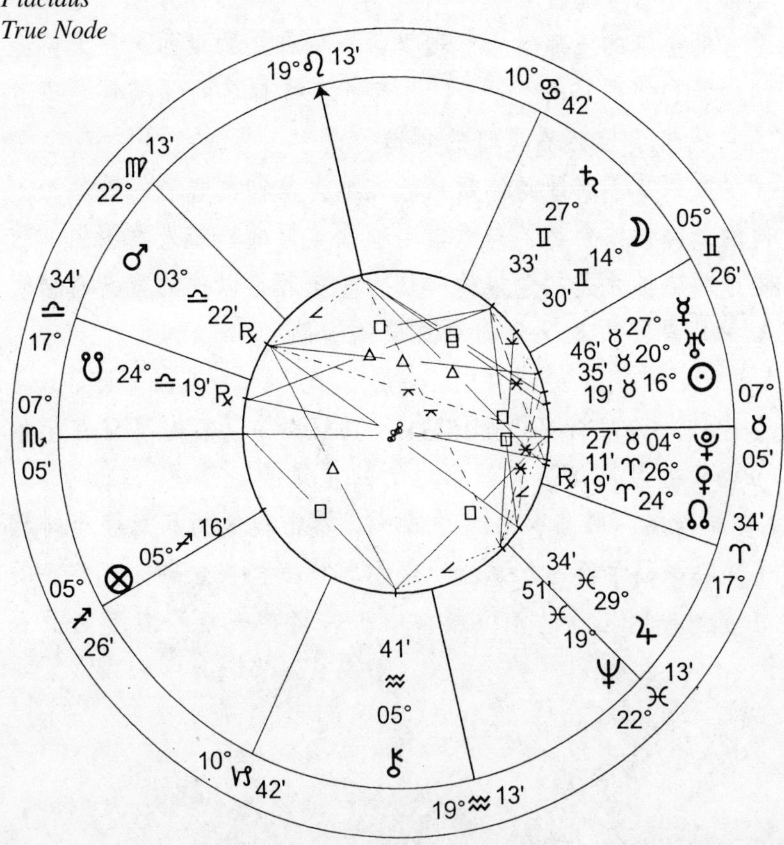

無意識心理學的開拓者
精神分析心理學大師：佛洛伊德

1.立命卯天蠍7°5'

ASC為人格面具，今日人格面具一詞已被廣泛使用在心理學及當代文化，意思是「呈現的人」。天蠍管轄內在、深沈、神秘、潛藏、洞察、探索、性慾、死亡掌控、堅持不妥協、不屈不撓，但不免頑固、城府深。佛洛伊德一生從事無意識心理學的探究，勇往直前、堅持、意志堅定、不屈不撓正是天蠍的標準寫照。他切入人類埋在意識下廣泛的無意識領域，認為無意識的深處潛藏著遭到意識所壓抑而放逐的記憶，而且無意識層也是本能慾求與低等動物衝動的儲藏所，當這些被壓抑的異常與意識層糾纏時，可能就是精神疾病的病因，所以唯有喚起被壓抑的記憶，才能驅除病患的心理作用和精神上的糾葛，此即心理學史最著名的精神分析。

2.☉位於酉金牛16°19'

☉為自我，在酉渴望安全感、實事求是、穩定、堅持，使ASC在卯天蠍水象的情緒，得以穩定，其探究能漸成事實。☉☌♅ 20°35'，Sakoian & Acker《The Astrologer's Handbook》提到「在這個合相中，太陽的力量表現在未曾嘗試的經驗領域中冒險犯難，通常是人類知識先驅的科學探究。」又☉為MC午19°13'的主星，其一生榮譽、名望、地位，正是上述評價。

3.☽在申14°30'位於8宮

☽母親，申雙子好奇，8宮性，佛洛伊德自承在4歲時，舉家搬到奧地利的維也納曾在火車上於睡夢中聽到聲音，張開眼睛看到母親正在換裝，對母親產生了一股原慾，這個體驗的記憶潛藏在他的無意識層，後來41歲他利用夢境分析，治療自己的精神官能症，因而再度浮現，配合其他的夢境，他解析成「希望父親死去，成全自己對母親的性渴求」，此即著名的戀母情結，佛洛伊德舉希臘悲劇作品《伊底帕斯王》的主角說明，後來心理學常用伊底帕斯情結(Oedipus Complex)解說「愛上母親、嫉妒父親」的亂倫意念。

☽□♆19°51' Sakoian & Acker上引書提到「這個四分相代表著迷惑及沈溺於幻想、脫離現實的傾向。」佛洛伊德將對母親的性幻想壓抑，因他的☉自我為實際，兩相衝突，且另有其他星象因素♄在8宮三刑會沖，同上引書「如果命盤中其他星象的因素也同時發生影響，會出現精神異常的現象。」

佛洛伊德過於強調性慾論曾招致相當大的誤解及攻擊，但他的堅持終於開花結果，影響藝術創作、文學寫作、戲劇內涵極其深遠。

4.♂、♇ 分別為ASC星座古典及現代主星，♂入11宮辰3°22' ℞，♇ 近DSC 酉4°27'。

①♂為利比多，性能量，入辰天秤弱且逆行，必然會呈現性壓抑，與♄申27°33'在8宮及♃亥29°34'在5宮三刑會沖，而頂點為8宮的♄。

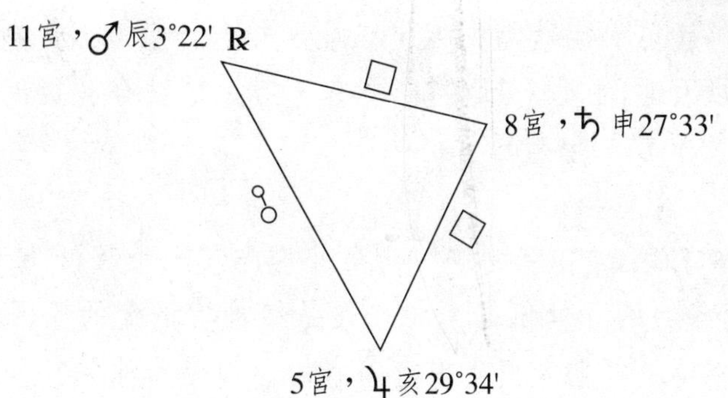

♄自古以來即是父親、嚴肅的代表，♂為命主及性能量受♄90°刑，前引書提到「這個四分相的人具有艱苦、苛刻的性情，行動屢屢受挫，使他們有悲觀、怨恨的心態」，佛洛伊德出版《夢的解析》曾提到一個夢，即佛洛伊德和一位「年長的紳士」同在車站裡，老先生好像失明，陰莖外露要尿尿，他想到一個保持偽裝方法，當自己是他的看護，遞給他一只男用的玻璃尿壺，這個時候他從夢中醒來並且有尿意。他如何解析這個夢呢？原來他在七、八歲時曾在父母的寢室裡尿床，被父親責罵。佛洛伊德形容這對他的雄心壯志真是強烈的一擊，童年期的屈辱變成他成年生活夢境的題材，壓抑的屈辱浮現在夢裡。他彷彿是在辯解「你看，我已經有所成就了」，年老的瞎子是父親，還露出陰莖無抵抗能力，等於是他的願望–內心潛藏著父親無能，就像小時候羞辱他一樣；至於偽裝則顯示自己關於歇斯底里症所提出的創見深以為傲。

上述♂☌♄正顯示他的「殺父情結」。歇斯底里症(hysteria)在希臘文即「子宮」之意，以前的人認為只有女人才會歇斯底里。症狀為失神、狂亂、幻想、痙攣，♂為先天8宮(卯天蠍)主星，♄在後天8宮，巧妙地結合先後天8宮(正代表子宮、生殖器官)。

②5宮的♃□8宮的♄，也顯小孩(5宮，小孩)有關性慾(8宮，性)的「性倒錯」，往往是精神官能症的原因。佛洛伊德認為每個人與生俱有基本的性衝動，他將它稱為性原慾，即利比多，能引起性快感，嬰兒自小即有這種原慾。

③♂☍♃，♂在11宮(團體、朋友、同事)沖5宮(嬰兒性原慾)，他組織精神分析學會闡釋，過程頗艱辛。♂的退行無力顯示他的困境，原先創會的同事、弟子，一個個背離而去。

④♇在酉4°27'近DSC180°沖命度，DSC為夫妻、人際關係、競爭者、反對者。佛洛伊德的婚姻頗圓滿，但在學術創見過程遭逢太多誤解及排擠，兩個命主星♂在辰(先天7宮)♇DSC，人際關係的紛爭亦屬上天安排。

Huber學派(Huber School)

Huber學派是瑞士占星家Bruno Huber(AD1930～1999)和他的德裔妻子Louis Huber(AD1924～)於1964年在瑞士Adliswil共同成立Astrological Psychology Istitute簡稱API，並於1968年對外公開演講教授該學派的主張，發揚占星學與心理學結合的功能。他們夫婦因志趣相合於1953年結婚，在1958年受邀在日內瓦幫助創立Arcane School倡導知名玄奧占星家Alice Bailey的學說，讓他們深深感受靈魂占星學的魅力，1959年他們夫婦共同受教於義大利知名心理學大師Roberto Assagioli，強調心理整合(Psycho synthesis)。在受教期間也曾擔任大師的助手參與一系列的研究，這對Huber夫婦影響更深，他們所宣揚的占星心理學(Astrological Psychology)即是心理整合之一種形式，將占星學的古代智慧和心理學的現代發明作整合，以利整體心理分析。

AP將命主當作一個整體的全面性觀點，人類的心靈與他的環境互相交融，天宮圖可作為診斷工具諸如職業選擇、孩子養育、婚姻和合影、命主的精神發展與個性之關聯，但不談預測或命定式的論述，強調人類行為的根源是個性的顯現，深層的動機、無意識的努力、內在生命目標能浮現在意識層，使命主具創造力，AP能讓我們洞察我們存在的核心。

基於對AP的信念，Huber學派創立生命時鐘(Life Clock)的概念，及輔以年歲推運(Age Progression簡稱AP點)說明年歲

的心理轉折，當然尚有其他概念，但以這兩者為核心，我們略略述說於下

〈一〉生命時鐘

Huber夫婦認為命主的出生天宮圖，可作為人生各階段的時計指標，如下圖

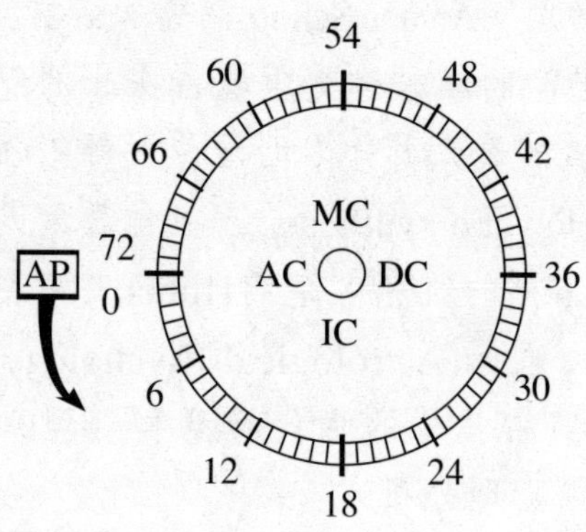

從ASC起算共12個後天宮位，每個宮位不管黃道弧度多少皆管轄6年，一圈共72年，若壽命超過72年，再從ASC起算，AP時計採黃道秩序，逆時針方式行進，每6年就經歷生活的基本態度的變化，這些經歷基本上與占星學原理後天宮的管轄有關，祇不過強調在心理、精神層面。

宮位	年歲	心理層面的意義
1宮	0-6	自我發展
2宮	7-12	發展自己的空間
3宮	13-18	擴展知識
4宮	19-24	面臨周遭、家人
5宮	25-30	外出創造
6宮	31-36	尋求適當工作
7宮	37-42	建構人際網
8宮	43-48	人格的確認(內在)
9宮	49-54	生命哲學的發展
10宮	55-60	到達頂峰、地位
11宮	61-66	與朋友圈、團體之活動
12宮	67-72	回歸、靜養休息

Huber之所以會採每宮6年共72年，是因宇宙數字為72，如人類正常每分鐘心跳次數為72，而7+2=9，周天360之卡巴拉數亦為9(3+6+0=9)，又數字6正是Pythagoras所稱的世界。

應注意Huber學派採用的宮位制是Koch宮位制，他們認為經實証該宮位制最具效力。

〈二〉年歲推運

當AP點行經各宮時，應注意下列幾個要點

1.各宮皆有個IP點、LP點

Huber認為各宮始點能量最強，但行經IP點(轉折點)時能量轉弱，到達LP最低點能量最弱，然後再慢慢回復。每個宮位都有IP點及LP點，這些點依據黃金切割率計算所得，如下圖。

2.AP點行進時會與天宮圖內各行星或敏感點產生相位關係，代表意識和心理的強度，共有7種相位。

①☌，☍②⚺，⚹，□，△和⚻

①的持續期間約8～12個月，而②的持續期間約4～6個月。

※Huber學派在天宮圖中常以紅色顯示☌，□，☍；藍色顯示⚹，△；綠色顯示⚺，⚻，可立即感受行星之間的相位內涵。

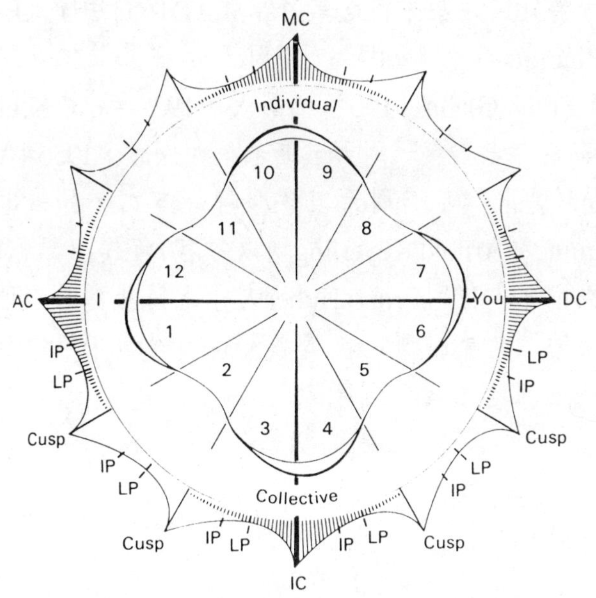

Huber學派評估年歲推運列出5個重點

1. 當AP推運至宮始點且進入新的宮位，代表將呈現新的心理節奏。
2. 當AP來到一宮的LP點時，需要新的定向和意識的改變。
3. 當AP進入新的星座，正常地根據新的星座性質將有新的展望和動機。
4. 當AP☌或☍天宮圖內的行星，對意識或問題解決、人格發展較具建設性，可能隱含一些掙扎、衝突，但若能覺醒卻具建設性的能量。
5. 當AP正相位至其他行星時會激發意識。

生命時鐘的占星學概念其實早在AD1654法國人Pater Yues就曾以Placidus宮位制60年一個周天討論過；20世紀初德國占星家A.Frank Glahn以100年一周天，1932年C.C Schneider曾提出每宮位6年共72年一周天，但未深入探討，1956年Wolfgang Döbereiner提出84年一周天但採順時針方式，另維也納占星家Wihelmine和Arnold Keyerling則以每宮7年提出類似Huber學派的年歲推運，但因Bruno Huber夫婦比較紮實的心理學訓練，生命時鐘及年歲推運比較廣為人知，經過30年的努力耕耘，逐漸在歐洲地區獲得迴響。

案例二十

Carl G Jung
Natal Chart
Jul 26 1875 NS
6:55 pm +0:00
Kesswill, German
47°N36' 009°E19'
Geocentric
Tropical
Koch
True Node

Compliments of.-
Astrolabe Inc.
Box 1750
Brewster MA 02631
Web:http://alabe.com
Email:astrolabe@alabe.com

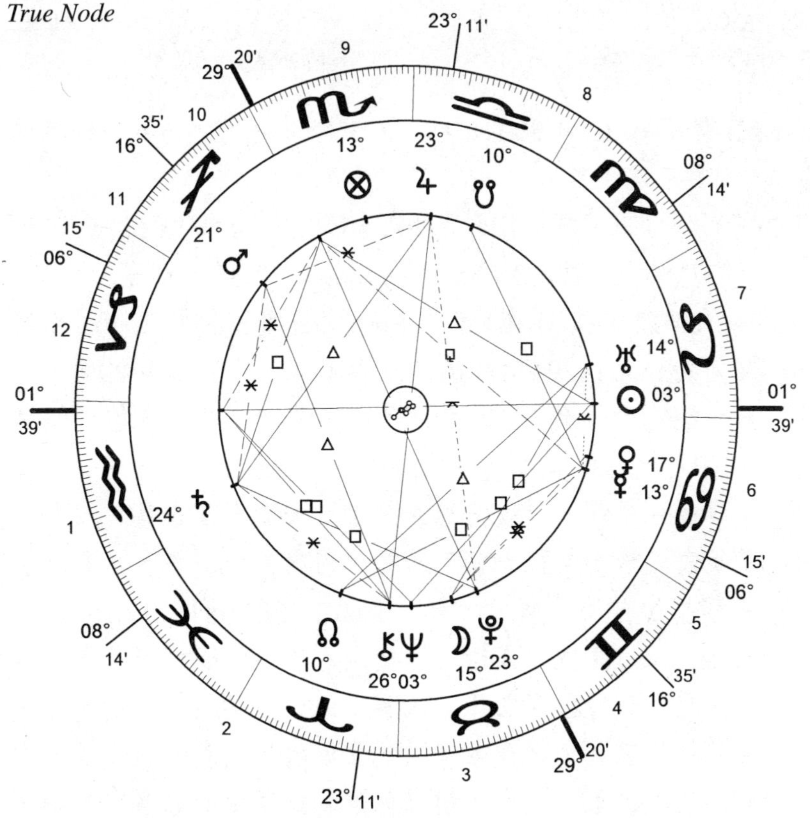

案例：Carl.G.Jung Huber學派分析

我們以前例心理大師容格的命盤採Huber學派常用的Koch宮位制，說明該學派的方法。此處我們無法盡述大師的一生，僅擷取他童年影響一生精彩的事徵。

I.0歲～6歲(1宮：性格自我形成)

1875/7/26	1876/7/26	1877/7/26	1878/7/26	1879/7/26	1880/7/26	1881/7/26
ASC		IP		♄ LP		2宮始點
子1°39'	子7°45'	子13°51'	子19°57'	子26°3'	亥2°9'	亥8°14'

1. 1宮宮距為(30°-1°39')+8°14'=36°35'，每宮管轄6年，每年約6°6'的年歲推運。
2. 按黃金切割率求算IP點為36°35'×0.381966=13°58'，即子15°37'，而LP點為36°35'×0.618034=22°36'，即子24°15'。
3. ♄子24°12'，按AP在1宮每年6°6'之速度到達♄正相位之時間約在公元1879年4月10日左右，即容格3～4歲之間。

   ♄☌LP甚近，僅3'之差異而已，LP顯現內省、內在、畏縮。AP到♄激發本命♄□♇，如先前所述♄代表傳統、嚴肅、科學、恐懼、無安全感、害怕、擔心與前世靈異有關；♇代表黑暗、神秘、秘密擁有、內在情結糾葛、幽冥地府。容格的自傳「回憶、夢、省思」(Memories、Dreams、Reflections)記載，大概3、4歲左右最早的夢的記憶是一些力量更大影響更深的印象，其中的「陽具之夢」最為深遠。容格的家族大都從事宗教，住家附近為教堂或墳場，常有黑衣人運來黑棺木，引發他無意識莫明的恐懼與害怕，母親教他祈禱，他卻將上帝類比為陰鬱的黑衣人聯繫一起，又因父親是新教徒對耶穌會會士總是以Je-suit陰險者揶喻他們，這也造成他幼小心靈質疑祈禱中「耶穌」的意義；數十年後，容格接觸到彌撒系統，體悟到黑色的主耶穌，耶速(陰險者)與陽具全是同一件事，它們都代表自然中黑暗的創造力量，也成為他窮盡一生之精力研究的主題。1宮在Huber學派的主要意義為自我發展，這個夢境激發無意識。

II.6歲～12歲(2宮：發展自己的空間)

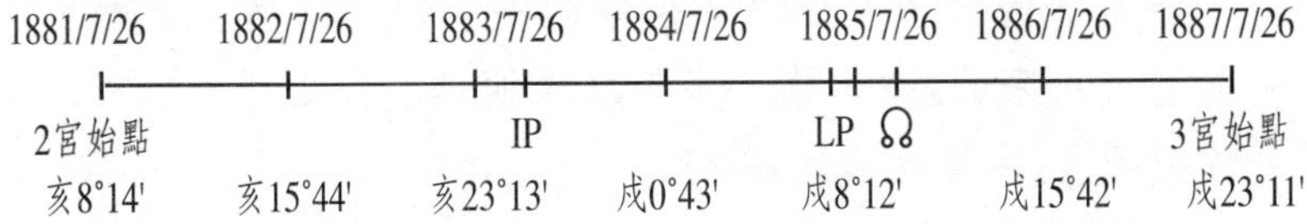

1881/7/26	1882/7/26	1883/7/26	1884/7/26	1885/7/26	1886/7/26	1887/7/26
2宮始點		IP		LP ☊		3宮始點
亥8°14'	亥15°44'	亥23°13'	戌0°43'	戌8°12'	戌15°42'	戌23°11'

1.2宮宮距為(30°-8°14')+23°11'=44°57'，每宮管轄6年，每年約7°30'的年歲推運。

2.按黃金切割率求算IP點為44°57'×0.381966=17°10'，即亥25°24'，而LP點為44°57'×0.618034=27°49'，即戌6°3'。

3.☊戌10°56'，AP到達☊時約在公元1885年12月7日左右，根據Huber學派的教科書Bruno & Louise Huber《Life Clock : Vol 2 Practical Technigues for Counselling Age Progression in the Horoscope》提及AP過運至☊將有個進一步發展的值得注意的機會，而☊所在宮位的領域將有重要的活動，它是個始點將浮現在意識，直接涉及到身心的困難。

容格前引書提到他在7-9歲時，常胡思亂想：「我現在坐在石頭上，石頭在我下面。」，石頭也能想：「我躺在這道斜坡上，他正坐我上面。」這個問題讓他感到茫然，卻在10歲時它的含意被揭示出來，他雕刻了一個小矮人，穿著黑色大禮服與鞋子，然後把它和一塊石頭一起放在閣樓裡，是他心中的秘密。當他受到責備或不順心時，就爬上閣樓去跟小矮人和石頭訴說。容格自承他毫不在意如何解釋這些行為的意義，他滿足於一種新獲得的安全感，滿足於佔有某種別人不知道而又無法獲得的東西，這是一種永遠不能背叛的秘密，因為他生命的安全由它掌握，這就是容格發展出來的2號人格，多年以後他認識到心理分析家的工作就是去發現病人的秘密。

從以上所述容格3-4歲及10歲的AP會合，正符合容格自傳所提「心中藏有秘密對我性格的形成影響極大，我認為這是我童年歲月的本質特徵。」他以無意識裡的「生命呼吸」來比喻。

Draconic占星學(Draconic Astrlolgy)

Draconic取自月亮交點☊/☋的拉丁語Caput Draconis/Cauda Draconis，自古以來日蝕或月蝕重要天象的意涵使月亮交點極富傳奇，當天空中發光的太陽或月亮突然平白無故地消失，帶給地球生物及人類相當驚恐與震憾，被視為人世間危機的預兆，由於會發生日蝕或月蝕之條件皆在月亮交點與太陽月亮排成一條線時才會出現掩蝕，古先民觀察天象誇大地將月亮交點想像成一條吞食太陽或月亮的龍，☊北交點為龍頭，☋南交點為龍尾，因而它們就成為業力和命運的神秘代名詞。

Draconic占星學據傳在巴比倫時代就已出現但無法考証，它就是奠基於上述傳説的隱含意義，探討有關靈魂的人格、業力和命運的隱含關係，但在現代心理占星學的薰陶之下，已朝向內在人格類似容格學説的自性發展。它根據本命天宮圖的月亮交點位置，尤其是北交點☊將之轉換成白羊座0°或稱月亮交點分點(Draconic Eguinox)，亦即Draconic占星學所根據的黃道不是恆星黃道也不是迴歸，而是假想的Draconic黃道。為何以白羊座0°為根據呢？因為它是新的開始點，春芽發嫩象徵採取行動能帶領成長，是生命力向前衝刺之時。完成轉換弧度後，接著將本命天宮圖所有行星和敏感點按該弧度全部轉換，所得結果即是Draconic盤。

以英國剛過逝的Diana王妃命盤為例説明她的Draconic盤如何製作

(1)本命☊在午28°11'，黃道經度為148°11'。

(2)將☊轉換成以白羊座0°為基準，其弧度為360°-148°11'=211°49'。

(3)將本命天宮圖所有行星及敏感點各加以(2)所得之轉換弧度211°49'，若超過360°則以360°減之。

如本命ASC寅18°24'，黃道經度為258°24'，加上211°49'為470°13'，減去360°得110°13'為巨蟹座20°13'，即Draconic盤的ASC為未20°13'。

Diana王妃的Draconic盤如後面附圖。

評估Draconic盤並不單就該盤討論，必須就Draconic盤和本命盤的配盤關係來解說，著重Draconic行星(簡稱Dr行星)☌或☍本命行星，尤其是本命尖軸附近的行星特別具有意義，以及Dr☉、Dr☽及DrASC所在本命星座和本命宮位的涵意。舉一簡例如Dr♄☌☽可以解析為命主的靈魂潛藏著困頓、悲傷、限制或責任承擔(Dr♄)之無意識情境，就如容格學說中的陰影會影響命主世俗家庭、母親、女性或情感、情緒之不安或紛亂。

Draconic占星學並不流行，但有心研究的人卻發現它的神秘聯繫，20世紀初美國相當著名的靈媒Edgar Cayce本身也是占星家，他常用Draconic盤驗証經過催眠的客户所顯現的人格和個性，效果甚顯著。由於Draconic具有命主內在靈魂的特色能描述命主的內在特質，有前世業力或因果的涵意，若能傾聽內在聲音，瞭解它或許能喚醒命主無畏的自我，達成個體化。

在歐美地區Draconic盤除探索命主個人內心世界的掙扎與努力，也常用來探討命主與六親之間的神秘業力關係，若比較親屬之間的Draconic盤及本命盤的互動會發現彼此之間具有不可思議的聯結關係。

案例二十一

Diana
Draconi Chart
Jul 1 1961
7:45 pm BST-1:00
Sandringham, ENG
52°N50' 000°E30'
Geocentric
Draconic
Placidus
True Node

Compliments of:-
Astrolabe Inc.
Box 1750
Brewster MA 02631
Web:bttp://alabe.com
Email:astrolabe@alabe.com

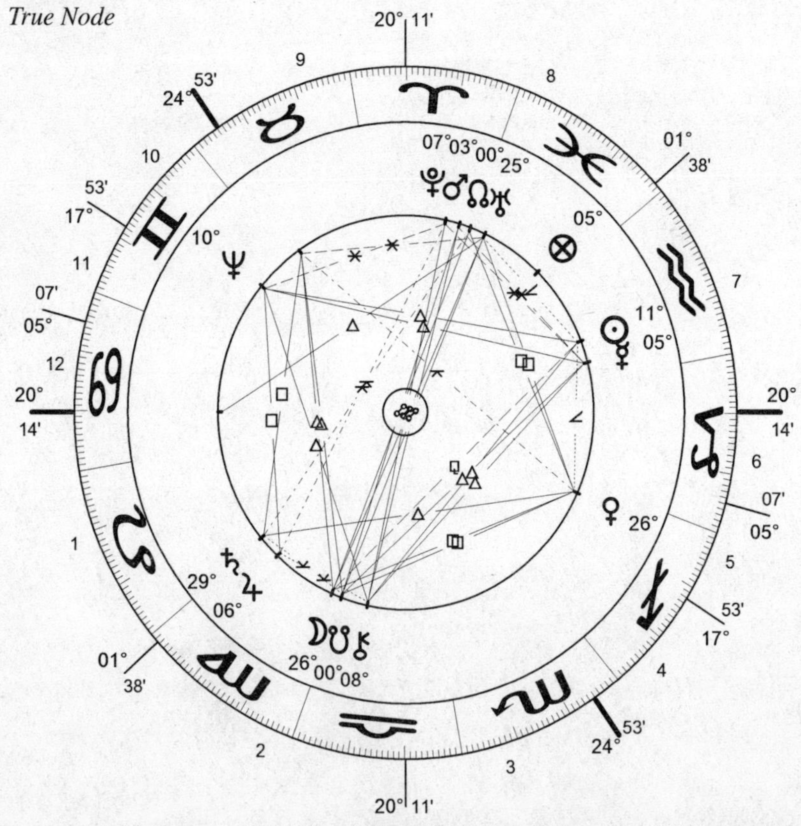

Inner/Across	*Outer/Down*
Diana	*Diana*
Natal Chart	*Draconic Chart*
Jul 1 1961	*Jul 1 1961*
7:45 pm BST -1:00	*7:45 pm BST -1:00*
Sandringham, ENG	*Sandringham, ENG*
52°n50' 000°E30'	*52°N50' 000°E30'*

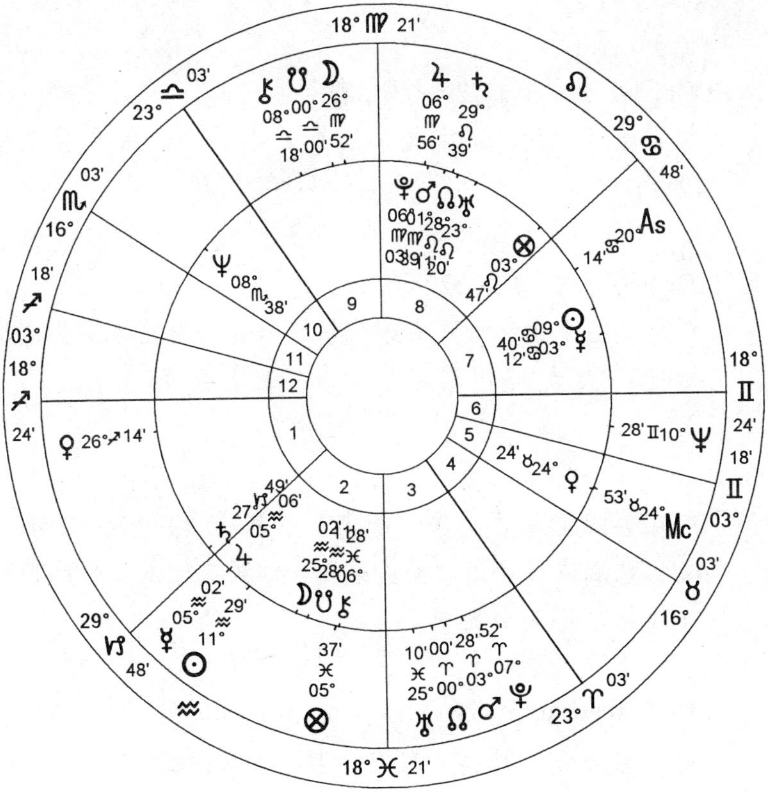

我們比較一下Diana王妃的Draconic盤和本命盤，重點如下：

1.DrASC在未巨蟹20°13'(第3區間歸亥雙魚20°～30'於巨蟹座內)，本命7宮。
內在靈魂情感豐富(亥、雙魚)，家庭為重、佔有、情緒、嫉妒(未、巨蟹)，凸顯在夫妻、婚姻、合夥之事務上(7宮)。

2.Dr☉在子水瓶11°29'本命2宮。
無意識浮現對人道主義、社會關懷(子、水瓶)的價值觀(2宮)。

3.Dr☽在巳處女26°52'，本命9宮。
深層情緒中遭逢心理失調、暴飲暴食、渴望生活步調穩定(巳、處女)，也潛藏著哲學宗教情懷(9宮)。

4.Dr♄午29°39'☍☽子25°2'
內在靈魂潛藏著困頓、悲傷、限制或責任承擔(Dr♄)之無意識情境會影響世俗家庭、母親或一般女性或情感、情緒之不安或紛亂。

5.Dr♄午29°39'☌/☍☊/☋，甚為緊密。
前世因果業力甚強，難以掙脫，神秘、命定。

6.Dr ☿子5°2' ☌ ♃子5°6'

潛藏著思維、思想、理性或邏輯性(☿)能擴充、增強(♃)。

7.Dr ♃巳6°56' ☌ ♇巳6°3'

潛在意識想為自己或他人帶來改善，尤其是精神方面(♃)、卻不免有強迫性(♇)，反而隱含著操控不當的危機。

8.DrMC酉24°53' ☌ ♀酉24°24'且Dr ♀在本命ASC內潛在意識喜從事公眾、公開(MC)之人際關係(♀)，在現實生活也得以呈現。

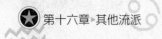

中點理論(Midpoint Theory)

占星學的發展是全球性的，在20世紀初德國漢堡市一位占星家Alfred Witt(AD 1878-1941)創立了一套有別於西方占星學主流之外的中點理論，即著重黃道上的任何兩顆行星或敏感點如ASC、MC...等之中間點，它同時具有兩顆行星或敏感點的成份，若有其他行星會合或與中間點形成相位，常具有特殊意涵，如下圖

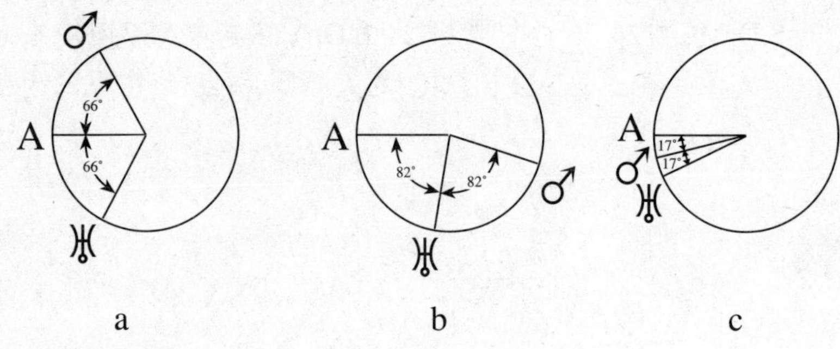

圖中的a.ASC=♂/♅　　b.♅=ASC/♂　　c.♂=ASC/♅

儘管ASC、♂、♅之間沒有傳統的相位，但就上圖各形成中點，以關鍵語表示ASC：人格、外觀，♂：意外，♅：突然，這3種中點皆可能突然發生意外。

Witt花費一生的精力研究中點理論，使用30°、90°、360°盤很快地掌握一系列的對稱的中點，以及過運、向運星體何時激發這些中點，讓事件產生。公元1913年他遇到Hamburg Kepler Circle的主席F.Sieggruen(AD 1877-1951)提供支援，才得以將他的創見充分發揮，並有一些學者加入，因在漢堡市一

般尊稱他們為漢堡學派(Hamburg School)，在占星學歷史發展上綻放輝煌的成績，Witt除使用複雜的中點理論(在當時尚未有電腦，計算繁瑣)形成行星圖形(Planetary Picture)或稱中點樹，和8個假設性行星，儘管他想簡單化和合理化該學派的學理，但對照傳統主流的占星學似乎太急進、計算太繁瑣，故除在德國本土外，其他歐美地區未見回響。後來他一位弟子的兒子Udo Rudolph以Uranian System的名稱著書解釋該學派的理論內涵，所以漢堡學派又被稱為Uranian Astrology。

儘管Witt的理論在第二次世界大戰前不被重視，但他的另一位高徒為舉世聞名的Reinhold Ebertin(AD1901-1988)，出身德國著名的占星家族，在1940年出版中點理論最重要的書籍《The Combination of Stellar Influence》在戰後逐漸受到注目，更在1960年被譯成英文在占星學界大受歡迎，打響中點理論的名號。

在德國Ebertin於戰後採用宇宙生物學(Cosmobiology)名稱作占星學有系統的研究，以區別太陽星座專欄或其他娛樂性的占星節目，更在1956年成立Aalen Cosmobiological Academy獲得德國卓越的物理教授Rudolf.Tomaschek的加入，從事學術性的研究，外界冠以宇宙生物學派的雅號。

Ebertin發揚中點理論和行星線圖形，但對Witt的假設性行星不予採用，另外也未使用宮位系統，僅強調四個尖軸點ASC、MC、DSC及IC，這是與漢堡學派最大的區別，簡單實用，加上現代電腦科技之賜不會增加計算的繁瑣，反而更廣泛地流行，目前宇宙生物學派已是占星學研究的重鎮，而它的科學化精神更令人動容。

我們簡要地列出宇宙生物學派和一般現代占星學的基本差異。

宇宙生物學派占星學	一般現代占星學
宇宙圖(Cosmogam)	天宮圖(Horoscope)
星體(Stellar Bodies)	行星(Planets)
不使用後天宮	後天宮位是重點
困難相位(☌ ∠ □ ⚼ ☍)	調和相位和不調和相位
行星圖形(Planetary Pictures)	相位
強調星體的生命原理	強調相位的吉凶
圖形式星曆表	一般的星曆表

宇宙生物學派習慣以一個360°黃道圈按一般天宮圖排列行星、敏感點在黃道的位置作為內圈，再加上二個90°圈在外側，較大一個90°圈按啓動星座、固定星座、變動星座每30°順序排列，這樣有助於觀察該學派僅用之困難相位，而較小一個90°圈備而不用，或用來研究向運。

行星圖形即是中點樹(Midpoint Tree)，如下例(以45°圈表示)

Midpoint Trees: Modulus 45°00' Max Orb 1°00'			
☿ Orb ♃ ┼ As 0°06' ⚼ ☉ ┼ Mc 0°08' □ ♀ ┼ As 0°10' ∠ ♆ ┼ 0°14' ⚼ ⋮	♆ Orb ☽ ┼ ♀ 0°04' ☍ ☽ ┼ ♃ 0°21' □ ♂ ┼ ☊ 0°24' □ ♃ ┼ Mc 0°33' ☌ ⋮	☉ Orb ☿ ┼ ⚷ 0°34' □ ♃ ┼ ⊗ 0°40' ⚼ ♂ ┼ ⊗ 0°42' ☍ ☿ ┼ ♂ 0°42' ∠ ⋮	♄ Orb ☉ ┼ ♀ 0°36' □ ♇ ┼ ⊗ 0°41' □ ⚷ ┼ ⚷ 0°43' □ ☉ ┴ ♃ 0°53' ☍
♀ Orb ☉ ┼ ♇ 0°21' ∠ ♃ ┴ ♃ 0°33' ☍	♅ Orb ♇ ┼ ⚷ 0°04' □ As ┼ Mc 0°21' ⚼ ♄ ┼ ♇ 0°24' ∠ ☽ ┴ As 0°33' ⚼	☽ Orb ☿ ┼ As 0°37' ∠ ♅ ┴ ☊ 0°39' □	Mc Orb ☽ ┼ ☊ 0°19' ⚼ ♅ ┼ ⊗ 0°23' ☍ ♆ ┴ As 0°48' ∠

Midpoint Trees: Modulus 45°00' Max Orb 1°00'			
⚷ Orb ♇ ┼ ⊗ 0°02' ☌ ♄ ┼ ♄ 0°43' □ ♂ ┴ ♄ 0°55' □	♂ Orb ♀ ┼ ♄ 0°01' ∠ ♃ ┼ ⚷ 0°06' □ ♃ ┼ ♄ 0°15' ∠ ♀ ┼ ⚷ 0°22' ☌ ⋮	As Orb ♂ ┼ ♃ 0°26' □ ♀ ┼ ⚷ 0°33' ⚼ ♀ ┼ ♂ 0°43' ☍ ♃ ┼ ⚷ 0°50' ∠ ⋮	♃ Orb ♀ ┼ ♀ 0°33' ☍ ♆ ┼ ⊗ 0°41' ∠ ☉ ┴ ⚷ 0°54' ⚼
☊ Orb ☽ ┼ ⊗ 0°03' ⚼ ☉ ┼ As 0°03' ⚼ ♇ ┼ ♇ 0°42' ∠ Mc ┼ ⊗ 0°51' ⚼ ⋮	♇ Orb Mc ┼ ⊗ 0°09' □ ☽ ┼ ☿ 0°38' ⚼ ☊ ┼ ☊ 0°42' ∠ ☽ ┼ ⊗ 0°45' ☍ ⋮	⊗ Orb ⚷ ┼ As 0°03' ∠ ♄ ┼ As 0°19' □ ☽ ┼ ♆ 0°25' ☌ ☿ ┼ ☊ 0°41' ⚼ ⋮	

圖形式星歷表通常以45°圈表示，它可以一個圖形將流年預測的行星全部排列出來，方便研究各種狀況的匯集，如附圖為1992年4月1日～1994年3月31日，尹清楓的過運行星取♂後的行星，圖形的左邊0°～45°代表45°圈，它攸關所有困難相位☌、∠、□、⚼、☍，圖形的右邊的♂為本命行星在45°圈位置，都以水平線表示，而圖中的斜線或曲線代表這兩年過運行星或過運行星的中點，因行星可能順行或逆行等變化故呈現曲線狀。

尹清楓的♂和♄是最凶的，♂/♄中點在1993年12月9日適逢♅、♅/♆及♆三條線經過，致使意外喪生於海上，♅意外、♆海上、昏迷、♂凶禍、♄死亡，這些組合相當明確指出就在該時間以☌碰撞在一起。

案例二十二

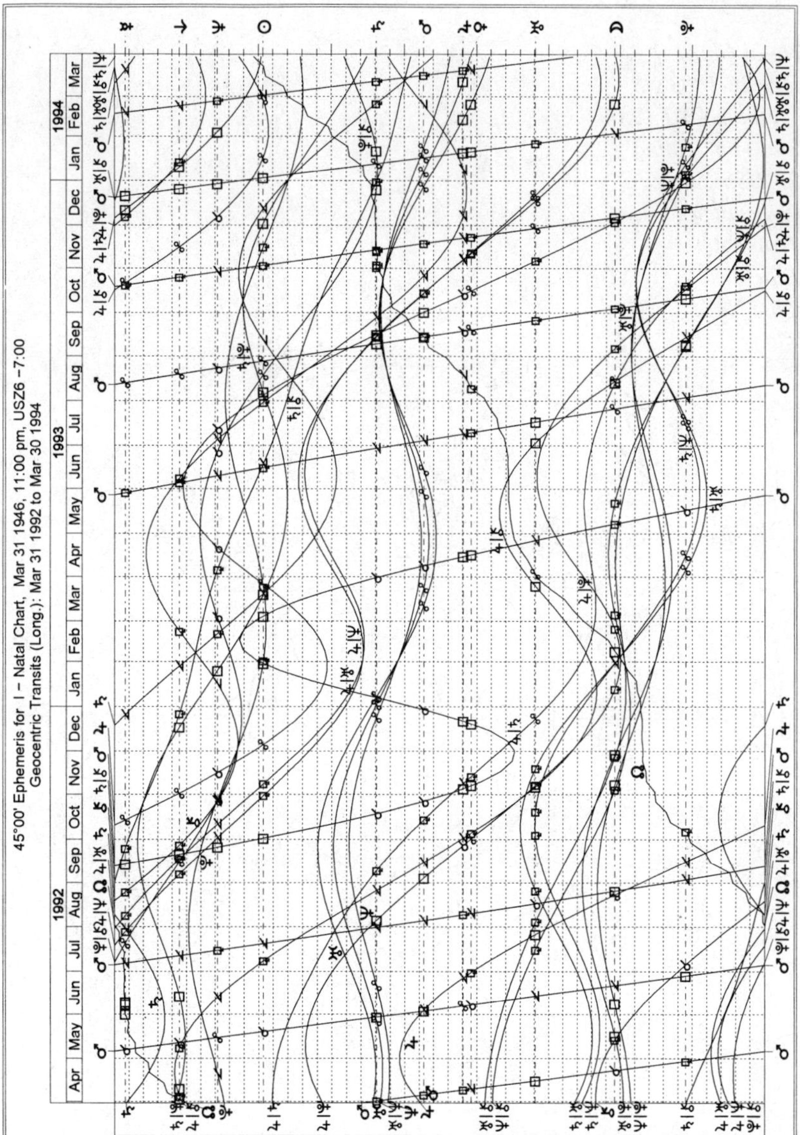

45°00' Ephemeris for I – Natal Chart, Mar 31 1946, 11:00 pm, USZ6 -7:00
Geocentric Transits (Long.): Mar 31 1992 to Mar 30 1994
1992
1993
1994
Apr May Jun Jul Aug Sep Oct Nov Dec Jan Feb Mar Apr May Jun Jul Aug Sep Oct Nov Dec Jan Feb Mar
0°
10°
20°
30°
40°

案例二十三　毛澤東

Natal Chart
Dec 26 1893 NS
7:30 am CCT -8:00
Siangton, China
27°N55' 112°E36'
Geocentric
Tropical
Placidus
True Node

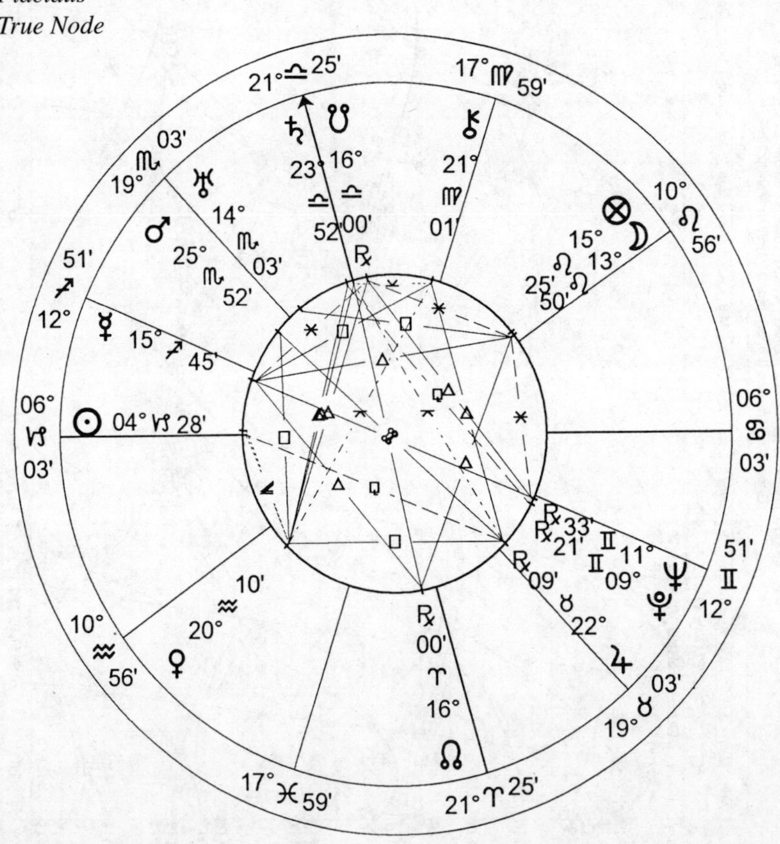

前中共國家主席毛澤東

我們舉其45°盤、容許度1°之重要中點樹說明

♄		容許度	
☽	☉	0°17'	☌
☉	♅	0°23'	∠
♂	⚷	0°26'	☌
♇	♇	0°29'	⚼

♄係毛澤東的命主星(立命丑6°43')

1.☽午13°50'，☉丑4°28'，☽/☉辰24°9'與♄辰23°52'，1°內會合☌，僅差0°17'。

2.☉丑4°28'，♅卯14°3'，☉/♅寅9°16'與♄辰23°52'，1°內∠45°半刑，僅差0°23'。

3.♂卯25°52'，⚷巳21°1'，♂/⚷辰23°27'與♄辰23°52'，1°內會合☌，僅差0°26'。

4.♇申9°21'與♄辰23°52'，1°內⚼，135°半刑，僅差0°29'。

基本上這個中點樹係以♄/♇為重心，顯然倔強、固執、不屈不撓、忍耐、實行最困難的任務、能自我鍛鍊、自我否認、殘酷傾向、狂熱某種學說或信仰。

1.♄=☽/☉

根據Reinhold Ebertin《The Combination of Stellar Influences》：「內心壓抑或困難，感覺抑鬱，逐漸孤獨與人群孤離，很難與異性相處遭逢困頓、疾病、離婚」

就宏觀而言，說明個人願意付出一生於某些類似鍊金術的再生和轉換的巨大工作，愈繁重愈佳且持續至任務完成。

☽/☉宇宙的婚姻或重大任務，就國運而言，☽為人民大眾，☉為權威、政府，與♄/♇聯結，代表他的任務使命充滿挑戰、困頓，卻能不屈不撓、堅持終得以建立新政府，他的組織能力(♄)展露無遺。

2.♄=☉/♅

根據Reinhold Edertin前引書：「反抗自由的限制，經由額外的努力能克服限制及困難，突然的分離，突然的損失與他人匆忙地分開」

宇宙生物學派的中點理論對毛澤東命主星♄所建構之中點樹頗為適切地點出他的性格特性及一生經歷的轉折。

我們再就傳統論法說明毛澤東命盤的特徵

1.立命丑摩羯4°28'，命主星♄飛臨MC天頂辰23°52'得偶然尊貴與必然尊貴，力量甚強，而♄又與♀子10°20'三合120°△，♀又為10宮MC辰之主星，另外♄和♀又形成互容，即♄在辰(主星為♀)，而♀在子(主星♄)，又增進彼此力量，格局甚佳。

2.有關Vettius Valens的尊貴法則

a.立命丑宮，ASC主星♄位於起算的第10宮，名「命入官祿」

b. ⊗在午15°25'，定位星為☉丑4°28'

Ф 在酉26°41'，定位星為♀子20°10'

Exalt在戌20°35'，定位星在♂卯25°52'

β 在亥24°48'，定位星在♃酉22°9'

相關定位星大都在⊗及Ф起算的始宮居多

3.命主♄符合區分內，即♄為陽性行星，白天盤♄位於辰陽性星座且在地平線上，會顯現♄的良性一面，即組織能力、領導力、耐力、堅苦卓絕、不屈不撓。

4.MC辰21°25'☌吉恆星Spica。

5.寅15°45'△☽午13°50'△☊戌16°0'大三角吉象，聰明、智慧高、記憶力佳。

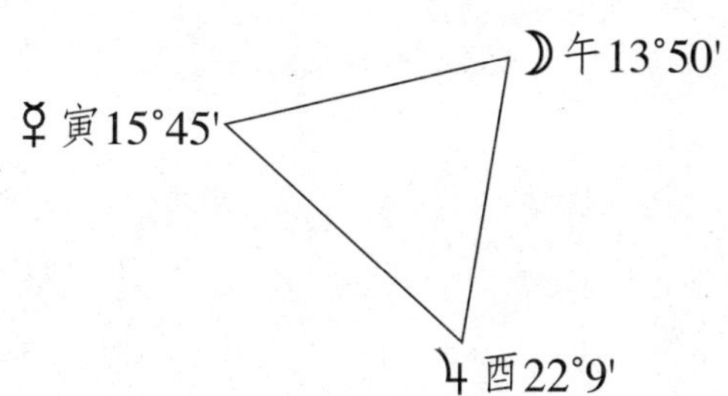

6.♀子20°10'與♂卯25°52'□且與♃酉22°9'□形成三刑會沖，風流韻事不斷。

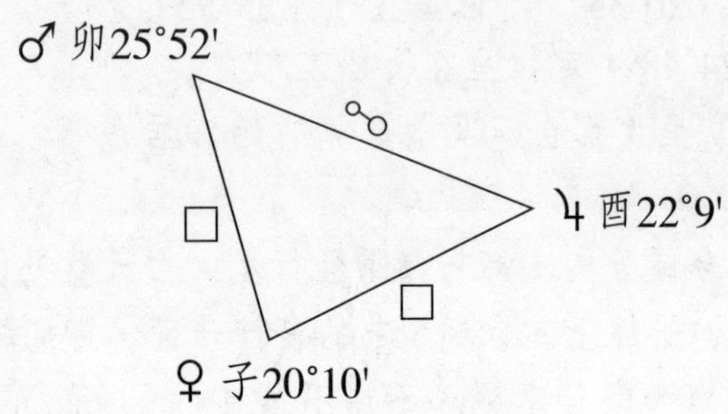

· 教堂之光(The Church of Light)

教堂之光是個神秘教派，服膺埃及的Hermetic宇宙論，但其整個占星學的應用仍屬西方占星學界的主流，祇不過論斷方式以創辦人Elbert Benjamine(筆名C.C Zain相當出名)所採用的Astrodynes為推論中心。

Astrodynes原係公元1938年美國占星家L.W Dunsmoor使用的。

1930～1940年代教堂之光的前身友誼之光(Brotherhood of Light)的成員在C.C Zain的指導下研究天宮圖諸要素的力量(power)、調和(harmony)及不調和(discord)，再經過充分實証認為頗具效力，而以Astrodynes命名，取自科學定義的一些能量單位的概念，如電流單位為安培，電位單位為伏特，電阻單位為歐拇，而天宮圖諸要素也有類似能量釋放，它們都具有星體能量(Astral Energy)，將古典占星學測度行星力量的方法和現代占星學相位觀念也以數值測度綜合而得，整個內容的要點如下：

1.必然的尊貴，行星在先天星座的力量，但僅取廟、旺、陷、弱，注意及旺宮度數和弱宮度數，旺的力量比廟的力量強，弱的負面大於陷的負面，如☉在戌白羊為旺其力量大於☉在午獅子為廟、自己主管的星座；☉在辰天秤為弱其負面大於☉在子水瓶為陷的負面。又量行考星在星座的調和及不調和。

2.偶然的尊貴，行星在後天宮位的力量，位於始宮、1宮及10宮最強，但位於6宮最弱，這點跟古典說法部分相同、部分不同。

3.相位的力量，每一行星的相位有其個別的容許度，形成完美相位的數值最高，距離愈近，數值愈高；距離愈遠，數值愈小，如一行星相位愈多，其數值將相對愈大(但須距離完美相位愈近，方作此論)。

4.相位調和與不調和，前者為正，後者為負，尚須考量行星間的互容關係，又若涉及♃、♄、♀及♂傳統之吉凶星須分別予以加權，♃、♄較大，♀、♂較小。

當綜合計算諸要素的Astrodynes後分別列出力量、調和及不調和的數值，就可據此判斷命主人生事項的各種狀況，如命主的個性特徵、心靈力量、體材、疾病及比較可能致病的部位和內在原因，又命主的個人動機常由先天星座顯示，但能量大小或正負面則由相關星座的Astrodyne決定；另外命主的職業傾向及才能、最容易獲致錢財的方法皆在論述之內。除了這些，Astrodynes尚可供身為占星家作為諮詢顧問，如何替客戶擬訂將不好的能量轉換成有利命主的能量。又教堂之光也針對這些要素的基本特性、低能量及高能量表現列出行星、星座與數字、字母、音階高低、顏色及寶石、金屬的搭配，通過這些象徵幫命主趨吉避凶。

除了本命天宮圖諸要素具有Astrodynes外，推運、過運的要素同樣具有該能量，從而論斷流年之吉凶，又該學派也將之擴及於醫療占星、卜卦占星及擇日占星等領域，總之需完全懂得Astrodynes的核心意義和用法，才能瞭解教堂之光的占星學應用。

C.C Zain共著有21本書作為該教派的研習基本課程，其內容含蓋埃及神話、神秘主義、鍊金術、本命占星、流年占星、卜卦占星、醫療占星、時事占星、氣象占星、超能力(ESP)、來世、精神、靈魂的修練...等。於1930-1950年代，他在美國占星學界具有舉足輕重之地位，除Astrodynes外，他創立根據出生後一個太陰月等於一年的次要推運法(Minor Progression)，也是該學派論流年的主要方法。他的學生遍佈，尤以曾任美國占星學會AFA主席甚長的Doris Chase Doane和Lynne Palmer名氣最為響亮，前者著書不下30本幾乎都在詮釋她老師的觀點，她在《Horoscopes of U.S Presidents》將Astrodynes重新命名為Stellar Dynamics後來在1972年以Cosmodynes定調，並撰寫《How To Read Cosmodynes》介紹該學派的基本觀點及占星學的應用，另外在1956年所編寫的《Astrology:30 Years Research》一直是占星學實証研究的重要參考資料。

憑心而論教堂之光的Astrodynes甚為可取，將古典法則與現代方法加以融合，透過數值表示諸要素的能量大小，讓占星家擁有客觀、較科學化的數據，得以判斷事件的吉凶或正、負面影響，在尚無電腦的年代該學派的成員逐一計算每個案例，耗時耗力地實証令人感佩，如果要論其缺失，則是能量數值的設定失之主觀，但我們直覺地認為在今日電腦科技的進展，應可克服這項缺失，即透過各種能量權值的摸擬找出最具效力的一個當非難事。

案例二十四　李敖

Natal Chart
Apr 25 1935
8:54 am CCT -8:00
Harbin, CHINA
45°N45' 126°E41'
Geocentric
Tropical
Placidus
True Node

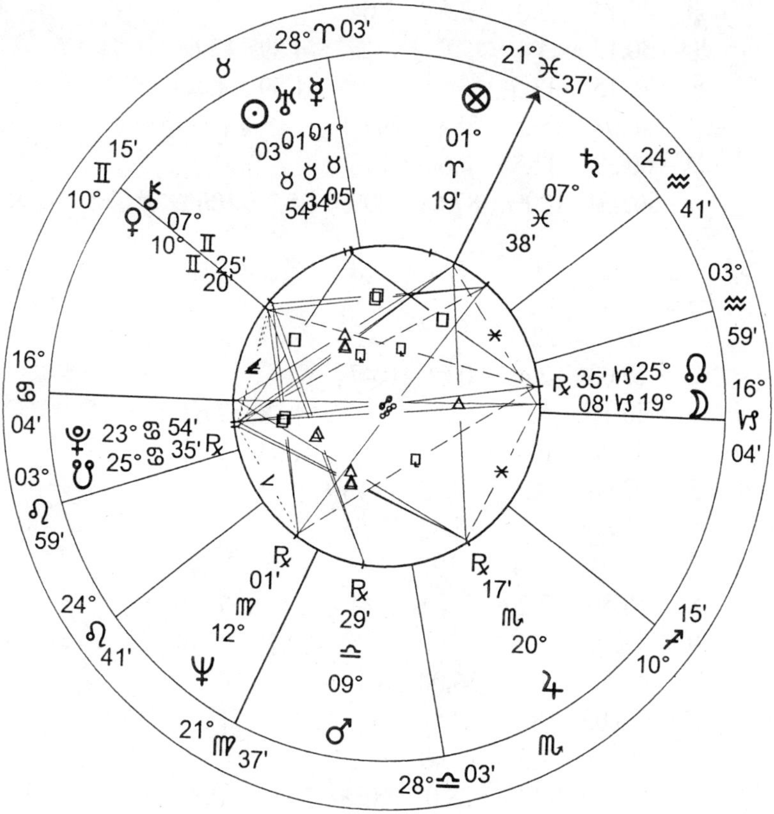

文化頑童李敖的Astrodynes分析

〈一〉

行星	力量	%	調和	%	不調和	%	
☉	40.07	7.1	1.22	1.39			
☽	80.48	14.3			-9.83	27.46	
☿	45.20	8.0	1.13	1.29			
♀	37.73	6.7	11.12	12.68			
♂	30.38	5.4			-1.12	3.13	
♃	35.72	6.4	44.91	51.22			
♄	28.85	5.1			-18.36	51.30	
♅	45.14	8.0	2.67	3.04			
♆	30.12	5.4			-4.89	13.66	
♇	76.15	13.5			-1.59	4.44	
MC	46.08	8.2	25.99	29.64			
ASC	66.39	11.8	0.64	0.73			
	562.31	100%	87.68	100%	-35.79	100%	淨調和：51.89

〈二〉

宮位	力量	%	調和	%	不調和	%	
1	182.77	22.0			-5.87	10.48	
2	20.03	2.4	0.61	0.47			
3	50.16	6.0			-4.28	7.64	
4	52.98	6.4			-0.64	1.14	
5	67.90	8.2	50.12	39.13			
6	17.86	2.2	22.45	17.53			
7	94.91	11.4			-19.01	33.94	
8	18.50	2.2			-3.92	7.00	
9	47.35	5.7			-22.29	39.79	
10	62.54	7.5	36.00	28.11			
11	155.03	18.7	7.20	5.62			
12	60.33	7.3	11.69	9.12			
	830.36	100%	128.07	100%	-56.01	100%	淨調和：72.06

〈三〉星座 力量 % 調和 % 不調和 %

星座	力量	%	調和	%	不調和	%
白羊	15.19	1.8			-0.60	11.59
金牛	139.84	16.8	7.80	7.10		
雙子	60.33	7.3	11.69	10.65		
巨蟹	182.77	22.0			-5.87	15.59
獅子	40.07	4.8	1.22	1.11		
處女	52.73	6.3			-4.32	11.47
天秤	49.24	5.9	4.35	3.96		
天蠍	49.04	5.9	44.56	40.61		
射手	17.86	2.2	22.45	20.46		
魔羯	94.91	11.4			-19.01	50.49
水瓶	37.00	4.5			-7.85	20.84
雙魚	91.39	11.0	17.64	16.07		
	830.37	100%	109.71	100%	-37.65	100%

A.個人動機(Personal Motivation)

教堂之光學派認為星座是命主行為顯現的背後動機。

李敖的巨蟹座的力量最強佔22.0%，但不調和-5.87，約不調和的15.59%，易呈現過於敏感、佔有慾強、喜怒無常，而其金牛座的力量次強佔16.8%，調和7.8約調和的7.1%，頑固、倔強、佔有能轉化為堅決、實際，和緩巨蟹水象的不穩定，另外魔羯座的力量佔11.4%，但不調和-19.01佔不調和50.49%，必然呈現詭計、貪婪、小氣。

B.重要的Astrodynes分析

1.主管行星，以行星中力量最強的為主，影響命主的動機及廣泛的行為，依本例☽的力量最強佔14.3%，但呈現不調和-9.87佔整個不調和27.46%，會呈現善變、佔有慾強、饒舌、沒有安全感。另外，♇約與☽的力量相等佔13.5%，但同屬不調和-1.59佔整個不調和4.44%，尚不嚴重，然♇的壓迫性、強制、霸氣、佔有、機謀、獨裁、專橫、狡猾容易顯現。

本例的♇未23°54'☍☽丑19°8'，Sakoian & Acker的前引書提到這種相位「顯示強制，有這種相位的人會不斷重組家庭、交朋友與他人相處會表現強烈的意志，使其他人很難感到輕鬆」

又♇也會合☋未25°35'，甚為接近，同樣上述前引書記載「這些人受命運的安排，被迫在惡劣的狀況下，必須憑藉自己本身的力量來保衛自己、改造自己。然而在他們能力所能控制之外，還需時常面對一些外在社會事件的考驗，這些挑戰大到足以毀滅他們的工作成果，甚而危及到個人安全，但從積極面來看，這種合相所帶給他們的種種危機還助長了他們獨立自主、隨機應變以及在艱困中求生存的能力。」

2.最佳行星，以調和最強的行星為主，本例的♃調和44佔整個調和之40.10%，呈現理性主義、良好的判斷、文化素質、樂觀，本例的♃為10宮(亥)的古典主星，與♇、MC形成蠻緊密的大三角吉象，具有超越平常人的創造力，是以名留後世。

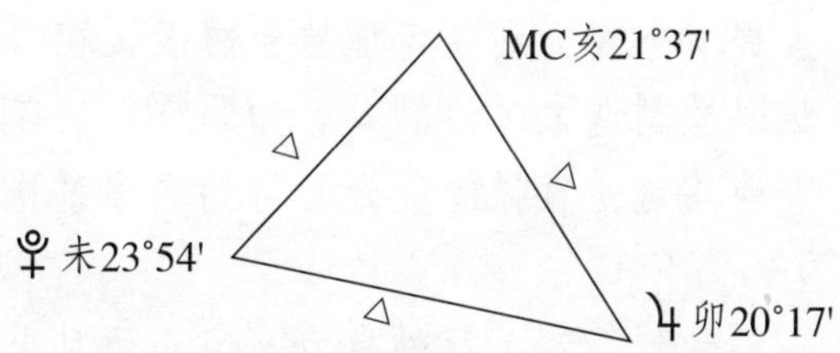

3.最凶行星，以不調和最強的行星為主，本例的♄不調和-18.36佔整個不調和51.30%，易顯現過於小心、懷疑論、自我鞭策、束縛、限制，本例的♄位於9宮，故會曲解一般人認知的道德；又♄□♇，陰謀、深思熟慮的傾向。

4.最佳宮位，以調和最強的宮位為主，本例的第5宮調和50.12佔整個調和約39.13%，5宮主管創造才能、玩心、子女，李大師的才華世所週知。

5.最強宮位，以力量最強的宮位為主，本例的1宮力量佔22%甚強，1宮代表個性、給外界的形界、健康...等，李大師特立獨行的強烈個性甚為鮮明。

6.最凶宮位，以不調和的宮位為主，本例的第9宮不調和為-22.29佔整個不調和39.79%，9宮主管宗教、道德、法律、精神、外國等，李大師是位無神論者，對道德的解說自有他的一番說法，時常興訟。

C.☿酉1°5'☌☉酉3°54'，相當緊密的會合「近乎天才」的描述。

☿☌♅ 上述前引書提到「這種結合將表現在心智上的天賦以及創造力，他們具有如閃電般快速的領悟力，能夠透過直覺的靈光而得到洞察事務的能力。」

♅☌☉ 不喜受到限制，行動有力、突兀而且果斷，通常被稱為天才。

・泛音盤(Harmonic Charts)

泛音盤是由前英國占星學會主席John Addey(AD 1920-1982)所開創的，他藉由行星在黃道上之間的角度(Angular)，即相位關係，觸發「律動」的觀念，將本命天宮圖的行星與敏感點的黃道經度透過相位角度予以律動，得到一個新的盤稱之為泛音盤，它能解開人心深處潛藏的各種謎題，如命主的意識、無意識、思想、作風、潛在才能、能更深一層地揭露，有助命主瞭解真正的自己。

所謂律動是造物者永恆的秘密，存在於大自然之中，《聖經・詩篇》：「諸天述說神的榮耀、蒼穹傳揚祂的手段」，研究自然的真正意義在於體會造物主所構造的美麗和諧的宇宙。希臘先哲Pythagoras認為和諧是極端重要的範疇，表達了認識者和認識對象之間的某種共鳴或稱同類相知，而要認識需認清自然界存在著數學結構，通過數即能認識大自然之中數的和諧。在天文學方面一直以天體和諧為圭臬，這也是17世紀初Kepler尋求天體運行與音樂之間關係，就是受Pythagoras學派所啓迪的，該學派把整個宇宙當成一種數、一種和諧，按音階構成的，這些音階即是律動。

古希臘音樂中重要的比率是1:1、1:2、1:3、2:3和3:4，其中1:1為兩個對沖的星座如一線兩端對應於☍，1:2為□，而1:3和2:3相對於☍為⚹和△，最後□對△之比率為3:4，希臘占星先賢Ptolemy稱之為"天體的音樂"。後來Kepler通過數的規則，從眾多的正多邊形分割圓周的比例中發現更多的比例，此即占星學的次相位的顯示。

這些相位或角度以黃道360°一圈各會形成一個波狀曲線，如以90°而論，從0°起算至360°會有4個波，而120°而論則有3個波，180°則有2個波，如下圖，其他依此推論

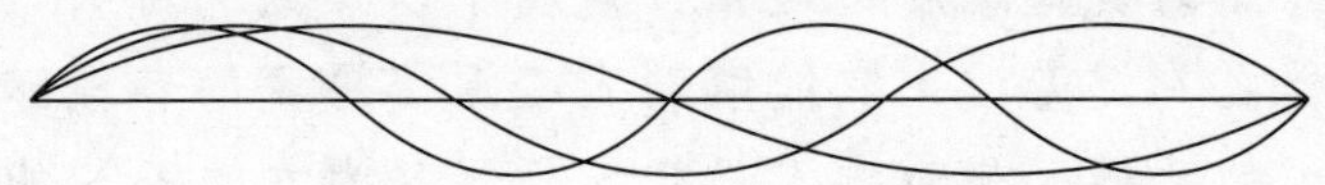

John Addey長期研究認為星象反映了宇宙的周期現象，進一步發現各行各業的特性與遙遠的天體運行相互呼應，與法國心理統計學家M.Gaugulin(AD1928-1991)的發現類似。John Addey以波形曲線解說這種周期現象，後來一盤稱之為律動。

我們列出泛音盤重要的律動，常被討論的是H4，H5，H7，H9

種類	特性	基本意義
H4	2×2，90°刑	行動、衝突、緊張、挑戰、掙扎
H5	72°	組合、創造、發明、操控
H7	51°25'42.9"	靈感、想像、夢想、藝術
H9	3×3，40°	輕鬆、和諧、融洽、幸福、快樂

泛音盤如何製作呢?以H4為例，將本命天宮圖行星、敏感點的黃道經度各乘以4，所得結果若超過360°則減之，低於360°以下為止，如本命☿在午14，黃道經度為134°，其H4

為134°×4=536°，減去360°得176°，星座為處女巳26°，其他依此類推。

在John Addey提出泛音盤之前，瑞士占星家Karl Ernst Kraft (第二次世界大戰期間曾受雇於德國希特勒)比他早30年就曾著手類似這項觀念的研究，但未受重視，John Addey研究時可能不知道有是項研究。他患有小兒麻痺卻努力不懈，相當敬業，將占星學帶向科學化的路線，以統計數據做例証，自然容易說服他人，而他又創立英國占星學會望重占星學界，泛音盤也就水漲船高，自然地受到重視而宣揚開來，曾一度為占星學界的顯學。

由於泛音盤創立期間正值心理占星學抬頭，John Addey也似乎有意將它朝向深層心理的探索，因而一般占星學界也將泛音盤視為探討內心世界的輔助工具，透過不同數律，可以一層一層地剖析命主的潛在才能，與深藏的弱點，似乎勝過任何任何心理分析，如H4查缺陷，H5探究創作力，H7探查靈感，H9查快樂之源，而其他律動也都有不同的意涵。

隨著John Addey於1982年過世後，泛音盤也跟著停止流行，究其原因可能是過於探索深奧的內心心靈並不對普羅大眾味口所致。一般咸信泛音盤的觀念應是他取自印度占星學的分盤技巧而來的，但後者仍具相當旺盛的生命力，普遍為印度占星學界所使用，我們說明為何會有這項差異的原因。

1.印度人視占星學是天啓神授的，分盤技巧附屬於本命天宮圖，對宗教、神話相當尊崇，自然不敢隨便放棄。

2.分盤雖是輔助工具卻具有平行的地位，本命盤的行星在分盤的強弱具有指標性，故分盤與本命盤緊密地合在一起，而泛音盤衹被用來探索內心世界，對普羅大眾似乎較遙遠不可及。

3.分盤的基本論斷有較明確的吉凶作用，各分盤的功能明確，如D2論財富、D4論不動產、D9論婚姻，可作為各後天宮管轄眾多事項的個別吉凶有所區別，而泛音盤衹停留在內心世界，以相位型態為著眼點，其功能不似分盤的活潑有趣。

4.分盤係透過「數」來切割星座成許多區間，形成本命行星位置的變動，創造了另一命盤，有宮位，有星座，而泛音盤僅是特定相位或波形的呈現，無後天宮位論斷上就有侷限。

在泛音盤的發展過程，也有其他學者提出類似觀念，1979年英國人John E Greig在英國占星學會期刊AA發表行星調波(Planetary Harmonins)，將本命行星的黃道位置化為以戍宮白羊座、春分點為開始的表示方法設為a度，再以360÷a稱為調波數，再將本命所有行星或敏感 點再乘以調波數，所得即為新的泛音盤，其中的星體稱為振動星體(Vibration Planet)，Greig的論點頗為可取，但因若行星位於白羊座0°附近將得

到不合理的調波數，結果將相當荒謬，因而並未得到重視，但日本人石川源晃(H.M."Gen"Ishikawa)本身為電氣工程師，對量子物理本身熟絡也深入研究占星學，同時為美國占星學會AFA的資深研究員及英國占星學會AA的終身會員，1980年提出分割調波(Divisional Harmonics)的改進觀念，並在1984年由AFA出版《Divisional Harmonics》

石川源晃的分割調波重點如下

1. 對任一行星的分割數採1+(a/360)，a為行星的本命黃道經度。

2. 振動星體為DHa=a×(1+a/360)，若超過360°減之，直到少於360°。

   舉例説明☉在午14°黃道經度為134°

   $$DH_{\odot}=134^\circ\times(1+134/360)=183^\circ 52'$$

3. 視論斷情形可將DHa再乘以其他本命行星或敏感點，而成為一個DHa盤。

4. 任何行星皆可進行分割調波，類似上述過程。

5. 論斷時需先分辨關鍵星(Key Planet)，如政治事件為☉，財務金錢為♀，重大致命災難事件為Vertex，愛情則是Pallas小行星。

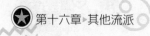

案例二十五　陳進興

Natal Chart
Jan 1 1958
12:30 pm CCT -8:00
T'aipei, TAIW
25°N03' 121°E30'
Geocentric
Tropical
Placidus
True Node

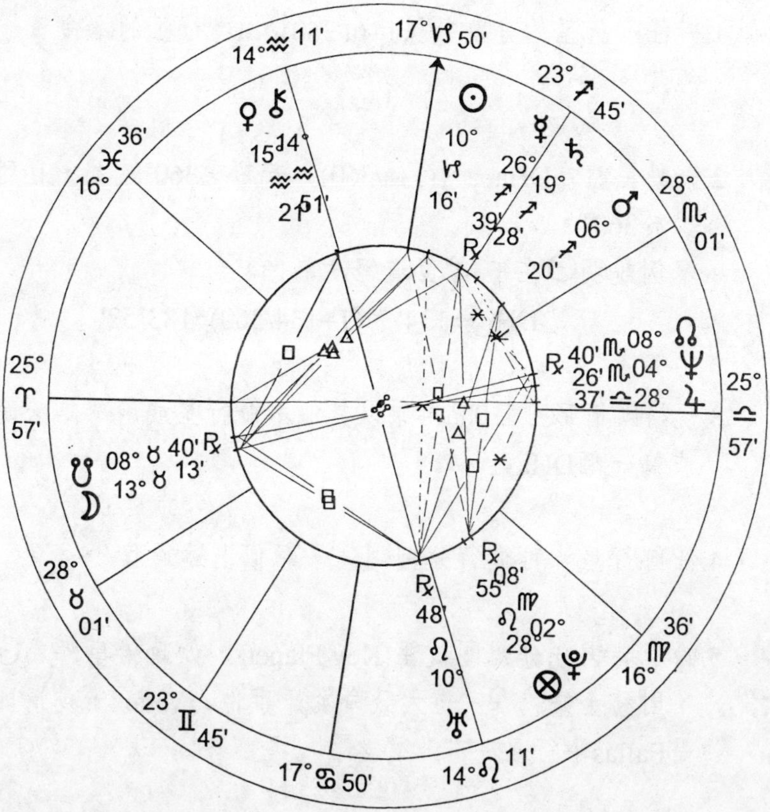

陳進興

4th Harmonic Chart
Jan 1 1958
12:30 pm CCT -8:00
T'aipei, TAIW
25°N03' 121°E30'
Geocentric
Tropical
Equal
True Node

Compliments of:-
Astrolabe Inc.
Box 1750
Brewster MA 02631
Web: http://alabe.com
Email:astrolabe@alabe.com

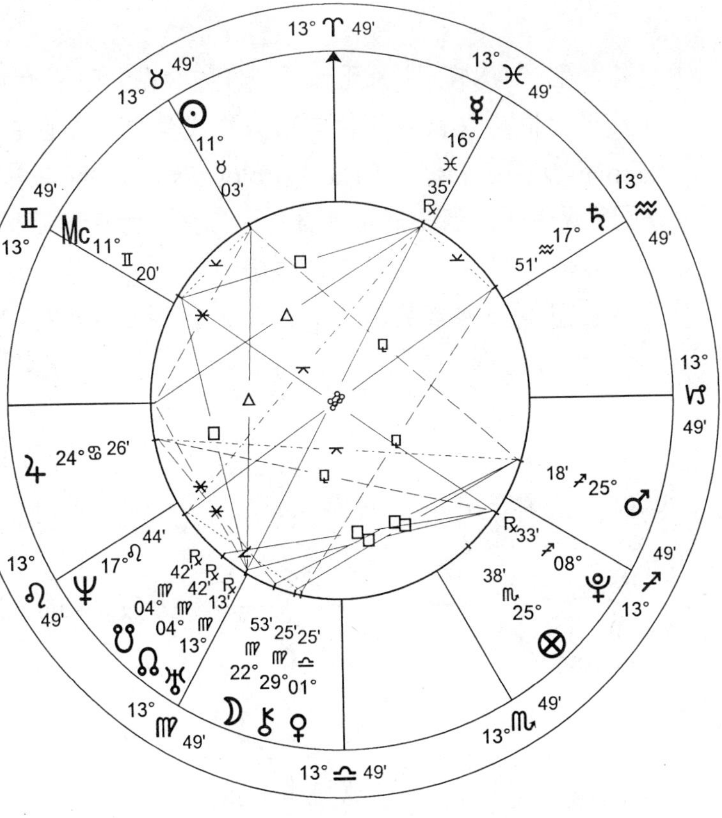

白曉燕案凶手陳進興的H4泛音盤分析

A.陳進興本命盤特徵

1.火象最強，ASC在戌25°27'，命主♂寅6°20'，♄寅19°28'，☿寅26°39' ℞，♅午10°48'，故顯現衝動、膽量足、陽剛、魯莽、欠思慮、脾氣火爆、過於激進、爭強、易怒、不服輸、獨斷、不考慮他人立場。

①尤其命主♂在8宮(性、死亡)□♇巳2°8'在5宮(男女)，對性及男女情感以粗暴、佔有慾的方式呈現，美國占星家Sakoian & Acker合著《The Astrologer's Hamdbook》針對♂□♇就說「這個90刑相會因為過度強烈的個性而引發危機，除非命盤中其他因素能夠調和，否則這些人會以蠻力去征服他們慾望的對象」。陳進興的♂在8宮，♇在5宮，更加凸顯。

②♅在4宮與1宮內(☋酉8°40' ℞ ☌☽酉13°13')及7宮☊卯8°40' ℞三刑會沖。

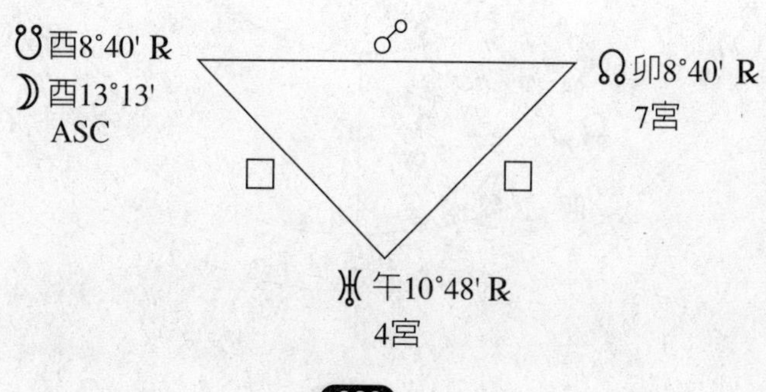

(☽□♅)的90°刑相Sakoian & Acker上引書也提到「他們一生中會出現來自外在環境的不幸、意外、疾病...等。這些不幸會與社會、天然災難或家庭的不穩定有關。他們經常搬家，家庭可能因此會有各式各樣的困擾而造成分裂。」根據新聞報導陳進興的生父不詳，自小就家庭破裂，由外祖母帶大。

①,② 的組合前引書也提到「命盤中帶有痛苦經驗的人會輕易發怒，變得暴力」

2.命主星♂飛臨8宮，本身性慾就強，又逢♀刑，頑固、佔有、殘酷、犯罪之傾向，♂ 又與♅呈三分吉相，但火爆脾氣易起發。

3.☽也與(⚷子14°51' ☌♀子15°21')成90°刑□，⚷心靈的創傷顯然跟月亮有關，☽為母親、家庭、情緒，☽□♀也代表對女性的不滿情緒或不尊重。

4.⊙在丑10°16'的映點為寅19°44'，正好與♄寅19°28'為1°內會合，就如同⊙☌♄，前引書也提到「因為長期遭受的挫折，使得他們悲傷而且常自貶身價」

5. ♃辰28°37'的映點為亥1°23'，而反映點為巳1°23'正好與♀巳2°8'成1°內會合，就好像♃☍♀，易因獨裁、犯法而不受人歡迎，如果情況嚴重使這些人永遠受人排斥。

6.命主星♂為區分外，即♂為夜間行星卻落於陽性星座(寅、射手)，白天出生位於地平線上，根據美國著名占星學者Robert Hand《Night & Day : Planetary Sect in Astrology》記載♂為區分外(Ex Cond)，易呈現♂的凶性，雖白天能使♂活躍，但也加速♂的乾，因而較少情感，顯現野蠻，若感情有所挫折時產生傷害、不幸和惡運。

7.♀管轄愛情、性，也是區分外，因♀為夜間行星，落於陽性星座(子、水瓶)，白天出生位於地平線上，前引書也指出，會產生性偏差，不知男女愛情的真諦。

B.陳進興的H4泛音盤特徵

一般而言，H4泛音盤說明命主與外界相處，覺得需克服的問題，著重相關行星在H4的相位，其中90°□最為重要，因在本命盤看不到相關行星的相位，卻在H4看到它們的90°□，表示潛在著危機，若又見三刑會沖，命主將會更為激進。

1.盤中見♂ 寅25°18'□☽巳22°53'，容許度3°內。
顯然陳進興內心深處潛藏著憎恨母親、家庭的憤怒情緒。

2.♂ 寅25°18□⚷ 巳29°25'，容許度較寬。
內心心靈創傷引動暴力、衝動、激進、獨斷、魯莽。

3.♅ 巳13°13□ MC申11°20'，容許度3°內。
♅叛逆、革命、激進，MC為眾注目，顯然他潛藏激進、反社會之人格、不服管教、逞英雄、自以為是，無意識

地引人注意他的存在甚或洋洋得意。

4.☊/☋ 巳4°42'℞ □♇ 寅8°33'，容許度4°內。

☊/☋ 為前世業力，♇為冥府地獄，可聯想他的因果業力甚為邪惡。

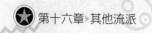

案例二十六　金鏞

Natal Chart
Jan 21 1924
3:40 pm CCT -8:00
china, china
30°N30' 120°E42'
Geocentric
Tropical
Placidus
True Node

Compliments of:-
Astrolabe Inc.
Box 1750
Brewster MA 02631
Web:http://alabe.com
Email:astrolabe@alabe.com

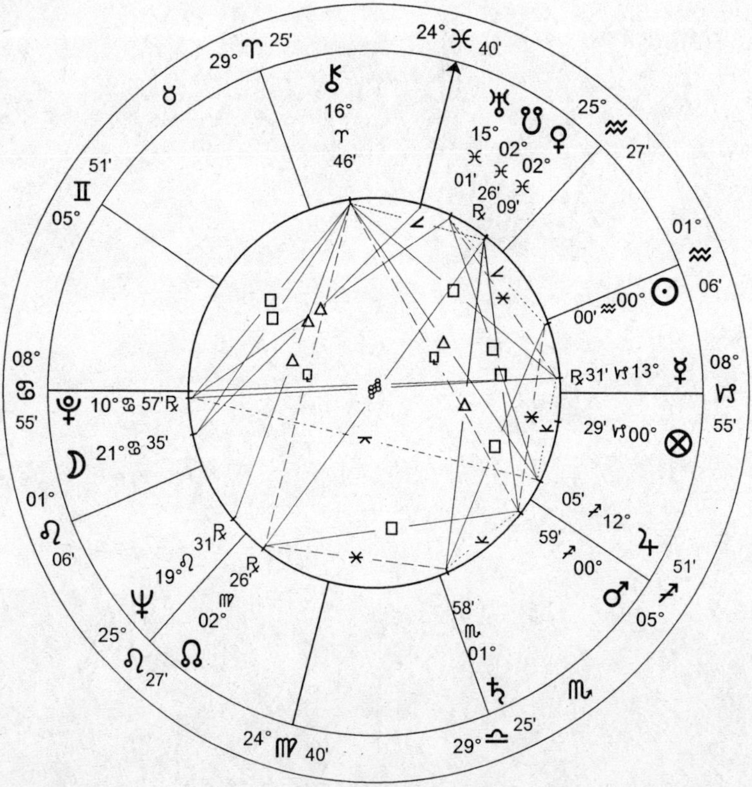

金鏞

7th Harmonic Chart
Jan 21 1924
3:40 pm CCT -8:00
china, china
30°N30' 120°E42'
Geocentric
Topical
Equal
True Node

Compliments of:-
Astrolabe Inc.
Box 1750
Brewster MA 02631
Web:http://alabe.com
Email:astrolabe@alabe.com

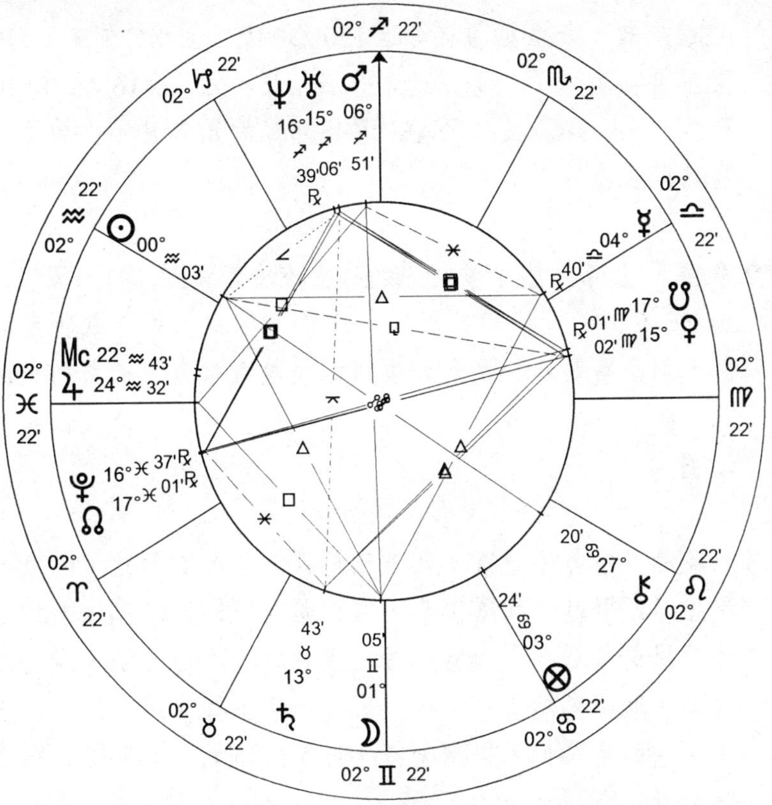

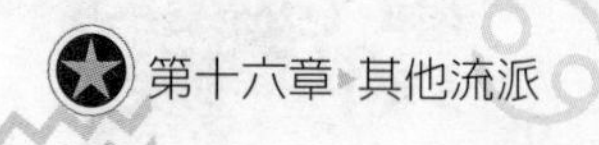

金鏞的H7泛音盤分析

A.金鏞的本命盤特徵

1.水象最強，ASC未8°55'，MC亥24°40'，☽ 未21°35'，♇ 未10°55' ℞，♅ 亥15°1'，☊ 亥2°26'，♀ 亥2°9'，♄ 卯1°58'，共有8個甚強，必然凸顯水象特質，情感感受深、直覺力強、慈悲、憐憫、藝術氣質、無意識洞察力，喜研究宗教、神秘、念舊、編寫天份、天馬行空。

ASC在未，命主星☽在命宮120°△MC，且MC在亥，MC主星♃在寅入廟，較廣地120°三合♆，及⚷戌16°46'在MC形成大三角，⊗又位於ASC星座起算的始宮丑，格局佳，易凸顯正面意義。

2.命主星☽得偶然尊貴(在始宮)且必然尊貴(入廟)，又120°△MC，☽ 管轄情感、母性、念舊、根源，故喜歡研究歷史，別出新裁地將歷史大事與武俠俠義結合，一系列小說成為武俠經典名著，本人功成利就也撫慰全球華人孤寂的心靈。

3.水象的柔情並未泛濫，因♇正好浮升於ASC附近，剛毅、堅強、不服輸、胸羅萬斗、有謀略，與☿ 丑13°31'℞ 180°沖，且風象甚弱，大師給人的印象是口才不是便給，表達能力弱，與編寫功夫似乎有些落差，☿主管溝通、語言、表達，它的逆行似可得到驗証，而♇的霸氣、不妥協也在大師的身上見得到。

4.5宮為創作才筆在辰29°25'，5宮主星♀飛臨亥2°9'入旺宮，也與命度未8°55'稍廣地120°△，纖細、靈性、不世的才華令人驚艷。

5.MC在亥雙魚，其古典主星♃在寅12°5'入廟，與現代主星♆午19°31'形成較寬廣的三合120°△，Sakoian & Acker的前引書提到「這是一個強烈神秘主義的三分相」，...「在所有三分相當中，它算是擁有最寬廣的世界了，一個無邊界的想像空間，在其中，宗教、藝術、音樂、詩歌、戲劇的生命遠比世俗的瑣事來得活躍多了...。」

♃與10宮內⚷形成120°△，精神世界的指導者或領導人。

♆與10宮內⚷也形成120°△，具有高層次的靈感與想像力。

B.金鏞的H7泛音盤特徵

1.泛音數律中，4＝2×2具努力與挑戰的特性，9＝3×3具備愉悅順暢的特性，5是秩序和形式的特性，至於7則是神秘、不可思議。

2.☉子0°3'△☽申1°5'△☿辰4°40'，大三角吉相，而☽與☉、☿之相位較緊密，內心深藏不可思議的各種面向的想像力，且能享受將它們結合一起所得的樂趣，☽△☿自古即是智慧的表徵，有能力將想像的虛幻世界透過心智將之文學化(☿)。

3.(♅寅15°6'☌♆寅16°39'℞)□♇亥16°37'℞□♀巳15°2'
♅創新能力，♆想像、夢幻、神秘，♇洞察、掌握，♀美感、藝術，這些特質的組合，顯示靈感啓發的過程頗為艱辛(□)，歷經內心深處的波濤，而得以獲得甚大成就。

恆星學派占星學(Sidereal Astrology)

恆星學派強調恆星黃道的使用且頗為堅持，其代表人物是愛爾蘭裔的Cyril Fagan(A.D 1896-1970)，他寫出多篇有關恆星黃道令人深刻的論文，並出版辯証的專書如《Primer of Sidereal Astrology》、《Astrological Origins》極力闡釋西方占星學採用迴歸黃道是謬誤的。他廣泛搜集古代草紙記載和象形文字的內容，証明古代黃道的區間測度係參考恆星而得，如：

恆　星	象　徵	當時黃道經度
1. 畢宿五(Aldebaran)	公牛的眼睛	金牛座15°
2. 軒轅十四(Regulus)	獅子的心臟	獅子座5°
3. 角宿一(Spica)	玉蜀黍的穗	處女座29°
4. 心宿二(Anatares)	天蠍的心	天蠍座15°

其中1.2.4向來被稱為4個皇冠恆星的其中三個，這是比希臘化時期更早的埃及及巴比倫人所使用的黃道。那麼為何會有迴歸黃道的出現呢?Fagan指出托勒密《Tetrabiblos》的記載可得到答案。

「雖然沒有黃道的原始開端，但因它是個圓圈，為了這個理由，「他們」假設春分點是所有的起始點」。

所謂的「他們」是指天文學史上第一位發現歲差的希臘天文學家Hipparchus的一位學生Posidonius(B.C 130-51)將春分點固定在白羊座0°，當時希臘占星學慢慢轉趨成熟，有不少人採用這種方式，尤其是西方占星學最重要的人物托勒密也沿襲使用，在他的影響下，從此西方占星學就一脈相傳使用迴歸黃道。在希臘化時期恆星黃道和迴歸黃道尚看不出有何差異，即使有差異，在仍屬眼睛觀測天象並未察覺或精算之，殊不知至今已歷2000多年，根據Fagan推估歲差移行產生之差異，約71.5年移行1°，至其出書年代，兩者已相差24°左右，這個數字足以顛覆傳統強調星座背景的論述，如有一位命主出生時 ☉ 在迴歸黃道白羊13°，若使用恆星黃道為雙魚19°，傳統稱 ☉ 在戌入旺宮，得必然尊貴之一，若又係白天出生，又得三方性主星，也得外觀(Face)區間之微力，所以 ☉ 是有力的，但在雙魚卻是外來的，必然的無力，兩者的力量差異甚大。若Fagan的指証確是如此，古典傳統的占星學原理，恐令人質疑，但他的說法並未普遍得到西方占星學界的認同，一來無古資料無法充分舉証，二來使用迴歸黃道的實証相當充裕，且它符合地球一年四季的變化。

Fagan的努力奮戰甚少得到奧援，僅有他的學生1950年代在美國響叮噹的Donald.A.Bradley(別名Garth Allan)(A.D 1925-1974)、英國的R.C Firebrace(A.D 1889-1974)和Rupert Gleadow(A.D 1909-1974)的呼應，雖人單勢薄卻也有不少漣漪，但遺憾的是恆星學派並未對星座標籤作深入研究，及比較恆星黃道的星座意涵和迴歸黃道的星座意涵，有何差異，而20世紀以來現代占星學強調星座的心理動機，星座為重要的論斷項目。恆星學派可能是時間尚短，人力物力不夠，無法作全面性比較研究，自然就得不到回響，東方的印

度占星學雖一直使用恆星黃道，但著重事件吉凶預測，不興西方心理動機這玩意兒，星座在印度占星學的份量微小，故也難擷取引用。

Fagan和Bradley這對師徒鑑於上述之先天限制，乃努力於其他恆星系統的有效性，卻有不錯的成果，惟被西方占星學家將恆星學派視為如同印度占星學的強調事件預測。他們相當用心於太陽迴歸和月亮迴歸的改良，強調須按歲差調整，經過實証統計得到蠻正面的效果，在這過程也發現星座和一般宮位制並非那麼可靠，僅4個尖軸(始宮)附近的行星最具效應，後來他們討論太陽迴歸或月亮迴歸就未列出後天宮。由於不用後天宮，且恆星黃道之星座意義未明，欲作完整解釋必有欠缺，因而後來的恆星學派占星家結合其他系統，尤其是德國的宇宙生物學派，因他們也同樣不強調星座和後天宮位。

恆星學派的太陽迴歸採歲差校正，故其太陽每年回歸到本命太陽的位置之時刻和傳統迴歸黃道之太陽回歸到本命位置之時刻將不同，如美國前總統JFK的1963年恆星黃道的太陽回歸時刻為1963年5月30日8:45:27Am，而迴歸黃道的太陽迴歸時刻為1963年5月29日4:54:36PM，依兩者之個別時刻起盤，若考慮後天宮位，將完全不同。

恆星學派的主張在Fagan於1970，年過逝且以上所述的幾位重要旗手都剛好在1974同年逝世後，似乎如風消逝，後繼雖有人，但都未成氣候，至今已甚少被提及。惟歲差校正之太陽回歸和月亮回歸卻被誤用，即堅持迴歸黃道的占星家有人以歲差校正之太陽迴歸和月亮迴歸來使用，根本是牛頭不對馬嘴。

20世紀末同屬採用恆星黃道的印度占星學躍上歐美占星學論壇且愈來愈風行，應能寬慰這幾位恆星學派占星家的靈魂，雖然印度占星學論述方法與他們的主張不同，但卻見到完整的恆星黃道，他們的努力証明並不孤單。

案例二十七

Inner/Across
J.F Kennedy
Natal Chart
May 29 1917
3:00 pm Est +5:00
Brookline MA, USA
42°N17' 071°W07'

Outer/Down
J.F Kennedy
Solar Return
Precessed
May 30 1963 (±3 secs)
8:45:27am +6:00
Washsington DC, USA
38°N54' 077°W02'

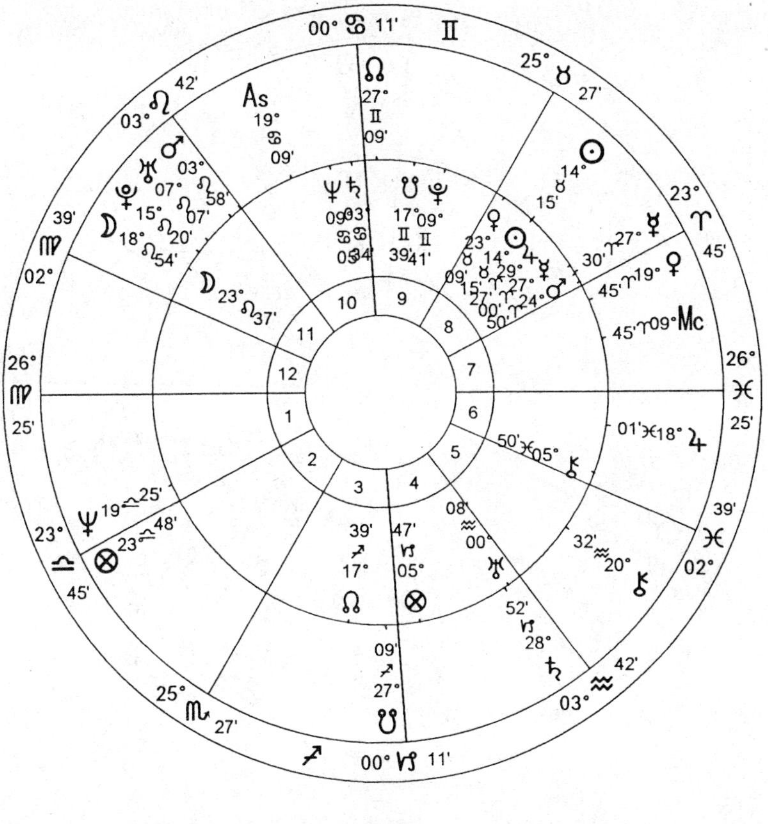

Inner/Across
J.F Kennedy
Natal Chart
May 29 1917
3:00 pm Est +5:00
Brookline MA, USA
42°N17' 071°W07'

Outer/Down
J.F Kennedy
Solar Return
Precessed
Nov 10 1963 (±1 secs)
2:22:28 pm +6:00
Washington DC, USA
38°N54' 077°W02'

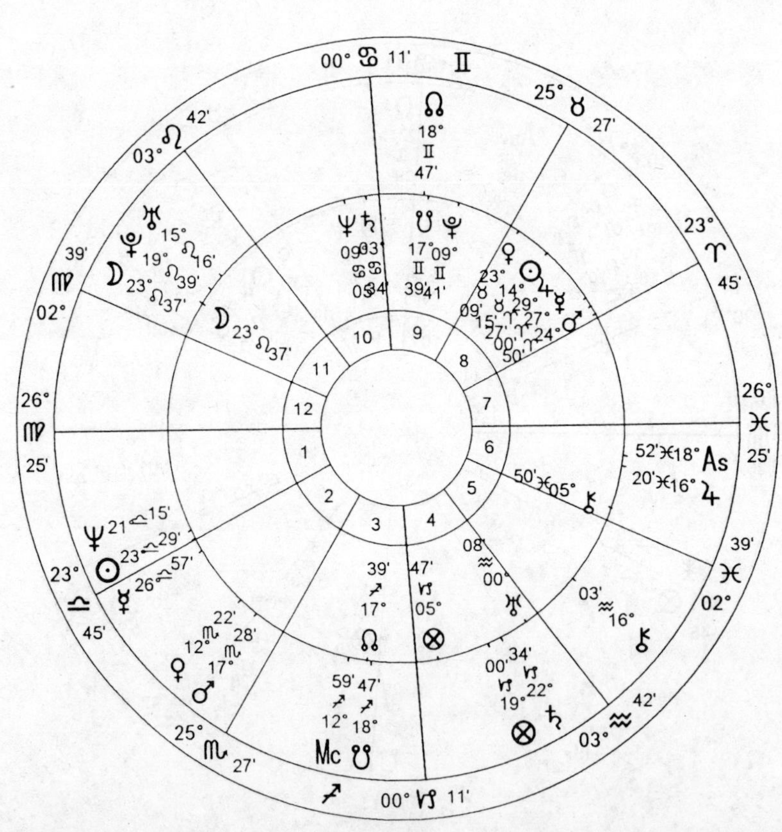

我們以美國前總統J.F Kennedy的恆星黃道和歲差校正之太陽迴歸流年，說明公元1963年11月22日他在美國德州達拉斯被暗殺槍擊之星象特徵，如前圖，內圈為本命盤有關行星以R代表，外圈為太陽迴歸盤有關行星以SR代表。

1. ♇$_{SR}$午15°20'□☉$_{R}$酉14°15'，甚為緊密的刑剋，僅差1°5'。♇代表陰謀、組織犯罪、謀殺、殘忍、報復、仇怨、黑社會、破壞再建設，而☉為生命力、權威、王權、政治、首腦人物；♇□☉的凶象對JFK相當不利，如果考慮後天宮，☉$_{R}$在本命8宮，涉及生命死亡、威脅。

2. ♄$_{SR}$丑28°52'□☿戌27°0'，甚為緊密的刑剋，僅差1°52'。♄代表悲傷、嚴肅、憂慮、悲觀、限制、沮喪，☿為理念、思維、溝通、反應表達，因上升於巳處女，若考慮後天宮，☿為ASC主星位於8宮(死亡)，而♄$_{SR}$位於本命始宮其刑剋力量較大，♄$_{SR}$□☿也帶來生命威脅或死亡。

3. ♂$_{SR}$午3°58'☍♅$_{R}$子0°8'，亦屬較緊密之沖，僅差3°50'。♂代表凶殺、意外、暴力、槍殺、打鬥、衝突、犯罪、災難；♅代表突然、分裂、革命、分離、震驚，♅在4宮依Bradley的說法，力量較強，♂□♅向來都是重大意外，帶來震驚效果的行星組合。

4. ♄$_{SR}$丑28°52'□♂$_{R}$戌24°50'，僅差4°2'。♂、♄為傳統兩大凶星，其刑剋也隱含災難，如果考慮後天宮，♂$_{R}$也位於本命8宮，管轄死亡。

我們再看看當時JFK的歲差校正之月亮迴歸和其恆星黃道命盤之比較。

1. ♅$_{LR}$午15°16'□☉$_R$ 酉14°15'，甚為緊密的刑剋，僅差1°5'。
♅及☉的管轄意義如上述Bradley《Solar and Lunar Returns :How They Affect you,According to the Sidereal Zodiac》稱♅是毛骨悚然的行星(thrill planet)，♅□☉帶給命主震撼危及生命(☉$_R$在本命8宮)，且JFK當時是美國現任總統、威權、權力、王者的代表，亦屬☉徵象。

2.♂$_{LR}$卯17°28'☍(♂$_R$戌24°50'/♇$_R$ 申9°41')中點酉17°16'，甚為緊密，僅差12'。
此種組合顯然涉及謀殺、犯罪、槍擊、大量出血之象徵，令人不寒而慄。

3. ♄$_{LR}$丑22°34'□♂$_R$戌24°50'，甚為緊密刑剋，僅差2°6'。
此刑相比上述太陽迴歸之♂□♄更緊密，凶相更凸顯。

度數象徵(Degree Symbolism)

西方占星學發展的過程中曾有占星家致力於研究行星在同一星座的不同區間，會呈現些許差異，如每一星座劃分成12等分，每個區間2.5°稱為Dwadashamsas；美國教堂之光則使用每星座劃分成3個等分，每個區間10°，稱為Decantes，這些統稱為度數區域(Degree Area)，係源自印度占星學的分宮盤的技巧。本處所欲探討的是度數象徵，其意義為黃道360°，每1度皆各有其象徵意義，即將原本黃道劃分為12星座如今細分成360種，每1度皆有特殊影響，這種度數象徵起源甚早，約在A.D 4世紀羅馬時期Firmicus maternus《mathesis》就曾記載。據說他在別本書甚至將星座劃分成分，更細分成360×60=21,600。

早期的度數象徵常用於ASC的分辨，坦白說如果它能準驗必能助占星家解盤或校正出生時間，但在占星學歷史檔案中未曾見証過這種方法的論述及實証，所以應僅止於理論說法而已，即使是這樣，幾世紀以來不乏這方面的記載，1951年義大利占星家Adriano Carelli《The 360 Degrees of the Zodiac》曾作有關度數象徵的瀏覽概述：

1.Pietro d'Abano(A.D 1250-1315)
2.Paul Christian(A.D 1811-1877)
3.Alan Leo(A.D 1860-1917) 《Astrology for All》
4.John Thomas(另名Charubel) 《 The Degrees of the Zodiac Symbolized 》

5.Sepharial (A.D 1864-1929) 《La Volasfera》
6.E.C Matthews (A.D 1982-) 《Fixed Stars and Degrees of Zodiac Analyzed》

其中除了Matthews按實際命盤予以統計個別度數之意義外，其他都是透過靜坐暝想之心靈啓示所得的，顯見度數象徵的神秘，另外各家的說法並不一致也使得它的信任度降低，所以在西方主流占星學中該項技巧並未特別受到注目。

倒是被譽為美國占星學之父的(Dr Marc. Edmund. Jones)於1925年在美國加州.聖地牙哥與一位女靈媒Elsie Wheeler進行暝想，當她手上拿到卡片時腦中所浮現的印象一一記錄在紙條上，共360條，如詩句般描述黃道360°每1°的訊息。Jones博士將它取名作Sabian Symbolism。他取Sabian原係偶然之舉，因在1923年10月他指導一班名叫Sabian Assembly的團體，乃以它為名。後來他追蹤蘇美人、希伯來人、巴比倫人、莎巴女王及基督教另支Gnostic才發覺Sabian具有特殊神秘之意，頗符合他發展Sabian象徵的本意。經過他的宣揚及不斷改進，23年後他重新修訂出版《The Sabian Symbols in Astrology》，由於他在美國占星學界的地位，Sabian度數象徵多少讓人注意，後來法裔美籍Dane Rudyar更將Sabian度數重新詮釋，在其名著《Astrology of Personality》特列專章說明，及不斷在雜誌解說，擴大廣泛的注目，尤其是《An Astrological Mandala:The Cycle of Transformations and Its 360 Symbolic Phases》更將Sabian度數的重新解釋視為當代的美國易經。

Sabian度數象徵經兩位當代知名占星家的鼓吹，比先前介紹的一般度數象徵較具吸引性，類似中國易經的卦象，激起占星家的豐富聯想，但比起中國的易經的內涵或結構，坦白說那還差太遠，每個度數前後有時會有些聯貫，就如易卦的六爻變化，但不會全然都是，結構仍相當散漫，惟因詞句優美對那些喜好精神心靈的占星家，它的神秘意涵的確會吸引他們。

我們舉一例說明Sabian度數象徵

處女座9°：抽象派的畫家在工作

釋意：一位摸索著自己獨特表現方法的畫家，不滿足傳統生命力表現的方法，他具有反抗、不妥協的性格，能自我探究什麼才是對自己最正確、最自由揮灑的呈現，但須防自我意識過於強烈或標新立異，祇會反傳統而已。

應用：若ASC位於處女9°，可說與藝術有密切有關係，命主個人追求自由表現、反傳統，甚或標新立異。

※應注意須在處女座的制約下，評估個別度數的差異。

除了上述度數象徵用在命理外，尚有宇宙生物學派Reinhold Ebertin《Astrological Healing:The History and Practice of Astromdicine》整理黃道360的每度數較易致病的種類，常被引用，而同屬德國的Jane Ridder-Patrick《A Hand Book of Medical Astrology》整理Maurice Wemyss《The Wheel of Life or Scientific Astrology》，列出黃道各星座的每一度數有病理學的對應。

我國黃家騁先生交給武陵出版社的《星海詞林》針對28星宿每度數的解說更細膩，談及父基、母道、幹運...等各種事徵，比起上述西方系統更翔實。

案例二十八

SARS
Event Chart
Nov 16 2002
12:01 pm CCT -8:00
Foshan, CHINA
23°N03' 113°E09'
Geocentric
Tropical
0°Aries
True Node

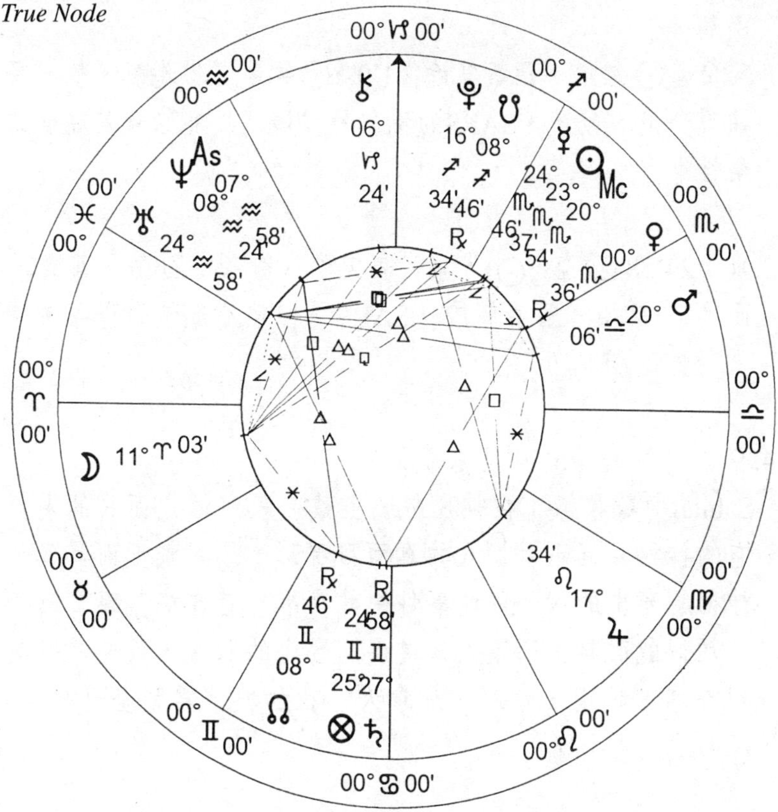

我們以SARS(非典型肺炎)第一次在中國廣東省佛山市發現之事件盤說明Sabian度數象徵的神秘內涵。

1.☿及申雙子向來是肺部、支氣管、呼吸...等代表因子。

2.☿位於卯天蠍24°36'為外來的，必然的無力，且☿逢⊙的焦傷，故☿的力量弱，卯天蠍由蠍子代表，祂的尾針有毒，含有惡毒和懷恨之意、深沈、毀滅，SARS是高度致死的疾病。

又☿逢⊙焦傷，距離甚近僅1°9'，⊙的純質料為熱、乾，易顯現發炎、發燒，SARS的現象易發燒高於38℃且具高度傳染性。

3.♅子24°58'□(☿☌⊙)，♅代表突然、分裂、分離、震驚，而♅□☿相當緊密僅12'，SARS是相當不正常的現象，令人驚怖、駭怕。

4.☿的映點為子5°24'即水瓶第6°

Sabian度數象徵：在神秘戲劇上戴著表演儀式面具的人。它的神秘意涵不以個人的真面目現形，故意戴上面具參加神秘劇演出的人，依此事件中共高層一直在掩蓋事實真象，類似戴面具，不讓人知道疾病發生的狀況，致使它擴散到香港、越南、台灣、加拿大、新加坡，震驚全世界。

第十七章　印度占星學與西洋占星學的比較

自20世紀末印度占星學突然躍上西洋占星學的重鎮歐美地區，逐漸受到重視，這個現象值得去瞭解、探討。在台灣學習占星學大多從西洋占星學且是現代的，為讓有興趣的讀者進一步深入瞭解印度占星學與西洋占星學的異同，我們在下文作相關特色及要素的比較說明。在未說明之前，也讓讀者知道西洋占星學的形式不僅是國內目前所流傳的方式，事實上在20世紀初英國亞倫·里歐(Alan Leo)揭櫫的新世紀占星學(New Age Astrology)之前，尚存在著以事件預測為主的古典傳統占星學(Classical Traditional Astrology)，我們簡稱為古典占星學。有關歷史演變請參閱拙著《占星學:天宮圖的要素分析(上)》第二章占星學的歷史發展沿革當可通盤瞭解。在本文我們將西洋占星學分成西洋古典占星學及西洋現代占星學。

印度人相當重視宗教、精神、心靈及傳統，認為占星學為吠陀知識之一，而吠陀為天啓神授，所以印度占星學的發展仍相當保留傳統方式甚少變動，即使自18世紀以來，天王星、海王星及冥王星，甚至小行星陸續被發現，大多數的印度占星學家仍未援用可見一斑。

我們針對下列項目說明，即可比較出三者的異同。

I.特色

II.哲學基礎

III.日/地關係模型

IV.黃道

V.宮位制

VI.天宮圖的要素:(i)星座(ii)後天宮(iii)行星(iv)行星狀態
(v)相映或相位(vi)敏感點(vii)恆星
(viii)天宮圖型式

VII.本命

VIII.流年:(i)大運
(ii)流年:① 過運 ②太陽迴歸

IX.其他分支

<I> 特色:

1.印度占星學:以事件預測為重心

2.西洋古典占星學:以事件預測為重心

3.西洋現代占星學:以心理潛能分析為重心

所謂事件預測即是著重人生事項的各種預測，如家世、個性、貧富、六親關係(父母、夫妻、子女、兄弟姊妹、朋友、老板與部屬)、教育與學歷、工作、職業、社會地位、宗教觀、出國旅行、移民、不幸、災難、訴訟、入監...等。若事件預測過份著重會導向宿命論，所以一直受有識之士的撻伐或批判，在科學愈昌明的時代更被科學基本教義派人士罵的體無完膚。心理潛能分析源自18世紀中末葉佛洛伊德及其弟子容格分別提倡的無意識心理學為心理學界的主流後，占星學界將亞倫·里歐的「個性決定命運」作為解盤重心，即根據出生時間、地點所起出的天宮圖旨在分析命主的個性，從而發掘命主的潛能的觀點結合無意識心理學，碰撞出燦爛的火花，使占星學一時擺脫宿命論的觀點，其中法裔美籍的但恩·魯迪海爾強調人本主義，將天宮圖的要素予以哲理化，發揚人性的光輝，著重心理潛能，使占星學在學術界尚能佔一席之地。

<II> 哲學基礎:

1.印度占星學:①梵我不二哲學
②業力、輪迴、解脫貫穿其間
③強調精神心靈至上

2.西洋古典占星學:天人合一，即大宇宙與小宇宙的對應

3.西洋現代占星學:容格無意識心理學影響甚深

(1)印度占星學

①印度教的古典文獻《梨俱吠陀》以梵為中心是萬有的最高始元，一切由梵生，位於梵中，並且歸入梵，後來在梵書後期，由《原人歌》發展成以自我(atman)為中心，視為萬有真我的始元或稱宇宙始元，形成梵(大宇宙)與我(小宇宙)本性合一。梵為宇宙的普遍生命，自我為萬有的中心生命，此即「梵我不二」，以中國哲學來說是「天人合一」的翻版。梵我不二的哲學揭示萬物皆備於我，個人心中早已具備一切的真理，能 體悟宇宙的造化，印度占星學乃在這個哲學基礎上認為天體的秩序和地球的世俗事件相呼應，因而描述了宇宙聯繫所有現象的互相作用。

②業、輪迴和解脫三合一的觀念在史詩時期就已成為印度各宗教的共同信仰，業力的作用就如牛頓的第三定律「任何作用力有相等的反作用力」。業是一種行為建立在「動」，人類的生命和其他萬物一樣，都是不停的流轉，因而產生輪迴的概念。業與輪迴的結合相當巧妙地解釋人生不平等，苦樂的來源，為脫離輪迴必須進行禁慾、苦修或瑜珈的精神訓練。

這種三合一的觀念貫穿在印度占星學當中，印度一位占星先賢曾言「孩子出生時，天體的射線適當地計算，正好符合他的業力，他的天宮圖是張具挑戰性的素描，顯露出他不可改變的過去(前世)，和可能的未來結果。

占星學提供一張命主所執著之處、才能、心理傾向的藍圖，不僅提供命主實現他特定業力之意識，而且也指示在特定業力下，命主如何提昇榮景的方法。」

③上述②之說法是印度占星學的普遍觀點，許多聖人或印度占星家大都努力於精神鍛鍊，以期看清命主業力所在，更賦予印度占星學神秘色彩，進行苦行、禁慾以求精神的解脫、達到梵我合一的境界。

(2)西洋古典占星學

古希腊哲學早就存在大宇宙與小宇宙對應的觀念，這是古代先賢觀察蒼穹現象與人世間時事對應之詮釋與經驗，「AS above,so below」就是典型天人感應學説的精髓，在全球各地所建立的占星術皆以此觀念為哲學基礎，印度占星學的「梵我不二」的哲學也是天人感應説的典型。

(3)西洋現代占星學

事實上西洋現代占星學仍沿續古典占星學的哲學，衹不過再賦予無意識心理學的精神，尤其是容格的集體無意識及原型、同時性等學説，適當地解説心靈現象應用在占星學，即占星學天宮圖的各項元素如行星、星座、敏感點、後天宮都具原型的特質，所以命主出生時或事件發生時的天空徵象，都透過同時性的現象得以昭示，甚或顯現該原型相對應的人間事件；討論星象與國家、地區、城市、社團...等眾人集體的事件，如地震、天災的關聯是集體無意識所致。

<III>日／地關係模型

1.印度占星學:地心系統

2.西洋古典占星學:地心系統

3.西洋現代占星學:地心系統，也發展出日心系統、銀河中心系統占星學原理的發展是古先民樸素地觀察天象的經驗累積，經過世代傳承所形成的法則。這些觀察很自然地站在地球表面，面對點綴著繁星的圓弧蒼穹來辨識，聯想太陽也是行星帶領著其他行星，如水星、金星、火星、木星、土星等人類肉眼可辨識的行星，繞著地球為中心作往返運動，這種地／日關係模型向來是全球各地占星術發展的芻型。

希臘時期著名的哲學先賢亞里斯多德提出地球是球形的，位於宇宙中心，地球本身不動，其他天體都圍繞著地球運轉，天體圍繞地球運動分為若干層如月亮、太陽、水星、金星、火星、木星、土星等依次一層層地排成若干同心圓，宇宙的最外層是不動的推動者，即神是一切天體追求的動力和最高目的。

亞氏的宇宙模型經希臘占星先賢托勒密的整理形成地心體系，一直是占星學論述的重要基礎，後來在16世紀哥白尼認為太陽為太陽系的中心，其他行星是繞著太陽作往返運動，此即日心體系，這種石破天驚的理論帶動了理性思維，蘊釀科學主義的種子。約在18世紀–19世紀中，曾給地心體系的占星學致命一擊，但也隨著天文知識的發達，讓學習占星學的人發覺所謂的地心體系或日心體系都是天體的相對視運動，並不影響天宮圖要素的實質本義，占星學才又如浴火鳳凰再生。

西洋現代占星學因步入科學昌盛時代，有心人士以日心體系或銀河中心體系建構占星學的宇宙模型，但並未風行，一是因地心體系的詮釋已頗符合合理論預期，二是因日心體系或銀河中心體系都剛屬芻議階段，離實證形成理論尚需經一段時間。

<IV>黃道

1. 印度占星學:恆星黃道
2. 西洋古典占星學:迴歸黃道
3. 西洋現代占星學:迴歸黃道，也曾有人使用恆星黃道

東西方兩大占星學系統最主要的差異即是採用的黃道差異甚大。(請參考本書第3章)

所謂黃道是指地球繞太陽一周所行經的路線，其上下約9°共約18°的寬廣帶則稱為黃道帶，太陽系的行星即在此區域運行，就地心系統則是太陽帶著行星在黃道帶繞著地球運轉。

公元前約5世紀黃道被劃分成均等的12等分，此即黃道12星座，每星座佔黃道30°而劃分的依據，在當時可能係採恆星群的亮星，大約在公元前3世紀。希臘占星學已漸具芻型，隨著亞歷山大東征印度，遂與印度原來的以月亮為主的占星學產生交流，歷經後來的希臘化時期更進一步的互通，而成現今印度占星學的面貌。

印度占星學最早期發展的是黃道一周28星宿，稱Nakshatras，主要用來觀察月亮在天空中的每日運行，約每月一宿，故

又稱月站，這些月站的劃分點，即同樣是以恆星群的亮星作為基準。

希腊占星學與原本的印度占星學交流後，印度占星學遂有黃道12星座的名稱結合原有的27星宿，由於劃分點以恆星群亮星為基準，故稱為恆星黃道。本書第16章恆星學派Cyril Fagn所述，天文學史上第一位發現歲差的希腊天文學家Hipparchus的學生Posidoius將春分點設在白羊座0°，影響西洋占星學甚遠的托勒密《Tetrabiblos》予以採用，加上希腊占星學歷經希腊化時期漸趨成熟，常將季節因素，列入要素特性討論，而季節因素的劃分點是春分、夏至、秋分、冬至遂重視每年太陽回到這4個點之現象，此稱為迴歸黃道。

恆星黃道是真實的宇宙天文現象，而迴歸黃道純粹為日／地關係反映一歲的季節現象，由於地球本身的地軸進動會使恆星黃道和迴歸黃道產生差異，每年約50.29"稱之為歲差，目前恆星黃道和迴歸黃道相差約23°，這樣的結果在計算行星在黃道的位置就產生極大的差異，如張國榮公元1956年9月12日11:50AM香港出生114E10，22N38，經計算他的☉依迴歸黃道算位於巳處女19°21'，若依恆星黃道算則位於午獅子26°5'，兩者相差約23°15'，其他的行星亦復如此的差異。按一般占星學常識我們知道☉在處女和在獅子的意義詮釋相當不同。

印度占星學自與希腊占星學會合仍堅持採用恆星黃道，西洋古典占星學則沿續希腊化時期的迴歸黃道，而西洋現代占星學仍沿續，祇不過在1950~1970年代Cyril Fagan和其弟子們大力提倡恆星黃道，但未引起重大迴響。由於迴歸黃道脫離實際的宇宙天文現象，常被天文學家揶喻，殊不知迴歸黃道與一年的四季季節相當契合，這種爭論其實可以我國天文學史常講的「天自為天，歲自為歲」來表示與解決，也證明我國天文學家的睿智。

<V>宮位制

1.印度占星學：①整個星座宮位制
② Sripati宮位制
③ 近代Krishnamurti採placidus宮位制

2.西洋古典占星學：①希腊化時期採整個星座宮位制
② 從羅馬、阿拉伯時期至中世紀發展相當多的宮位系統，最被採用的是Regiomontanus及Placidus宮位制

3.西洋現代占星學：現代也發展出許多新的宮位制，如Koch，Topocentric，但仍以古典的Placidus宮位竹刖最受歡迎。

①整個星座宮位制主要特色是當ASC星座確定以後，不管ASC在那一度數，就將ASC星座當作第1宮，接下來黃道秩序的下一星座為第2宮，其他3宮4宮，…，12宮依此類推，如ASC星座為酉金牛，第2宮將是雙子，第3宮為巨蟹，…，12宮為白羊。

整個星座宮位制的各宮劃分十分簡單，各宮的宮主星相當明確，希臘早期發展的占星學採用的宮位制就是整個星座宮位制，所以印度占星學採用這種宮位制，更可證明東西方兩大占星學系統確曾交流過，即使至今已歷2000餘年大多數的印度占星家仍採用這種宮位制。

②Sripati宮位制的方法跟西元AD3世紀Porphyry所提倡的宮位制相當雷同，祇不過Sripati宮位制經同樣計算過程所得結果為各宮的中點，需要計算各宮的起始點及末端點，才是完整的一個後天宮。印度占星學所使用的分宮方法，就是整個星座宮位制，電腦軟體常以Rasi Chart稱之，而Sripati常以Bhava Chart稱之。

③印度20世紀中葉竄起的K.P(krishnamurti Padhdhati簡稱K.P)有別傳統主流的論斷方法，K.P創始者P.S Krishnamurti鑑於印度傳統占星學仍存有盲點，他結合27星宿將之細分為小區間，命主的ASC、MC及9大行星的度數，各有星座主星、星宿主星及區間主星，其意義自有不同。1960年代以後K.P系統頗獲印度高級知識份子喜愛，逐漸獲得重視。由於K.P採用西方古典的Placidus宮位制，該宮位制才比較在印度為人所知。

(2)西方占星學自羅馬·阿拉伯中世紀一直到現代，都一直尋求較有效的宮位制，希腊占星學採用的整個星座宮住制是等宮位制的原始型式，但不能滿足占星家的需求，隨著時代推移天文知識豐富及數學的發明，仍得以使宮位制更多元化，有關宮位制的名稱、定義、特色請參酌拙著《占學:天宮圖的要素分析(上)》第三章之説明。

宮位制的創製説明西方占星家較富創意、挑戰，而印度占星家顯得傳統保守，西洋古典占星學比較喜歡採用Regiomontanus宮位制及Placidus宮位制。西洋現代占星學也創出不少宮位制，但仍以Placidus宮位制最受青睞，Huber學派堅持Koch宮位制。

<VI>天宮圖的要素:(i)星座(ii)後天宮(iii)行星(iv)行星狀態(v)相映或相位(vi)敏感點(vii)恆星

(i)星座

1.印度占星學

①黃道12星座配合特有的27星宿，頗富神話色彩。

②黃道12星座的名稱及用法係從希腊、埃及、波斯互相流傳而來，應注意部份地區不用摩羯座之名，另命名鱷魚，但意義幾乎雷同。

③星座分類成三方·四正如同西洋占星學使用的分類，即三方按四大元素，火、土、風、水劃分12星座；而四正則按季節劃分12星座。

④星座類化之人、事、物或特殊功能雷同西洋古典占星學。

⑤星座提供行星力量強弱的背景。

⑥星座各有一個主星與西洋古典占星學完全一致。

⑦星座非論命分析重點，因整個星座宮位制使然，每一星座即一後天宮，由於強調事件預測著重後天宮，往往忽略星座。

⑧27星宿增添行星、ASC及MC的特殊星象，這是西洋占星學所沒有的，27星宿如同黃道12星座，按特殊功能予以分類，這些功能結合印度地區之文化和社會風俗習慣。

2.西洋古典占星學

①黃道12星座的名稱及用法大抵承襲巴比倫地區之迦勒底人的流傳。

②星座按四大元素劃分，而有三方，星座按季節關聯而有四正。

③星座類化人、事、物及特殊功能為卜卦重點。

④星座及星座內區間劃分行星力量的5種必然尊貴或無力，即廟、旺、三方性、界、外觀及陷、弱和外來的等狀態的區別，係西洋古典占星學的重點項目。

⑤星座各由一行星主管，係太陽系排列順序的自然結果；行星的吉凶也因托勒密相位關係而衍生。

⑥星座非論命分析的重點，扮演背景因素而已。

3.西洋現代占星學

①黃道12星座的名稱與古典的名稱完全相同。

②黃道12星座各具容格無意識心理學的原型象徵。

③相當著重星座與四大元素的對應，細賦地分析四大元素的心理動機、背景與潛能。

④星座的三方、四正與古典的分類完全相同，但更著重三方四正交叉組合所呈現命主的人格特質。

⑤不強調行星在星座或星座內區間的力量，偶會説明旺、衰。

⑥星座主星除傳統安排外，再加上現代三王星的安排。

⑦星座提供紮實的心理動機，故星座分析是西洋現代占星學的重點項目。

(ii)後天宮

1.印度占星學

①後天宮12宮管轄事項與西洋古典占星學的管轄事項約75%相同，就一般所熟知的西洋占星學而言，印度占星學下列各宮管轄項目為差異較大的。

2宮:右眼、口才、雄辯、教育、説謊傾向、家庭成員、食物、飲料。

3宮:勇氣、膽量、冒險精神、精緻藝術如音樂、舞蹈、戲劇、右耳。

4宮:汽車、舒適、享受、正規教育、學歷。

5宮:前世業力、聰明、才智。

6宮:敵人、負債、意外受傷、競爭者、嫉妒的人。

7宮:居住國外、死亡。

8宮:慢性疾病、入獄監禁、負債、破產。

9宮:父親、幸運、前世業力。

11宮:偏財、年長的兄姊。

12宮:消耗、床上之性歡娛、外國人、左眼。

②後天宮的分類與印度哲學人生四大目標:法、利、欲、解脫有關。

③後天宮也分成始宮、續宮、果宮,但較少討論這種分類。

④後天宮細分成始宮(1、4、7、10宮),三方宮(1、5、9宮),成長宮(3、6、10、11宮),困難宮(6、8 、12宮),死亡殺手宮(2、7宮),中性宮(2、12宮),各有特色。

⑤由④衍生出主管各宮主星形成特有的功能性吉星和功能性凶星,影響判斷之結果,這是西洋占星學所沒有的。

⑥後天宮各有一個徵象星如4宮主管母親,其宮位徵象星☽,故論母親不僅須考量4宮及4宮主星之狀況外,尚須觀察☽之狀況。

⑦後天宮為印度占星學論斷人生事項的重要核心。

⑧後天宮活盤轉化可推論其他親屬的各種人生事項。

⑨根據Bhava Bala及Ashtaka Varga技巧分別計算後天宮位的力量強弱輔助判斷。

2.西洋古典占星學

①後天宮劃分成始宮、續宮、果宮。行星在始宮力量易凸顯，在果宮不利。在術語上，為偶然尊貴或偶然無力之一種，其中在1、10宮最強，在12宮最弱。

②如同印度占星學一樣後天宮的6宮，8宮，12宮為凶。

③某些後天宮若有特定行星位臨稱之為喜樂，如♃在11宮為喜樂。

④後天宮為論命、問事的核心。

⑤後天宮活盤轉化可推論其他親屬的各種人生事項。

3.西洋現代占星學

①以命主自我看整個天宮圖，後天宮的各宮為命主心理意識在人生不同領域的呈現，如3宮管轄溝通或與手足之間的對待關係，而非如印度占星學和西洋古典占星學論手足的狀況。

②不強調事件吉凶，僅著重命主各宮的心理潛能，因而後天宮的功能被模糊了，甚至德國發展的中點理論更僅強調天宮圖4個頂點ASC、MC、DSC、IC而已，其他各宮並未論及。

③行星在後天宮無所謂強弱、吉凶。

④將後天宮分類類比四大元素、半球、象限，也同樣著重心理意識的呈現。

⑤無所謂的後天宮活盤轉化。

(iii) 行星

1.印度占星學

①行星僅採用☉、☽、♂、☿、♃、♀、♄、☊、☋

，不用近代發現的三王星。♅、♆、♇。

※但討論時事占星學大多將♅、♆、♇納入，又也有部分占星家討論本命時主張將三王星納入，然它們的主管星座卻又莫衷一是，甚或不談所臨星座的力量。

②特別重視☽所在星宿及☽所在星座，並依此建立身宮盤作為輔助判斷。

③行星的分類，具有陰陽、自然吉凶、賦予五大元素、三德性及配合醫療占星所演伸的特性，其中☉被視為一般凶星，這點跟西方系統相當不同。

④行星類化人、事、物雷同西洋古典占星學的內容，又配合印度特有的風俗民情的內容，可作為卜卦占星、擇日占星、時事占星及本命占星之用。

⑤命主出生時間的年、月、日、時各有一個主管行星。

2.西洋古典占星學

①18世紀前僅採用人類肉眼可看得見的☉、☽、♂、☿、♃、♀、♄、☊、☋，當時尚未發現三王星♅、♆、♇。

②特別重視☉所在星座。

③行星的分類具有陰陽、吉凶、晝夜區分，賦予純質料與體液的對應，成為醫療占星的重要內容。

④行星類化人、事、物成為論命、卜卦、時事、擇日的論斷用途。

⑤無所謂出生時間的年、月、日、時各有一個主星，但卜卦、醫療、擇日則強調用事時刻的時主星。

3.西洋現代占星學

①採用☉、☽、♂、☿、♃、♀、♄、☊、☋及三王星♅、♆、♇部份占星家增添小行星如凱龍星⚷，而德國漢堡學派又多出8顆假設行星。

②特別重視☉所在星座，係生命力、權力、能力的顯現。

③行星具有陰陽分類，其他涉及吉凶的甚少論述。

④行星的類化以字訣表示，演繹出心理層面的意義。

⑤無所謂出生時間的年、月、日、時各有一個主星。

(iv)行星狀態

1.印度占星學

①相當重視行星的力量計有Shad Bala(6種力量)，Vimshopak(20點力量)(行星在各分宮圖的力量)以及經由Ashtaka Varga(行星的8種力量來源)，細賦地觀察行星在天空的狀況，給予力量的權值作為重要判斷依據。

②行星所在星座的主星稱為定位星，對該行星具有影響力，強調互容的重要。

③行星在星座的力量，強調旺宮、三方旺宮、自己的星座及弱宮顯示行星的強弱。

④行星之間形成友誼、敵意、中立關係，進而衍生行星與星座也有上述關係。

⑤行星除了具有自然吉凶性質外，也會因特定ASC星座衍生出功能性吉凶性質，這項特性並未出現在西方系統。

⑥行星的逆行有時會帶來正面能量，不似西方系統都以負面評估。

⑦行星在特定宮位可能有不同的能量呈現，稱之為方向力量，dig bala，如☉、♂在10宮，☽、♀ 在4宮，☿、♃在ASC、♄在7宮。

⑧行星之間尚有行星戰爭或圍攻的狀況。

⑨行星在星座的前面、中間或末端各有不同的力量，如同嬰兒、青壯、老年的比擬。

⑩行星忌逢☉焦傷，各行星各有一定度數範圍與☉會合，才算逢焦傷。

⑪強調☽滿月時之吉祥及暗月時之凶惡。

⑫不調強個別行星與恆星之會合吉凶，已由27星宿概括。

2.西洋古典占星學

① 相當重視行星在黃道的位置所產生的力量，稱為必然的尊貴或無力，和行星在天宮圖的特定宮位所產生的力量為偶然尊貴或無力的一種。

② 行星所在星座的主星稱為定位星對該行星具有影響力，強調行星的容納及互容的重要。

③ 行星在星座的力量強弱分成廟、旺、三分性、界、外觀等5種必然尊貴及弱、陷、外來的等必然無力。

④ 行星在特定宮位可能有不同的能量呈現，最忌在12宮，其次為8宮、6宮易呈現凶象，最喜在始宮，尤其是1宮、10宮。

⑤ 行星逆行必帶來負面能面，一律論凶。

⑥行星與☉接近的情況分成三種，即a.在太陽光束下b.逢焦傷c.在☉的核心，前三者a、b為凶，第3者c則為吉。

⑦行星的運行速度快為吉，慢為凶。

⑧月亮增光期即從朔到望為吉，月亮減光期從望到朔為凶。

⑨行星的相態即♂、♄、♃東出為吉，☽、♀、☿西入為吉，反之為凶。

⑩行星與吉恆星會合增吉，與凶恆星會合則凶。

3.西洋現代占星學

①強調行星在天宮圖的4個敏感點即ASC、MC、DSC、IC的重要性。

②已將行星所在星座之主星即定位星概念予以忽略，甚至不談。

③行星在星座的力量祇有廟、旺、陷、弱，也將三王星納入，但不特別強調這種星座力量。☿旺於子水瓶，不同於印度及西洋古典的旺於處女。

④行星逆行會帶給命主內省或能量退縮。

⑤行星與☉接近之狀態不予考慮。

⑥行星在特定宮位不分吉凶，祇說明該宮心理意識。

⑦行星之間的關係祇論及特定角度的相位關係，並以此論及可能的心理潛能。

⑧不強調月亮增光或月亮減光。

⑨無所謂行星的相態。

⑩甚少論及吉凶恆星。

(v)相映或相位

1.印度占星學

①以整個星座(即宮位)論相映，除了行星之間論相映，行星對宮位也可論相映，即使是空宮。

②所有的行星皆相映至對宮，另♂、♃、♄、☊、☋各有相映的宮位。

a.☉、☿、☽、♀、♂、♃、♄、☊、☋皆相映至其本身起算的第7宮。

b.♂尚相映至其起算的第4宮、第8宮。

c.♄ 尚相呎至其起算的第3宮、第10宮。

d.♃、☊、☋ 尚相映至其起算的第5宮、第9宮。

③相映尚分成 a.全部相映 b.部分相映，但實務上b較少使用，另外有c相互相映，d單方相映，c頗為重要。

④相映功能的詮釋以相關行星的吉凶性質來論。

⑤無容許度的觀念，但受西方系統的影響，強調距離愈小，關係愈緊密。

⑥相映的計算採黃道秩序方向，並未如西方系統順逆算皆可的方式。

2.西洋古典占星學

①希腊化時期以整個星座論相位，但中世紀後已採取容許度較嚴謹地論述相位。

②主要以主相位☌、⚹、□、△、☍，開普勒的次要相位並不普及。

③中世紀以後已採容納、互容，入相位與離相位，光線傳遞和光線集中，圍攻、挫敗、禁止…等類似相位

的特殊用法。

④相位功能的論釋是以形成相位的行星為主角，相位為配角。

⑤以行星本身來論容許度。

⑥任何行星皆可順逆算相位，但與希臘化時期強調的左旋、右旋的意義不同。

3.西洋現代占星學

①任何行星和特殊點、敏感點在特殊容許度內皆可互成相位，未顧及行星之星座。

②主相位和次相位並行。

③已不復見中世紀類似相位觀念的特殊用法，但發展出中點理論的用法，及平行相位的應用。

④發展出重要相位型態且成論斷的要點。

⑤以相位的調和及不調和論吉凶，即以相位為主，行星為輔。

⑥任何行星、特殊、敏感點皆可順逆算相位。

(vi)敏感點或特殊點

1.印度占星學

①因採整個星座宮位制，對天宮圖的ASC、MC、DSC及IC 4個敏感點的論述，不似西方系統那麼重視。

②有經特殊計算的數學點並非如行星一樣實體存在，稱之為Apraksha Grahas或副行星Sub Planets，因增加占星家的負擔，故甚少在實務中使用。

③西方系統中著名的希臘點或稱阿拉伯點，在北印度常

用的太陽迴歸流年盤(Varsha phala)出現，稱為Sahams，即經ASC或其他宮位始點經度所計算的敏感點，但因不用在本命天宮圖，所以並未被全面認同。

④討論財富與貧窮的兩個對應的敏感點Yogi和AvaYogi較被注目。

2.西洋古典占星學

①希腊化時期使用希腊點頗為頻繁且成為重點之一，更後由阿拉伯人發揚光大，而被稱為阿拉伯點。

②幸運點⊗按命主出生於白天或夜晚分別計算。

3.西洋現代占星學

①幾乎已不使用阿拉伯點，僅保留幸運點。

②幸運點的計算不分命主白天或夜間出生。

(vii)恆星

1.印度占星學:相當重視ASC、MC及各行星在27星宿的位置及意義，未刻意強調與個別恆星之1°內會合之吉凶。

2.西洋古典占星學:特別強調ASC、MC、☉、☽及其他行星與個別恆星1°內會合之吉凶，各恆星有其特性。

3.西洋現代占星學:甚少採用恆星。

(viii)天宮圖的型式

1.印度占星學

共分為 a.北印度占星天宮圖

b.南印度占星天宮圖

c.東印度占星天宮圖

(a)

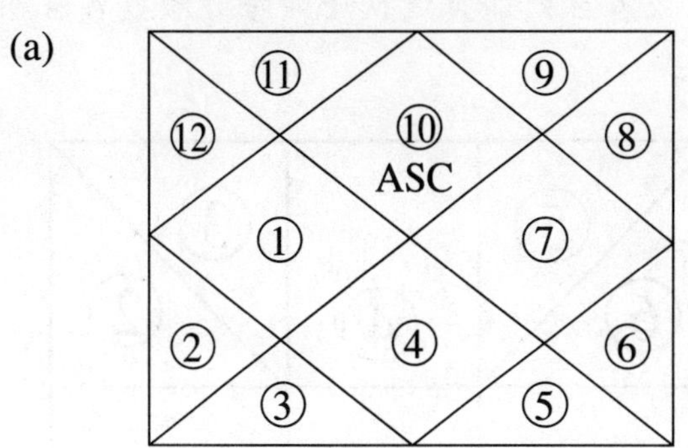

▲ 北印度占星天宮圖

1.圖中的數字係黃道星座代號，按逆時針數黃道秩序。

2. ASC永遠定在天頂位置。

3. 其他後天宮則如黃道秩序時針順數各宮。

(b)

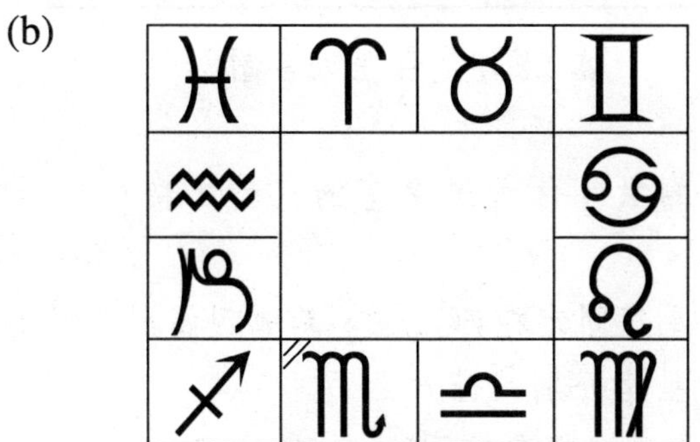

▲ 南印度占星天宮圖

1. 圖中星座固定，將處女座永遠定在右下角，相對地雙魚座定在左上角，黃道秩序的星座採順時針方向
2. ASC則以"//"雙斜線註明
3. 其他後天宮則如黃道秩序順時針順數各宮。

(c)

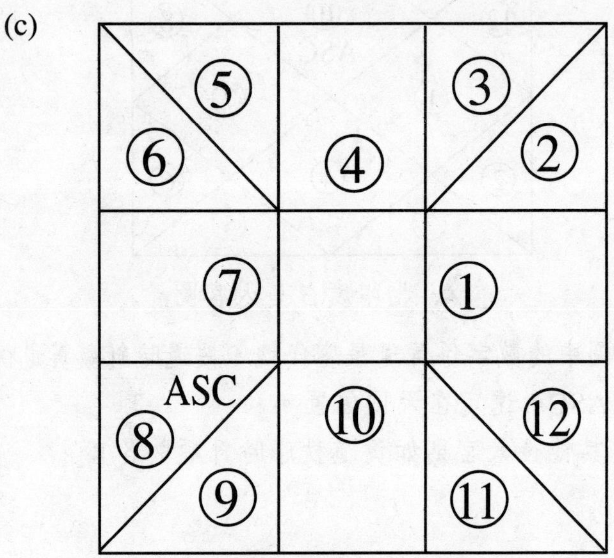

▲ 東印度占星天宮圖

1. 圖中的數字係黃道星座的代號，按逆時針數黃道秩序。
2. 啓動星座固定在四正位，其他四偶則由固定星座和變動星座分別佔據。
3. ASC星座通常會註明Lagna或ASC。
4. 其他後天宮則如黃道秩序逆時針順數各宮。

2.西洋古典占星學

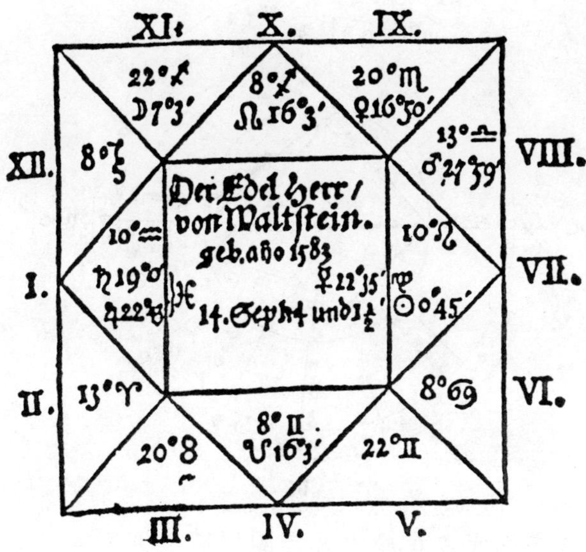

1. 西洋古典占星學的天宮圖採方型圖形。
2. 星座順序採逆時針方向。
3. ASC在東地平線。
4. 圖中所列數字I、II、......XII代表後天宮宮數，按逆時針順數。

3.西洋現代占星學

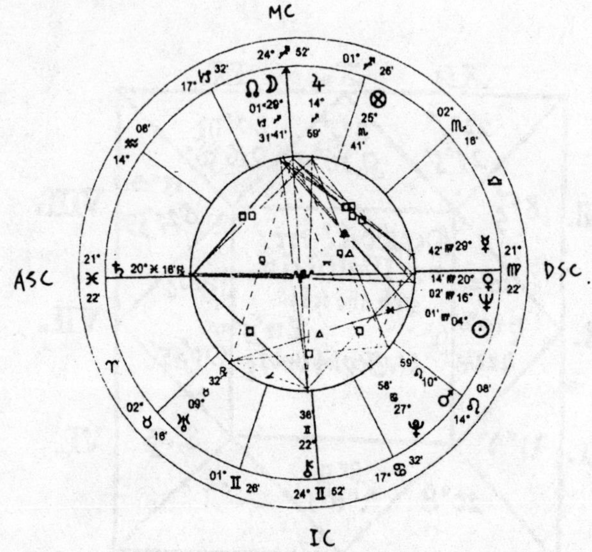

1.西洋現代占星學的天宮圖採圓型圖形。

2.星座順序採逆時針方向。

3.ASC在東地平線。

4.天宮圖的4個敏感點ASC、MC、DSC、IC易辨認。

5.圖形旁的阿拉伯數字為各後天宮的代號，按逆時針順數。

(VII)本命論斷

1.印度占星學

①以印度占星先賢Maharishi Parasara《Brihat Parasara. Hora Sastra》簡稱《BPHS》的內容作為論述判斷要點，成為主流觀點影響印度占星學甚為深遠。由於印度向來不重視歷史，M.Parasara屬那一年代之

人莫衷一是。

②Parasara主流論斷方法

a.掌握管轄宮位及宮內行星、宮主星飛佈，他們相映至那一宮位、那一行星，以及會合那一行星或受那一行星相映，皆須一一釐清其吉凶。

b.管轄宮位或事項的徵象星應掌握它在那一宮位，與那一行星會合或相映至那一宮位或那一行星，或受那一行星相映，釐清它的吉凶。

c.建立相關事項的分宮圖，確認相關事項的吉凶結果，這點是印度占星學論斷的特色之一。

d.天宮圖內的許多行星組合稱為Yoga是印度占星先賢的經驗累積，常是判斷的重要依據，這是印度占星學論斷的另一特色。

③除Parasara主流觀點外，尚有Maharshi Jaimini《Jaimini Sutras》的觀點，使用的天宮圖要素與Parasara的一樣但判斷方式相當不同，一般印度占星家常用來作輔助判斷。

④20世紀後K.S Krishnamurti鑑於印度傳統的論斷仍不夠完美，他創立以27星宿為主，將原本的每個星宿再按Dasa每行星掌管年數之比例細分成9個小區間，每個小區間的主管行星如同Dasa比例及順序稱為Sub，相當細膩地分別出ASC及MC之不同，可供時間校正。

在論斷人生事項有許多管轄行星(Ruling Planets)，從這些相關涉的行星中，找出最貼切的，可分析出事件產生的原因及結果，再透過Dasa /Bhukti / Antara大運/流年系統以及過運Transit指出應期時間。

這套系統簡稱K.P系統，其論斷事實上是結合本命與卜卦在一起，由於頗具科學邏輯推論，目前已逐漸獲得注目。

⑤南印度Tamil地區有套獨特的預測方法稱為Nadi Astrology，據稱求算的人若命定式地屆時找到這些占星家，驗對拇指紋(男右女左)即能從相關的棕櫚葉上記載之梵文而得知求算的人一生命運、六親、事業、財運起伏變化，如斯嚮應，令求算之人訝異萬分，這種情景類似中國鐵板神算之驚奇，祇不過Nadi Astrology不用計算任何人的命運，在4或5仟年以前，就已被印度先賢記載在棕櫚葉上。

日本科學怪傑天外伺朗《開拓未來他界科學》記載日本人青山圭秀的求算親身經歷，「首先對照拇指之指紋以辨認本人，結果找出有記載青山先生之椰子葉(即棕櫚葉)，連其父母之姓名、自己的兄弟，乃至自己以往的經歷完全一致，令人心生恐慌。...其內容也記載青山先生34歲時會到此地」。

2.西洋古典占星學

①從托勒密的《Tetrabiblos》奠定占星學基調，後經阿拉伯人保存擴充再回到西歐。13世紀Guido Bonatti《Liberastronomicus》彙總阿拉伯占星的精華，成為中世紀重要的占星學內容，到17世紀英國William Lilly《Christian Astrology》將古典占星學發揮得淋漓盡至，它的內容即是西洋古典占星學的精髓。

②論斷方法

a. 相關事項的管轄宮位及宮內行星，該行星與那一行星形成吉凶相位，那一行星為那一宮位主星論相關影響的人、事、物。

b. 相關事項的管轄宮位及宮主星飛臨那一宮位，與那一行星會合或形成吉凶相位。

c. 各相關涉的行星皆須一一判斷其所在先天位置(星座)及後天位置(後天宮位)的力量。

3.西洋現代占星學

①仍使用傳統的天宮圖要素加上現代三王星♅、♆、♇或小行星，賦予心理、哲學的意義。

②論斷方法

a. 經由天宮圖各行星及相關敏感點所在星座之三方四正屬性，形成特殊人格特質。

b. 各宮始點星座都是各人生事項的原型，所以它顯示命主對該領域的心理對待。

c. 宮內行星也是原型是命主無意識地直接顯現該領域的意識。

d. 宮內行星與其他行星之任何相位是一種情結，類比兩個不同的心理要素的組合，會形成緊張或和諧，因而可追溯它們的原因。

③20世紀德國發展出漢堡學派和宇宙生物學派的中點理論。

④1930～40年代美國教堂之光發展Astrodyne以數值計算行星、宮位、星座的力量論述命主的各項人生議題。

⑤英國的John Addey創立數律圖更科學化分析命主的潛質。

⑥瑞士Huber夫婦發展獨特的Huber學派強調生命時鐘的概念。

(VIII)大運．流年

(i)大運

①印度占星學的大運系統Dasa舉世聞名，但因歷史攸久衍生出，不同種類的Dasa，我們列出較常被討論的。

1. Vimshottari Dasa
2. Yogini Dasa
3. Kalachakra Dasa
4. Ashtottari Dasa
5. Shodashottari Dasa
6. Panchottari Dasa
7. Sata-samaa Dasa
8. Chatura Sheethi Dasa
9. Dwispathi Dasa
10. Shashtyabda Dasa
11. Shata-thrimsath Dasa
12. Chara Dasa
13. Sthira Dasa
14. Kendra Dasa
15. Kaaraka-grahotha Dasa
16. Brahmagraha Dasa
17. Mundooka Dasa
18. Shoola Dasa
19. Yogardha Dasa
20. Phrag Dasa
21. Trikona Dasa
22. Rasi Dasa
23. Pancha-swara Dasa
24. Pinda Dasa
25. Amsaja Dasa
26. Naisargika Dasa
27. Ashtavarga Dasa
28. Sandhyaa Dasa
29. Paachaka Dasa
30. Thaara Dasa

其中又以Vimshottari Dasa最令全球占星家讚賞，所以它幾乎是等同印度占星學的Dasa，而Yogini Dasa則是輔助判斷。

②Vimshottari Dasa的特色是取古印度聖人認為人類清心寡欲，按法生活最起碼可達120歲，Vimshottari即120之意，印度占星學使用的9顆行星之每一行星皆管轄一定時間，且按管轄27星宿順序排列，

☉：6年，☽：10年，♂：7年，☊：18年
♃：16年，♄：19年，☿：17年，☋：7年
♀：20年，　共120年

這些行星管轄期間稱之為主要期間(major period)在每

一主要期間又細分成9個次要期間(Sub period)，第一個次要期間由該主要期間主管行星擔綱，其餘按上述主要期間管轄行星的順序排列，每一次要期間的期限按主要期間管轄期限予以比例計算，如♂在任何次要期間都佔7/120，♃ 16/120，其他依此類推，次要期間的梵文名稱Bhukti，一般占星家主要以Dasa/Bhukti表示。又也將Bhukti再按上述過程細分次次要期間minor period但實務上甚少使用。

根據命主出生時☽所在星宿即能計算一生的Dasa/Bhukti的順序表列。

③印度占星學認為Dasa/Bhukti是命主天宮圖徵象之業力因果的成熟顯現，所以欲分析Dasa/Bhukti務必充分掌握主要/次要管轄行星在天宮圖所顯現的吉凶如何，即能知道Dasa/Bhukti應期，直接且明快令人驚奇。

2.西洋古典占星學

①Greek Time-Lords希臘的時間主星法

②Decennia Time-Lords Decennia時間主星法

③Greek/persian Firdaria希臘/波斯Firdaria

④planetary period行星期間法

3.西洋現代占星學

①台灣何鼓先生發表月相大運法但並未引起回響。

(ii)流年

1.印度占星學

①使用Dasa/Bhuti頗具成效，故無印度獨特的流年系統，僅有與阿拉伯占星學交流的太陽迴歸法稱為Varhaphala,但印度所發展的同樣取☉每年迴歸到命主出生時☉位置之時刻起盤但判斷流年之吉凶卻迴異於西方系統，它的方法複雜許多。

a. 須掌握迴歸盤的5個重要因素

i Muntha及其定位星

ii 年主星(Lord of year)

iii Asc主星

iv 本命Asc在迴歸盤的位置

v ☉在迴歸盤的後天宮位

b. 針對一年期間按Dasa概念計算每一行星主管月、日期間

c. Tri-Pataki Chakra (三方羅盤圖)

d. 行星組合(Yoga)

c. Sahams類似西洋古典占星學的阿拉伯點。

②也採用Transit(過運法)作為天宮圖徵象引發的觸煤，但與西方系統頗為不同，因印度占星學採整個星座宮位制及相映，行星過運易引動，乃設計出以本命月亮所在(即身宮盤)不同行星在它的不同宮位會有不同的吉凶效果，如☉在☽起算的3.6.11宮為吉，除此之外另設計吉凶效果會因其他行星正好過運到相對之宮位而取消，如☉過運至☽起算的3宮為吉，但若有

♂過運到☽起算的5宮，其吉象被取消。

這套過運系統比西方系統複雜，且須配合Ashtaka Varga才能準驗。

2.西洋古典占星學

①主限向運法(Primary Direction)

②次限推運法(Secondary Progression)

③太陽迴歸法(Solar Return)

④太陽弧向運法(Solar Arc Direction)

⑤小限向運法(Profection)

尚有論及流月的方法

①太陰迴歸法(Lunar Return)

②次限推運法的流月

也強調過運法Transit作為引發天宮圖徵的觸媒。

3.西洋現代占星學

①主要以次限推運法論流年。

②太陽迴歸法及太陰迴歸法。

③英國占星家H.Troinski創立參限推運法(Tertiary Progression)但並未引起占星學界特別注目。

④美國占星家C.C.Zain創立次要推運法(Minor Progression)。

⑤逐漸強調單獨以過運法論述。

⑥德國的宇宙生物學派以太陽弧向運法論流年。

有關西洋古典占星學及西洋現代占星學之各項大運或流年、流月系統之內容請參閱本書第6章流年預測占星學的相關內容。

(IX)其他分支

有關其他分支的內容比較我們不談，僅就兩大系統列出其名。

	印度系統		西方系列	
1.	Prasna	(卜卦)	Horary	(卜卦)
2.	Muhurta	(擇日)	Election	(擇日)
3.	Ayurvedic	(醫療)	Medical	(醫療)

案例二十九

Natal Chart
Aug 27 1936
8:00 pm CCT-8:00
Xian, CHINA
34°N15' 108°E52'
Geocentric
Lahiri
Whole Signs
True Node

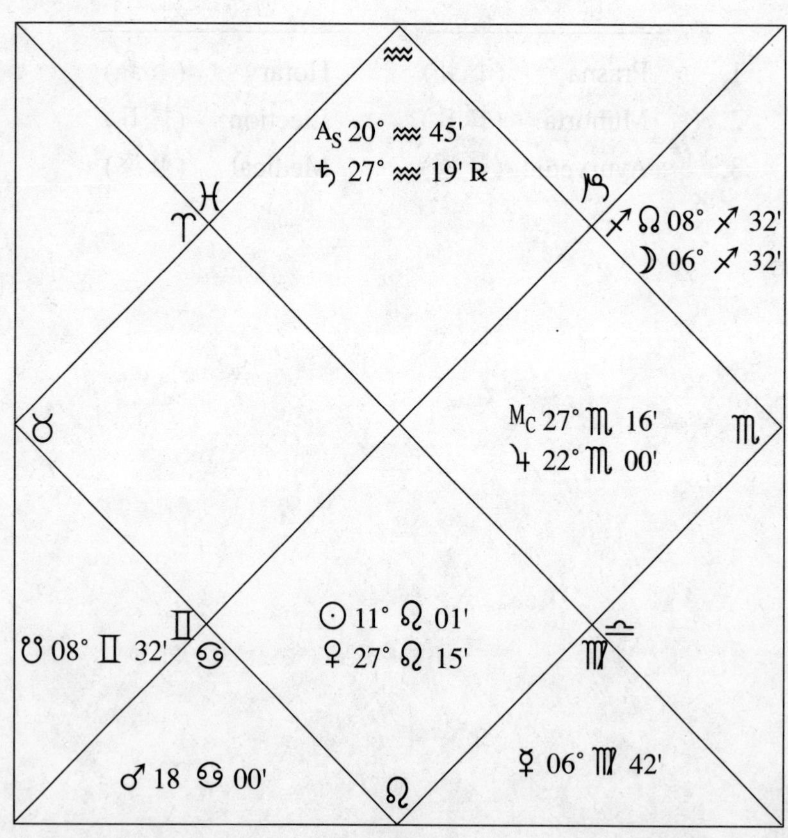

DASAS & BHUKTIS-Lahiri Zodiac									
☋/☊	Aug	27	1936	0.0	☽/☉	Sep	21	1975	39.1
☋/♃	Mar	10	1937	0.5	♂	Mar	22	1976	39.6
☋/♄	Feb	14	1938	1.5	♂/☊	Aug	18	1976	40.0
☋/☿	Mar	26	1939	2.6	♂/♃	Sep	6	1977	41.0
♀	Mar	22	1940	3.6	♂/♄	Aug	13	1978	42.0
♀/☉	Jul	23	1943	6.9	♂/☿	Sep	21	1979	43.1
♀/☽	Jul	22	1944	7.9	♂/☋	Sep	18	1980	44.1
♀/♂	Mar	23	1946	9.6	♂/♀	Feb	14	1981	44.5
♀/☊	May	23	1947	10.7	♂/☉	Apr	16	1982	45.6
♀/♃	May	23	1950	13.7	♂/☽	Aug	22	1982	46.0
♀/♄	Jan	21	1953	16.4	☊	Mar	23	1983	46.6
♀/☿	Mar	22	1956	19.6	☊/♃	Dec	3	1985	49.3
♀/☋	Jan	21	1959	22.4	☊/♄	Apr	28	1988	51.7
☉	Mar	22	1960	23.6	☊/☿	Mar	4	1991	54.5
☉/☽	Jul	10	1960	23.9	☊/☋	Sep	21	1993	57.1
☉/♂	Jan	8	1961	24.4	☊/♀	Oct	9	1994	58.1
☉/☊	May	16	1961	24.7	☊/☉	Oct	9	1997	61.1
☉/♃	Apr	10	1962	25.6	☊/☽	Sep	3	1998	62.0
☉/♄	Jan	27	1963	26.4	☊/♂	Mar	4	2000	63.5
☉/☿	Jan	9	1964	27.4	♃	Mar	22	2001	64.6
☉/☋	Nov	15	1964	28.2	☽/♄	May	10	2003	66.7
☉/♀	Mar	22	1965	28.6	☽/☿	Nov	21	2005	69.2
☽	Mar	23	1966	29.6	☽/☋	Feb	26	2008	71.5
☽/♂	Jan	21	1967	30.4	☽/♀	Feb	1	2009	72.4
☽/☊	Aug	22	1967	31.0	☽/☉	Oct	3	2011	75.1
☽/♃	Feb	20	1969	32.5	☽/☽	Jul	22	2012	75.9
☽/♄	Jun	22	1970	33.8	☽/♂	Nov	21	2013	77.2
☽/☿	Jan	21	1972	35.4	☽/☊	Oct	27	2014	78.2
☽/☋	Jun	22	1973	36.8	♄	Mar	22	2017	80.6
☽/♀	Jan	21	1974	37.4	♄/☿	Mar	25	2020	83.6

印度占星學命盤解析：連戰

<一>格局：

吉祥的Yoga愈多愈高，尤其是Raja Yoga及Dhana Yoga

1.3個(含)以上的行星位於自己的星座或旺宮
♄在子水瓶位於ASC (♄在自己的星座)，☉在午、獅子位於7宮相映，☿在巳、處女位於8宮。

2.9宮在辰天秤，宮主星♀位於7宮相映ASC，即9宮主星(三方宮)位於始宮7宮內，此即Raja Yoga，且♀又為自然吉星。

3.ASC主星♄位於子自己的星座，受9宮(辰)主星♀相映，稱為Laksmis Blessings，富有之徵。

<二>各宮分述

1.ASC在子，宮內有♄位於自己的星座，Jame S.T. Braha《Ancient Hindu Ast rology for the Modren Western Astrolager》(以後簡稱AHA)p88.謂命主將是位領導者，且將有很高的社會地位，他將富有、壽命長(♄為壽命自然主星)行為良好、謙虛，易生在富有家庭，起步比別人好，但映至7宮，夫妻關係稍受影響。♄保守、嚴謹、LKK、較難取悅，受♀相映，甚佳，♀同時為4宮(酉)田宅及9宮(辰)之主星，受到父母庇蔭甚多(4宮為母親宮，9宮為父親宮)，尤其☉雖屬一般凶星，但利政治、權力，☉位於獅子為自己的星座在7宮相映，有利政治

生涯，得到權威、領導者或父親之照應，惟♂在6宮相映，亦見困頓之時。

2.2宮管轄口才、財富、飲食、基本教育，以財富累積為要。

2宮內無星，但宮主星♃飛臨10宮，力量增強且相映至本宮2宮亥(♃相映至自己起算之5宮、7宮、9宮)甚吉，尤其♃又為11宮(大偏財)寅之主星。10宮為官祿利名，而2宮為財，故連戰一生名利兩得，令人稱羨。♃ 在卯天蠍為友誼星座，僅受 ♄相映之刑剋(♄ 位於ASC相映至自己起算的3宮、7宮、10宮，但 ♄位於自己的星座，不受刑剋太凶，且5宮(申)主星☿入8宮巳(遺產)相映，☿在巳入旺宮，遺產豐富。

3.3宮管轄兄弟姊妹、勇氣、冒險精神，...等

3宮內無星且宮主星(戌)♂ 位於6宮未巨蟹入弱宮，甚凶，無兄弟姊妹之徵，(連戰為獨子，完全沒有兄弟姊妹)；6宮為敵人，命主的勇氣落入弱宮且是敵人、競爭之宮位，有人說連戰係太平宰相，無力抗衡競爭；一生平順但在第一次競選總統即慘敗收局，故♂在未入弱宮於6宮，是他一生的痛，大運進入Pasa/Bhukti值♂期間，慘敗。

4.4宮管轄母親、土地、房地產、舒適、車輛、學歷等。

4宮在酉金牛，宮內無星，宮主星♀入7宮相映至ASC及♄，父母多庇蔭、擁有大筆土地、財富，但♀為自然主星為始宮主星，有些凶象，故落人口實。

5.5宮子女、投機、才華、智商...等。

5宮在申雙子，主星☿入於8宮巳旺宮，有利股市投機。

論子女數，5宮內有☋及☊在11宮相映，且宮主星☿在巳入旺，故子女數應有4個以上，連戰共有4位子女二男二女，其☽、☊為陰性行星，而☋為陽性行星，而☿為中性視會合而定，因☋及☊在印度占星學皆屬凶星，其子女身體健康不佳。

6.6宮管轄疾病、小人、敵手、競爭...等

6宮在未，宮內見♂凶且入弱，不利與人競爭，形成他永遠的痛6宮管轄腸吸收消化之功能，在未，故連戰的胃腸恐不佳，防胃炎、胃液倒流、腸發炎...等。

7.7宮管轄配偶、合作對象、國外居住...等。

7宮在午獅子，☉位於宮內，Jame T. B.《AHA》稱此種配置易有雙妻命，男宮內見♀，配妻美麗有氣質，但♄相映至7宮及☉、♀，命主必然是大男人傾向，♀係4宮及9宮主星，配偶有暗助之力。

8.8宮為凶星，不幸、災難、意外、倒弊、負債，但亦屬他人錢財、遺產。

8宮在巳處女，宮主星☿位於旺宮，凸顯其吉祥之一面，且未見其他凶星刑剋，故命主之壽命應屬長壽，凶象不見，遺產豐碩。

9.9宮為吉宮，父親、宗教、道德、學問、高等教育，是印度占星學最重要的宮位。

9宮在辰天秤，宮內無星，宮主星♀入7宮形成一個Raja Yoga,故命主學問好可獲高學歷，父親助益甚深；與☉會合但未見焦傷相映至ASC及命主星♄，按印度占星學說法，前世業力甚佳方有此生之福報。

10. 10宮為官祿、名位、社會認同、企業經營、政治及政府事務。

10宮在卯天蠍，宮內見大吉星♃且相映至2宮，利財富累積及6宮部屬，待部下佳，然10宮受6宮內之♂相映刑剋(♂相映至自己起算的4、7、8宮)更應証對手虎視眈眈其名位，♂亦為10宮之主星惟在6宮未是凶象。

11. 11宮希望、願景、目標、大偏財，...等。

11宮在寅，宮內見☽及☊，☽處於漸滿月之時(即農曆11日)，印度占星學認為它為吉利有助11宮事務，☊雖凶星屬財富之星，但恐來源受議論，11宮主星在10宮相映至2宮自己星座亥，故有大偏財之得，惟☋在5宮相映為凶，須防子女不當支出或管理而損失。

12. 12宮宮為禁慾、退隱、精神鍛鍊、消耗...等。12宮在丑，宮內無星，但♂在6宮相映，恐難靜下心來，12宮主星♄入命在自己的星座，不致消耗太多。

第十八章　中國七政四餘占星學

中國七政四餘占星學

中國的占星學在隋唐之前獨特地發展出自己本身的系統，但都著重在軍國大事、政治、氣候、災變、農事、祭祀...等方面。從有史記載的堯、舜、禹時代到西周時代就已發展中國的占星學，《尚書．堯典》：「在璇璣玉衡，以齊七政」，即當時就懂得用天文儀器−璇璣玉衡來觀察日、月、水、金、火、木、土等七星(七政)，這不僅僅是為了農耕，應也有天象神秘因素對人世間事務的因果關係進行探索之意。歷代部族或氏族領袖都相當重視天象的觀測，任命世代承襲的史官專責，繼往開來一代一代地傳承，這是中國占星學得以發展的重要原因，《禮記．月令》：「乃命太史司天日月星辰之行」即可明証。影響中國占星學甚鉅的《史記．天官書》作者司馬遷更追溯自己的家族血統源自高辛氏帝嚳時代的天官重、黎，他們也是歷史上著名的天文觀測家羲、和的祖先。

歷代史官的「觀乎天文，以察時變」幾乎都在供帝王統治審時度勢之用，即所謂「以紀吉凶之象，聖王所以參政」自然而然地以國政大計為要，《史記．天官書》所記載的占辭全部圍繞在這方面的項目，後來歷代官方編修正史中的《天文志》或《五行志》都屬同性質，北周庾秀才《靈台秘苑》、唐李淳風《乙巳占》及印度來華的瞿曇悉達《開元占經》都雷同，若按西方占星學的分類應屬於時事占星學的內容，只不過這些星象資料和時事對應都採條列法形成經驗式的歸納，並未如西洋占星學採特殊天象的時刻或迴歸時刻起盤系統性地推論。我們舉資料相當豐富的《晉書·天文志》記載天變史傳驗事之一為例，惠帝元康二年二月，天西北大裂，案(按)劉向說：「天裂陽不足，地動陰有餘，是時人主(惠帝)昏瞀(瞀：目眩.昏庸之意)，妃後(后)專制。

中國占星學屬軍國大事的內容及判斷方法約可整理如下：

Ⅰ.認識三垣：二十八宿諸星的名稱類別、性質

A.三垣：紫微垣、太微垣、天帝垣

1.紫微垣：以北斗星為中心集合北斗七星及其周圍諸星組成的星區，紫微垣像一座皇宮由至高無上的天帝太一及太子、王后等構成一個皇室家族，並由各種臣僚組成藩衛機構如同一個王朝，對應於人世間的王室朝廷。

2.太微垣：位於紫微垣下的18個恆星群組成以五帝座為中心，象徵諸侯。

3.天市垣：位於天帝垣下的17個恆星群組成，以帝座為中，象徵聚眾交易物資流通。

B.二十八宿：東方青龍·北方玄武·西方白虎·南方朱雀每方7宿共28宿

1.東方青龍：角木蛟、亢金龍、氐土貉、房日兔、
心月狐、尾火虎、箕水豹。

2.北方玄武：斗木獬、牛金牛、女土蝠、虛日鼠、
危月燕、室火豬、壁水㺄。

3.西方白虎：奎木狼、婁金狗、胃土雉、昂日雞、
畢月烏、觜火猴、參水猿。

4.南方朱雀：井木犴、鬼金羊、柳土獐、星日馬、
張月鹿、翼火蛇、軫水蚓。

每一星宿都由數顆恆星組成，少則二、三個，多則20幾個，是否按赤道座標測量的，尚有爭論。

每宿選一亮星作為標準星稱為距星，任何宿內恆星測量都根據這顆距星，又28宿的每宿不等距，即它們以黃道或赤道來劃分並不像本書第3章所述印度占星宿之27宿為等距每宿13°20'。

《史記．天官書》曾記載28宿與中國地區的對應，此即著名的分野理論，係春秋戰國時代各國興衰與天空訊息的重要聯繫，後來秦始皇統一後逐漸形成各地區的災異對應。

II.掌握諸行星日、月、水、火、金、木、土等七政的運行規律、各自特性及人事特定範圍。

1.日，積陽之熱，氣生火，火氣之精為日。日者，陽之主也，應人君，不宜遮掩無光。

2.月，群陰之家，天地之陰者水也，水精為月。月者，眾陰之長，應王后、大臣、諸侯。

3.水，又名辰星，因離太陽不超過30°，古人把周天分為十二辰，一辰30°，故把水星稱為辰星，以資記憶其特性。

4.金，又名太白，是眾星之中最亮之行星，故稱為太白。

5.火，又名熒惑，熒熒象火紅，光度常見、變化運行、常順逆行，令人迷惑，稱為熒惑。

6.木，又名歲星，它運行一周天約12年，古先賢將一周天分成12次，木星如同一年行一次，方便年歲時間計算，故稱歲星。

7.土，又名鎮星或填星，土星約28年行一周天，假想每年運行一宿，如鎮在星宿或填充一宿，故稱為鎮星或填星。

古人將五星各賦予五行名稱，且28宿各宿皆各有五行，顯然是想透過陰陽五行學說來探討星象的吉凶。

各行星的吉凶劃分不像希臘占星學透過太陽主管的獅子座，及月亮主管的巨蟹座所衍生整個星座之托勒密相位來論各主管星座主星的吉星。但其中認為火星熒惑較具破壞性、戰爭、瘟疫...等重大災禍之徵象。

各行星彼此之間的會合有其特殊意涵，如五星連珠，漢高祖入秦，五星聚井宿，但並非都是吉象，變化不一。

又各行星的視運動會產生逆行(退)、停滯(留)之現象，以及運行比平時快(疾)或比平時慢(遲)，或逢太陽焦傷(伏)，這些徵象都有星占的特殊涵意。

上述七政所產生的特殊狀況如日蝕，月蝕等現象，以太陽為例計有日冠、日戴、日珥、日抱、日背、日直、日交、日提、日格、日履紅櫻、日中烏見、日璚、日食...甚多現象，尤以日食為重。

III.觀察各種變星如流星、客星、嬌星、彗星的各種狀況都有其感應

1.流星，夜空中一劃而過轉瞬即逝之星。

2.客星，如天文學的新星或超新星，原先星區不見的新星像客人出玩一樣，不祥居多。

3.妖星，五大行星變化所產生的變星，形狀不一，必然帶來災禍。

4.彗星，如哈雷彗星，基本上與上述1.2.3常重疊。

IV.當上述Ⅰ.Ⅱ.Ⅲ等要素互相交感，來判斷應何地區、何種徵象。

至於中國占星學何時朝向命理學發展?從大陸·江曉原博士《天學外史》、《天文西學東漸集》及大陵·薄樹人教授編《中國天文學史》的敘述，可判斷應是在魏晉南北朝，印度占星學隨著大量佛經東傳後結合中國本土的陰陽五行學説慢慢地蘊釀發酵，而在隋唐開花結子，我們可以舉

幾個証據説明中國七政四餘與印度占星學的關聯。

1.黃道12星座的名稱出現在中國是隋《日藏經》、唐《宿曜經》傳入後才見到的，雖然中國也有類似12次的稱呼，但兩者名稱及意義完全不同，應知道黃道12星座是重要因素之一。

2.上述之《宿曜經》記載黃道12宮，各宮有一主管行星，如下圖

巳 雙女宮 水	午 師子宮 日	未 螃蟹宮 月	申 夫婦宮 水
辰 秤量宮 金			酉 金牛宮 金
卯 蝎蟲宮 火			戌 白羊宮 火
寅 人馬宮 木	丑 磨竭宮 土	子 寶瓶宮 土	亥 雙魚宮 木

這項內容是中國七政四餘命理學相當重要的項目，因命宮主星及其他宮主星是論斷的要素。

黃道12宮主星也同樣在佛經東傳之前，未在中國本土發現過。

3.中國七政四餘命理學命宮的訂法為印度占星學命宮定法的最簡單型式，前者不考慮出生地點，僅以太陽所在黃道12宮起生時順數至卯所在之黃道12宮即

是命宮。由於印度占星學採整個星座宮位制，在一般情形，若係日出卯時，所得命宮結果不致差異太大。

4.命宮定出後，即按逆時針方式列出後天12宮，這個步驟中、印皆同，除了第12宮中國定名為相貌宮，而印度定名不幸宮，名稱和意義略有差異外，其他11宮完全相同，同樣地在印度占星學未東傳前，也未在中國本土發現。

5.中國採用羅喉及計都完全是印度占星學的同名稱同性質之隱曜。

6.中國七政四餘命理學的重要賦文《西天聿斯經》幾乎95%是印度占星學內容及論斷方法，其中5%摻雜中國的28宿和神煞。

7.中國七政四餘命理學各派強調的身宮概念，完全移植自印度占星學以月亮所在位置稱為月亮身宮盤Chandra Chart的概念，儘管琴堂派以逢酉安身論身宮，然果老派或耶律派的身宮取法和Chandra Chart一模一樣。

8.東海大學哲學系鄺芷人教授在《陰陽五行及其體系》第10章陰陽五行與中國祿命法，提出果老可能是Horo的音譯，Horo是天宮圖Horoscope的簡稱，亦即果老星宗或七政四餘命理學源於印度或西方系統甚明。

中國七政四餘命理學發展的過程曾有三個重要派別，其主張差異如下表

重要派別	論斷要旨	宮主／度主／身宮
果老派 (張果星宗)	七政四餘正氣為主	重度主，以月為身
耶律派 (耶律學土星命秘訣)	十干化曜變氣或稱化氣(祿、暗、福、耗、蔭、貴、刑、印、囚、權)配子平六親於五星內)	重度主，以月為身
琴堂派 (琴堂五星總斷)	四柱干支考五星虛實於宮度	重宮主，深則論宮，淺則論度，卻無明確標準。逢酉安身。

到了明清時期，上述的論斷要旨及宮主／度主／身宮都混合在一起，如收錄在《四庫全書、子部術數類》的明．萬民英《星學大成》就是一例。

又如康熙六十一年廖瀛海《增訂五星集腋》就將上述三派彙總一起儘管他比較傾向耶律派的說法但若無師承恐不易釐清。晚清時似乎朝向以宮主，以月為身，重視七政四餘的化氣為主軸。如舒繼英《乾元秘旨》、霍敏卿《重編增補星命說証正續合編》、吳師青《中國七攻四餘析義》後者更參酌西洋命宮算法，考慮不同緯度的日出時間求得浮升命度，最近3.4年來香港李光浦一系列果老星宗的案例解說，則遵從果老派的精神。

學習中國七政四餘命理學應特別注意所使用的黃道到底是恆星黃道或迴歸黃道?印度占星學一貫採用恆星黃道，所以當初結合時應也是同樣標準，問題是中國天學家向來是以

赤道座標的赤經、赤緯紀錄恆星位置。古時占星家與天學家身份是重疊的，因此使用中國七政四餘命理學的人應也懂得觀察天象，當時使用那一標準呢?如果不同如何套用呢?或是直接以恆星黃道12宮套用在中國的12次，配合十二地支名稱論述呢?又假設是恆星黃道是否編有七政四餘的恆星黃道星歷表得以直接使用，這些問題也許經過時代的磨合可找出公約數，但絕對都須深入釐清的，否則因歲差移行會產生28宿入宿度不同，七政四餘躔度也不同，詮釋徵象當然然可能相差十萬八千里豈可不慎！

中國占星學尚在公元13世紀時，元朝征伐阿拉伯地區，從當地搜羅不少天文儀器及相關星占資料，因此回回曆法進入中國；後來朱元璋滅元，命吳伯宗主持《天文書》的翻譯工作，它是頗為完整的阿拉伯占星學書籍，內容含蓋本命、時事及擇日，是希臘占星學一脈相傳的採回歸黃道。

又於明末清初之際，耶穌會教士利瑪竇來華宣教，鑑於中國士大夫對天文、曆法知識的渴求，寫信回國敦請教會中懂得這方面學問的教士來華以利傳教的切入，遂有湯若望、南懷仁入仕欽天監，穆尼閣傳授薛鳳祚撰寫《天步真原》，它是公元15世紀～16世紀歐洲占星學的內容，也是採迴歸黃道。

西洋教士確實帶給當時天文曆法新的氣象，徐光啓、李之藻都曾參與明崇禎曆法的編修，明朝滅元後又改編成《時憲曆》，純就曆法觀點，湯若望等人將春分點訂在白羊座

0°也就是迴歸黃道的明確使用，遂使得28宿每隔一段時間須作歲差調整，名為量天新尺，這樣才能使七政四餘的迴歸黃道經度正確無誤地躔在調整後的28宿上，因他們對日、月、五星的測度係根據迴歸黃道。往後康熙以降的中國七政四餘命理學也都如此處理，春分點的歲差退行，就恆星黃道而言，即相對地向黃道秩序往前進，所以每年各星宿向前50.29"。集文書局出版《星度指南·果老星宗》合編的黃道十二宮量天新尺表即是如此編製的。

中國七政四餘命理學的論斷跟《天文書》、《天步真原》的論斷完全不同，據以評論誰是誰非恐不智也，清·舒繼英《乾元秘旨》就一口否定《天步真原》；而加以統合也不見是明智之舉反而感覺不對味，如清同治倪月培《中西星要》。來華教士的教導天文曆法促進球面三角函數及對數計算，在擇日界有新的「太陽到山」及求算12宮之弧角天星日課新玩意，卻同命理學一樣結合陰陽五行論日課的吉凶，相關的基本概念可閱讀第八章。

現在我們介紹中國七政四餘命理學的起盤步驟

1.確定求算命主的生辰八字，即誕生時的年月日時資料以干支列出四柱八字
2.根據出生年干查60甲子生年神煞表
3.按年干列出化曜，排七政四餘相對應的祿、暗、福、耗、蔭、貴、刑、印、囚、權
4.按年干排十二長生
5.根據年干支列出常用的特殊神煞與七政四餘相關諸星

，如科名...之類

6.定命宮：以日躔宮位起生時順數至卯

7.從命宮逆時針排後天12宮

8.定命度：以日躔度數查命宮同絡度數，即為命度，位於28星宿的何宿何度

9.定身宮：月亮(太陰)所在的黃道12宮

10.注意歲差調整後的量天新尺，各星宿入宿度在迴歸黃道的經度

11.將迴歸黃道星曆表中的七政四餘一一計算填入所使用的量天新尺之適當位置

12.定行限：從生日逆數至前一中氣幾月幾時，按每三日一歲算，折為幾歲幾加上10歲從相貌宮上限，其他各宮管轄不同大限年數一一列出

所得結果如下圖(取自《張果星宗》)，鄭氏星案第26例

格星喜所

命坐長生
身星清吉
斗標指祿
嗣星居垣

命常尋

癸巳
癸亥
甲寅
甲戌

格星忌所

金羅交戰
日月失垣
木入金宮

科名水天元職无羅
科甲木地元水
文星月人元土
魁星水令元水
天官星土
印星孛
催官計
祿神月
喜神火
爵星木
天馬計
地驛水
天祿羅
天暗火
天福孛
天耗木
天廕金
天貴嗣金
天刑月天祿金
天印水地緯金
天囚炁天馬水
天權計地驛火局主土

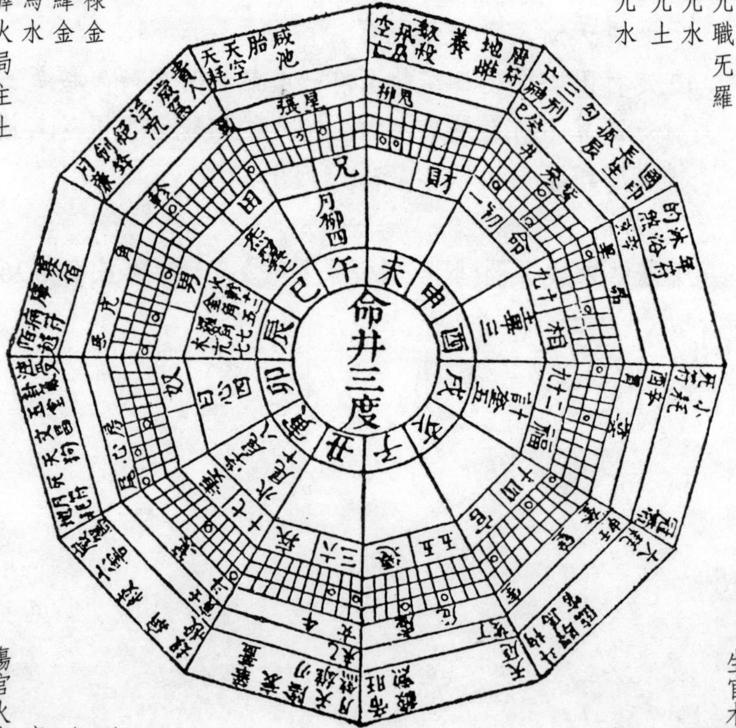

命井三度

子丑寅卯辰巳午未申酉戌亥

生官木祿元土
馬元木
仁元水
壽元水

血支水
血忌火
產星水
傷官火直難无

七政四餘命理學的判斷應掌握下列要點：

<一>基本功夫：

1.《張果星宗》的入門四十四字，務必完全通透

2.《張果星宗》卷五·觀星要訣

3.《張果星宗》卷五·玄妙經解

4.十干化曜的恩、用、仇、難及諸神煞的要義

5.《天官經》、《躔度賦》、《通玄賦》等政餘星格

6.後天12宮管轄事項要義

<二>論斷法則：

1.舒繼英《乾元秘旨》釋經、絡、貫、串、填、沖、守、鈞、拱、夾、攔截配合上述<一>之1.2

2.曹仁麟《星度指南》的第二篇星盤總法

3.《張果星宗》先天心法、後天口訣、至寶論、評人生秉賦分金論

4.《八格賦》論格局貴賤

5.各宮論斷要旨

6.限度吉凶如剋度論、餘奴傷主、倒限

中國占星學的軍國、命理、擇日有很大成分圍繞在陰陽五行的生剋制化的概念，所判斷結果與西方或印度占星學之結論，可能差生天壤之別，如木星、金星在西洋及印度占星中為兩大吉星，不論命理、卜卦、擇日、無不希望它們相關涉或形成相位，但中國七政四餘占星學卻認為金星剋木星為凶象之徵；又火星、土星在西方或印度占星學為兩大凶星，不希望它們相關涉或形成凶相位，但中國七政四餘占星學則認

為冬寒調候，及火土相生為吉象。

案例三十

天祿(木)科名(火)天馬(火)生官(炁)

天暗(金)科甲 妻星 地驛(木)

天福(土)文星(金)祿元(水)

天耗(月)魁星(羅)馬元(木)

天廕(水)官星(羅)仁元(火)

天嗣(炁)印星(火)壽元(火) 貴

天刑(計)催官(日)

天印(羅)祿神(計)血支(月)

天囚(火)喜神(炁)血忌(金)

天權(孛)爵星(火)產星(金)傷官(月)

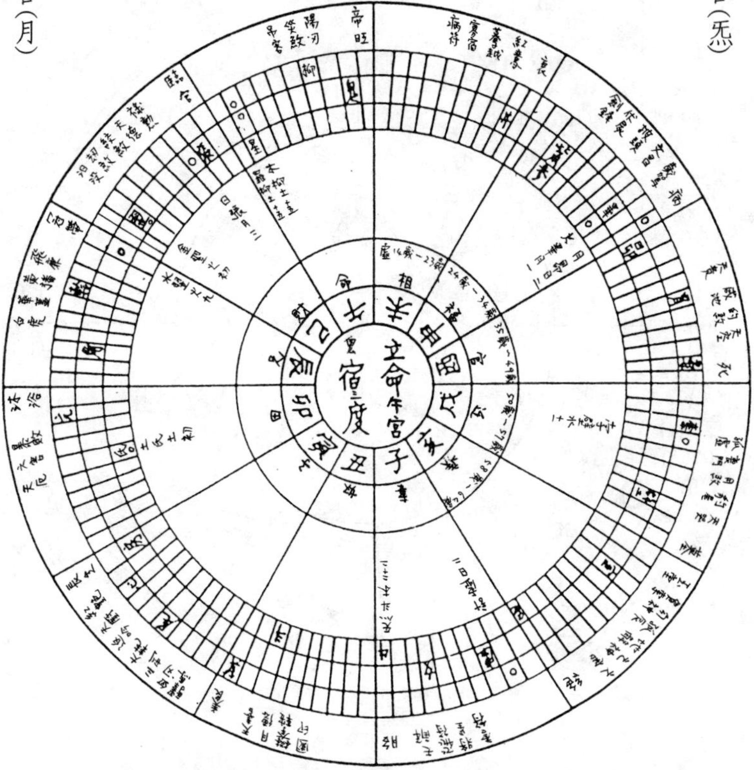

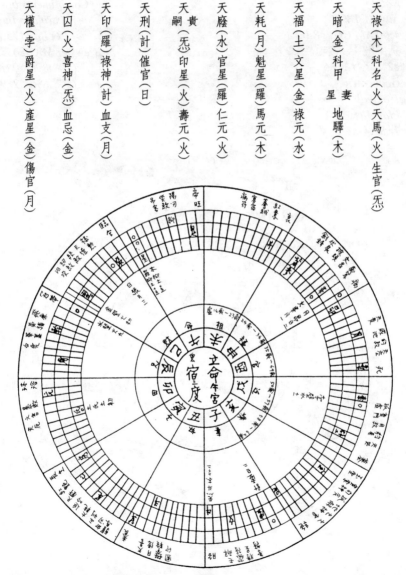

張雲博士

Natal Chart
Aug 31 1896
4:00 AM CCT -8:00
廣東開平，中國
22N18 112E36
Geocentric
Tropical
Placidus
True Node

Compliments of:-
Astrolabe Inc
PO Box 1750
Brewster MA 02631
Tel:(508)896-5081
Fax:(508)896-5289

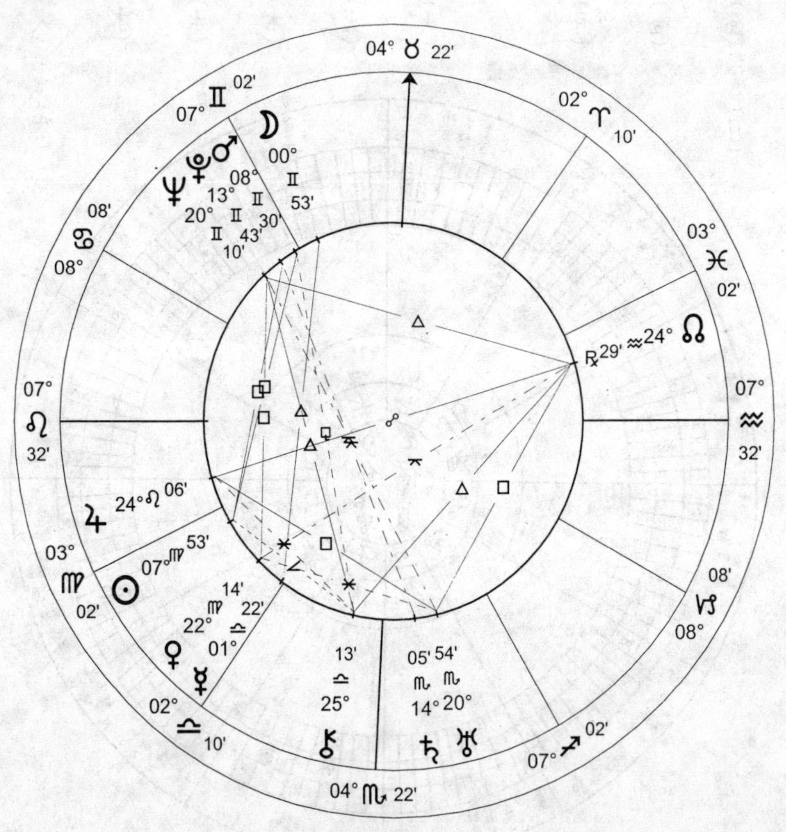

我們以吳師青前輩所著《天運占星學》所談及張雲博士的實例來說明中國七政四餘命理學的運用，吳先生談論有關地理、占星向來是遮遮掩掩，不見起例和所用的方法，常令人摸不著頭緒，幸好學占星術的好處是天體的資料不容作假，現今電腦科技進步神速，有關占星軟體都可往前追溯5000年，往後推算5000年，因此祇要相關記載不造假，可以追溯驗算的。

學習中國七政四餘的愛好者常以吳師青所著之書《天體曆》、《中國七政四餘星圖析義》、《天運占星學》作為學習對象，但常被說法或所列星圖混肴，分不清他到底是使用迴歸黃道、恆星黃道或赤道?我們以張雲博士的資料和他的論斷來推敲，當可明瞭，底下「」係引自吳先生之語。

所載張雲博士的出生資料，公元1896年8月31日上午4時，未記載出生地。

A.「以中國七政四餘之星學而推論，其立命午宮，日為命主，羅之天官，入命宮，躔張月三度，魁文夾命主」

已知張雲博士生於寅時，其立命午宮依日所在星座(或稱宮位)起算生時(寅)順數至卯時，正好在午宮獅子為命宮，這項結果的確立係假設張雲博士的出生地屬日出卯時的緯度區域，而太陽在巳宮處女；午宮的主星日即為本例命主星。經查証張雲博士出生於廣東省開平縣屬日出卯時區域。

羅之天官係由1896年丙戌之丙年干火羅化氣為印(即八字之正官)，入命宮亦即羅位於午宮方作此論，但接下來說躔張月三度，因其標點符號之段句常被誤解，羅躔張月三度，由於在《天體曆》強調歲差調整，顯然他應是採28宿作歲差調整以配合迴歸黃道的星曆使用，根據《張果星宗》記載之清光緒13年丁亥後量天新尺張月三度正好為迴歸黃道巳處女座7°已知羅入命宮係躔於午宮，所以所指的躔張月三度並非羅，我們根據Solar Fire V5打出當時的日正好躔於巳7°也就是吳前輩所説的躔張月三度係指日，如附圖。

魁、文來命主，查曹仁麟《星度指南》之天宮重要星例，得知丙年干，魁為羅，文為金星，附圖中的☋(七政四餘稱為羅)午24°29'，☉巳7°53'，♀(金星巳22°14')確是魁文夾命主日。

B.「命主之日，在赤經十時三十分，北赤緯八度。與「軒轅十四」之一等星，其位置僅距八度三十分以內，即會合也。」

中國天文學的觀測向來以赤道座標為準，上句中所提當時的赤經為十時三十分，這種記法係天球第一赤道座標，基本上赤經每小時約15°，故十時三十分共15°×10.5＝157.5°即赤道座標測量☉的赤經為157.5°但經電腦精確計算為159°33'，兩者約差2°左右；又☉的赤緯其電腦精確為+8°37'，而吳先生的資料為+8也略有差異，這可能係手算結果。

我們可以☉的赤經159°33'來驗算☉的迴歸黃道經度。

根據球面三角函數，已知赤經求黃經的公式如下：

Cot λ ＝Cos ε ・Cot α

其中λ：黃經，ε：黃赤交角(即23°27')，α：赤經。

上述公式也可以用對數表求算較簡便

log cot λ ＝log cos ε +Cot α

log cot λ ＝log cos23°27'+log Cot159°33'

＝9.962562+1.428419

＝20.390981

減去10→＝10.390981(一般數學辭典都有對數表的編列)再查對數表λ＝157°53'，即巳7°53'，與附圖中☉躔度完全一樣。

故可以說明上述之躔張月三度確實是☉命主無誤。

又「軒轅十四」之一等星是恆星中最重要的，自古即是四個皇冠恆星之首，代表尊榮、威權、皇位，但會突然失落。吳前輩在同書中的《三垣列宿發秘》談論諸多恆星的功能及特性，但所記載的都以赤經表示和西方系統慣用之黃經表示不同，他提到「軒轅十七星者，位於少微之北，一日權星，又名東陵。西圖獅子座。在赤經十時五分，赤緯十二度十三分，以軒轅十四為之主。色白，第一等星也。」

赤經10時5分＝10.08×15°＝151.25°＝151°15'

☉的赤緯159°33'與軒轅十四的赤經距離約8°18'就如他所言差距僅在8°30'內，但他所算的赤經也略有誤差與目前實算差將近1°左右。

軒轅十四的黃經按歲差調整當時約午28°20'，與☉的黃經相差9°33'。在西方系統恆星會合通常以1°內感應才具備，愈緊密愈強，但吳前輩的寬容度太大了，讓人有硬湊之感覺。

C.「應主其人，少年騰達，文采與風采齊燦，天爵共人爵共隆。」七政四餘命理學喜魁文夾命，有利文章。

D.「其行限，於公元1941年，在白羊座七度，與誕生之太陽同絡。」

七政四餘命理學的大限起法係從出生日起逆數至最近中氣，以每三日算一歲，餘日或時換算為月數或日數，再加上10歲而從相貌宮起限，各宮管大限數各不同。查張雲博士出生日前之最近中氣為處暑1896年8月22日11:58PM，故由其出生日逆數為8日又8時，每三日折算一歲共約2年8個月，加上他的生日及10歲，約在1909年，虛4歲從相貌宮起大限，他的各宮管轄大限歲數如下：

相貌宮：虛14歲～23歲，共10年。
福德宮：虛24歲～34歲，共11年。
官祿宮：虛35歲～49歲，共15年。
遷移宮：虛50歲～57歲，共8年。
疾厄宮：虛58歲～64歲，共7年。

1941年(辛巳)虛歲46歲，行宮祿宮大限酉，走婁金狗四、三度，非吳前輩所稱之走白羊座七度，按實際計算係金牛座七度，由於命主日亦在巳處女7°，故稱為同絡。

根據網站：南方都市報www.nangangfsily.com.cn/ds/200306180772.asp張雲博士的女兒張劍美稱，1941年她父親曾代理中山大學的校長，由於國立大學校長一職，望重士林，應是吳前輩提出有關年度的主因。太陽為尊榮、威權、名譽、地位，行限與之同絡，利升遷、名望。然細就之，本命太陽躔月宿，而行限及宮位皆是金，本命金躔翌火初，歧度，水星同在翌火洩氣，甚為不穩、壓力煩憂，故於1942年隨即因派系鬥爭而黯然下台，據同上引處，張劍美稱她們舉家前往湖南，當時行婁金狗二、一及出歧度之故，這點吳前輩未談及。

E.「至公元1947年，行婁宿之一、二、三，光照天下，萬類資明，有星拱北斗，雨化南天之象」1947年(丁亥)虛歲52歲，改行遷移宮大限戌，走奎木一、初及壁水十二，也非如吳前輩所稱走婁宿之一、二、三。有關大限的算法有一定規則，我們寧願相信係誤值。事實上如走婁金，如何能光照天下，萬類資明?行戌限，限主火化曜為科名，三方逢午宮木星之合，而木星化曜為祿，又有羅星雖為餘奴但化曜為印，另外應知道木星亦為馬元，羅為仁元。

據前引敘述，1945年後半被國民黨任命為教育部的特派員到廣州接受日本投降的工作；1946年赴美哈佛大學講學及研究；1947年赴英，當時值歧度，年底發現變星，在天文學界轟動一時，成為名人；1948年被國民黨委任為立法委員，1949年後出任國立中山大學的校長。

F. 「惟公元1958年之秋，政餘運元，行危日，月為母象，又為身主，過戊戌太歲。戊土掩月。且在赤經二十二時三十分，有墳墓列宿。按「墳墓」天官書謂為不祥，主有山陵悲慘之事，占星學所忌者。余據以告：「今年逢戊，戊屬土，而土掩月，太夫人母當不利」。時方盛夏，張博士聞余言，憂曰：「吾母故年邁，但秉賦特厚，甚健，如有不利，吾願以身代母。」

1958年(戊戌)虛歲63歲，行疾厄宮大限亥，走危月燕六、五、四、三度，東西方占星學都將月亮作為母親的代表因子，且月亮為身宮。本命月亮躔昂日二度，陰陽顛倒，臨申宮初入度即臨界，轉角失位；月亮化曜為傷官，另同經度之畢月烏見火星躔，張月鹿太陽躔。太陽掌陽刃、吊客、災熬；而火星掌喪門、天哭、天厄皆披刑帶煞，戊戌年戊即土星，又亥宮三方拱合土，不利月甚明。

又危月燕六、五、四、三迴歸黃道經度亥9°～7° 30'，而凶恆星「墳墓」依吳前輩之測算為赤經22時30分，即赤經337.5°，同B公式計算得換算為迴歸黃道經度為

335° 4'即亥5° 43'，確實如吳前輩所合言會合凶恆星「墳墓」，更添凶象。

E.「別後，悁悁於懷，未嘗或釋。余居香港，張博士寓九龍，自署別墅，日「月衣山莊」位於荃灣，非常幽靜。乃未幾，惡耗傳來。時為公元1958年10月27日，張博士遂止於斯。年六十有三。其果代母耶?一念動天，天之成其大孝，偉矣哉，余當時悼甚，輓以聯云「交親骨肉，學擅天文，經緯著觀微，豈料清談成讖語。孝感蒼穹，情依烏烏，死生難索解，敢云哲理勝玄機。」

從以上驗算及解析，可知吳師青前輩論命，使用的是迴歸黃道配合歲差調整的28宿，至於外傳他使用赤道恆星也確實，只不過係用於有關恆星群的記載，因中國古時觀測恆星群即以赤經為主，英國李約瑟《中國之科學與文明》第五冊天文學談及中國天文學的極和赤道特性，即是此論。

香港李光浦說吳師青前輩用的Sidereal House並不正確，李先生所謂的Sidereal House應是恆星黃道之意，但從本例解說可知至少論人命，並非使用恆星黃道，否則不用歲差調整。

參考書目

作者	書名
A. 天文、數理、曆法	
1. 金祖孟	地球科學概論
2. 馬文章	球面天文學
3. 李光蔭	球面三角術
4. J. A. Eshelman	Horoscope Calculation
5. George C. Noonan, Jr., Ph. D	Spherical Astronomy for Astrologers
6. Bob Makransky	Primary Directions: A Primer of Calculation
7. Jean Meeus	Astronomical Algorithms
8. Laurence G. Taff	Computaional Spherical Astronomy
B. 西洋占星學的基本課程	
1. 洪能平	現代占星學基礎
2. Robert Hand	Horoscope Symbol
3. Margaret. E. Hone	The Modern Textbook of Astrology
4. Lee Lehman	Classical Astrology for Modern Living
5. A. T. Mann	The Round Art: The Astrology of Time and Space

作者	書名
6. Llewellyn George	The new A To Z: Horoscope Maker and Delineator
7. Joseph Crane	A Practical Guide To Traditional Astrology
8. Kevin Burk	Astrology:A Comprehensive Guide To Classical Interpretation
9. Rose Lineman	Compendium of Astrology
10. Robert Zoller 譯 Robert Hand 譯	Guido Bonatti <<Liber Astronom-iae>> Book One, Two, Three
11. Sakoian & Acker	The Astrologer's Hand book

C. 本命占星學

作者	書名
1. 韓良露	愛情全占星
2. 馬哈麻	譯天文書
3. 穆尼閣・薛鳳祚	天步真原
4. Bernadette Brady	Study Guide for Medieval and Ancient Astrology
5. Robert Hand 譯	On the Judgements of Nativities Book I
6. J. Partridge	Vade Mecum:Briefly Teaching the Whole Art of Astrology
7. Williams Lilly	Christian Astrology Book III
8. Henry Coley	Key to the whole Art of Astrology Third Part

作者	書名
9. Robert Zoller	Tools Technigues of The medieval Astrologers
10. Dorotheus of Sidon	Carmen Astrologicum
11. W. J. Simmonite	The Arcana of Astrology
12. James H. Holden 譯	The Judgments of Nativities
13. V. E. Robson	A Student's Textbook of Astrology
14. Max Heindel	The Message of the Stars
15. C. C. Zain	Delineating The Horoscope

D. 流年預測占星學

1. 韓良露	生命歷程全占星
2. 白漢忠	占星流年實務
3. Alan Leo	The Progressed Horoscope
4. Rumen Kolev	Primary Directions Ⅰ & Ⅱ
5. Bernadette Brady	Predictive Astrology: The Eagel and the Lark
6. B. F. Hammerslough	Forecasting: Backward and Forward
7. Nancy Anne Hastings	Secondary Progressions: Time To Remember
8. Noel Tyl	Prediction in Astrology
9. Dr. Heber Smith	The Transits of the Planets
10. Robert Hand	Planets in Transit

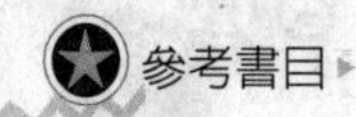

作者	書名
11. Robert Deluce	Complete Method of Prediction
12. Celeste Teal	Predicting Events With Astrology
13. Marrion D. Mach Joan Mc Evers	The Only Way To... Learn About Tomorrow Vol IV
14. Lloyd Cope	The Astrologer's Forecasting Workbook
15. Raymond A. Merriman	The mew Solar Return Book of Prediction

E. 卜卦占星學

作者	書名
1. William Lilly	Christian Astrology Book Ⅰ & Ⅱ
2. Henry Coley	Key to the whole Art of Astrology Book Ⅱ
3. John Gadbury	The Doctrine of Horary Questions
4. Ivy M. Goldstein-Jacobson	Simplified Horary Astrology
5. Louis Anthony	Horary Astrology: Plain & Simple
6. Alphee Lavoie	Horary At Its Best!
7. Derek Appleby	Horary Astrology
8. Barbara H. Watters	Horary Astrology and the Judgment of Events
9. Dr. Marc Edmund Jones	Horary Astrology: Practical Techniques for Problem Solving with a Primer of Symbolism

作者	書名
10. Olivia Barclay	Horary Astrology Rediscovered
11. Sylvia Delong	The Art of Horary Astrology in Practice
12. W. J. Simmonite	Horary Astrology

F. 弧角天星擇日學

作者	書名
1. 鐘義明	天星擇日實務
2. 周志學	太陽到山實例
3. 周志學	七政天星擇日學
4. 呂士清	天星選擇纂要
5. 溫葆深	春樹齊叢説
6. 左敬元	天星選擇撮要
7. 倪月培	中西星要
8. 馬道存	天星選擇祕旨
9. 張祖同	諏吉述正(下)
10. 汪容駿	七政四餘演算實例
11. 洪能平	擇日占星學
12. V. E Robson	Electional Astrology
13. Bruce Scofield	The Timing of Events: Electional Astrology
14. Marion D. Manch & Joan Mc Evers	The Only Way To... Learn about Horary and Electional Astrology Vol VI

作　者	書　名
G. 合盤技巧	
1. 韓良露	人際緣份全占星
2. Penny Thornton	Synastry
3. E. W. Neville	Planets in Synastry
4. Robert Hand	Planets in Composite
5. Ronald Davison	Synastry:Understanding Human Relations Through Astrology
6. Stephen Arroyo	Relationships & Life Cycles
7. Mary Coleman	Picking Your Perfect Partner Through Astrology
H. 換置占星學	
1. Jim Lewis & Kenneth Irving	The Psychology of Astro *Carto* Graphy
2. Martin Davis	Astrolocality Astrology: A guide to what it is and how to use it
3. Michael Harding & Charles Harvey	Working With Astrology: Part Three
4. Edith Hathaway	Navigating by Stars
5. Steve Cozzi	Planets in Locality
6. Erlewine Michael & Erlewine Margaret	Astrophysical Direction
7. I. I Chris Mc Rae	The Geodetic World Map
8. Maritha Pottenger & Zipporah Dobyns	Planets on Move

作　者	書　　名
I. 時事占星學	
1. 何鼓	是和？是戰？
2. 韓良露	寶瓶世紀全占星
3. 黃家騁	星海詞林(六)渾天大五星寶卷附篇
4. 吳師青	天運占星學
5. Michael Baigent., Nicholas Campion & Charles Harvey	Mundane Astrology: An Introduction to the astrology of nations
6. Nicholas Campion	The Book of World Horoscope
7. Nicholas Campion	The Great year
8. C. C. Zain	Mundane Astrology: Interpreting Astrological Phenomena for cities, Nations and Groups
9. Charles E. O. Carter	An introduction to Political Astrology
10. Joan McEvers 編	The Astrology of Macrocosm: New Directions in Mundane Astrology
11. Derek Appleby & Maurice Mecan	Eclipses: The Power Points of Astrology
12. Frederic Van Norstarand	Precepts in Mundane Astrology
13. H. S. Green Raphael	Mundane Astrology Book Ⅰ & Ⅱ
14. William Ramesey	Astrology Restored

作者	書名
J. 財務金融占星學	
1. Graham Bates & J. C Bowels	Money and the Markets
2. David William	Financial Astrology
3. David William	Astro-Economic
4. Joan McEvers	Financial Astrology
5. Louis McWhirter	Astrology and Stock Market Forecasting
6. The ISBA Book	Bussiness & Financial Astrology
7. Kaye Shinker	The Texbook for Financial Astrology
8. William F. Eng	The Technical Analysis of Stocks options & Futures
9. George Bayer	Gold Nuggets for stock and Commodity Traders
10. Larry Pesavento	Astro-Cycles: The Trader's Viewpoint
11. Larry Pesavento	Harmonic Vibrations
12. Donald Bradley	Stock Manket Prediction
13. Mary Whitty Boyd	Financial Astrology Technigues and Horoscopes of Gold Stocks
14. Henry Weingarten	Investing by the Stars: Using Astrology in the Financial Markets

作者	書名
K. 醫療占星學	
1. Graeme Tobyn	Culpeper's Medicine: A Practice of Western Holistic Medicine
2. Nicholas Culpeper	Astrological Judgement of Diseases from the Decumbiture of Sick
3. Richard Saunders	The Astrological Judgement and Practice of Phyick
4. C. C. Zain	Stellar Healing: Astrological Predisposition Diagnosis and Treatment of Disease
5. Jane Ridder-Patrick	A Hand book of Medical Astrology
6. Harry. F. Darling	Essentials of Medical Astrology
7. Max Heindel & Augusta Foss Heindel	Astro-Diagnosis: A Guide To Healing
8. Eileen Nauman	Medical Astrology
9. Reinhold. Ebertin	Astrolotgi cal Healing: The History and Practice of Astromedicine
10. Robert. Carl. Jansky	Astrology Nutrition & Health
L. 氣象占星學	
1. 不署名	天學洞機
2. C. C. Zain	Weather Predicting
3. Kris Brandt Riske	Astrometeorology: Planetary Power in Weather Forecasting
4. Dennis Klocek	Weather and Cosmos

作者	書名
M. 出生時間修正	
1. Zipporah Pottenger Dobyns	Progressions Directions and Rectification
2. Doris V. Thompson	Chart Rectification
3. Henry Neimann	Rectification: Known and Unknown Birthtimes
4. Laurie Efrein	How to Rectify a Birth Chart
其他學派	
a. 心理占星學	
1. 洪能平	占星家談星座
2. 趙婉君 譯	榮格與占星學
3. 鏡隆治 著	靈魂占星學
4. 朱侃如 譯	榮格心靈地圖
5. 劉國彬.楊德友 合譯	榮格自傳：回憶.夢.省思
6. 張弘瑜 譯	弗洛伊德
7. Stephen Arroyo	Astrology, Psychology and The Four Elements
8. Stephen Arroyo	Astrology Karma & Transformation
9. Liz Greene	Astrology for Lovers
10. Karen Hamaker-Zondag	Psychological Astrology

作　　者	書　　名
b. Huber學派	
1. Bruno & Louise Huber	Life Clock: Age Progression in the Horoscope Vol 1
2. Bruno & Louise Huber	Life Clock: Practical Technigue for Counseling Age Progression in the Horoscope Vol 2
3. Bruno & Louise Huber	Astrology and the Spiritual Path
c. Draconic占星學	
1. Pamela Crane	Draconic Astrology: An Introduction to the use of Draconic Chart in Astrology
d. 中點理論	
1. Reinhold Ebertin	The Combination of Stellar influences
2. Reinbold Ebertin	Transits: What Days Favor you?
3. Michael Harding & Charles Harvey	Working With Astrology Part Ⅰ
4. Richard Svehla	Introduction To The Uranian System of Astrology [Hamburg School by Alfred Witte]

作　者	書　名
e. 教堂之光	
1. Doris Chase Doane	How To Read Cosmodynes
2. Ken Stone	Astrodynes
3. Doris Chase Doane	Astrology: 30 years research
f. 泛音盤	
1. John Addey	Harmonics in Astrology
2. David Hamblin	Harmonic Charts
3. Delphine	Practical Harmonics
4. Michael Harding & Charles Harvey	Working With Astrology Part II
g. 恆星學派	
1. Cyril Fagan	Primer of Sidereal Astrology
2. Donald Bradley	Solar and Lunar Returns
h. 度數象徵	
1. Marc Edmund Jones	The Sabian Symbols in Astrology
2. Dane Rudhyar	The Astrology of Personality
3.	莎比恩精密占星術

作　　者	書　　名
O. 印度占星學	
1. Girish Chand Sharma	Maharishi Parasara's << Brihat Parasara Hora Sastra>> Vol 1 & 2
2. S. S. Sareen 英譯	Phala Deepika
3. Santhaman 英譯	Hora-Sara
4. Kalyana Varma	Saravali Vol 1 & 2
5. Hart Defouw & Robert Svoboda	Light on Life: An Introduction To The Astrology of India
6. David Frawley	The Astrology of Seers
7. James. T. Braha	Ancient Hindu Astrology for the Modern Western Astrologers
8. James. T. Braha	The Art and Practice of Ancient Hindu Astrology
9. Dr. K. S. Charak	Elements of Vedic Astrology Vol 1 & 2
10. Dr. K. S. Charak	Yogas in Astrology
11. B. V. Raman	Hindu Predictive Astrology
12. B. V. Raman	Three Hundred Important Combinations
13. B. V. Raman	How to Judge a Horoscope Vol 1 & 2
14. S. K. Duggal & Neerja Taneja	Planetary Strengths (calculation & Application)
15. Krishna Kumar	Secrets of Vargas

作者	書名
16. G. S. Agarwal	Practical Vedic Astrology
17. K. T Shubhakarn	Nakshatra Book Ⅰ & Ⅱ
18. M. S. Metha	Ashtakvarga: Concepts & Application
19. Sanjay Rath	Crux of Vedic Astrology: Timing of events
20. K. S. Krishnamurti	Predictive Stellar Astrology

P. 中國七政四餘占星學

a. 軍國

作者	書名
1. 司馬遷	史記、天官書
2. 李淳風	晉書、天文志
3. 李淳風	乙巳占
4. 瞿雲悉達	開元占經
5. 魯揚才	奇門星相絕學
6. 劉韶軍	神祕的星象

b. 命理學

作者	書名
1. 陸位輯	張果星宗
2. 曹仁麟	星度指南
3. 廖瀛海	增訂五星集腋
4. 舒繼英	乾元祕旨
5. 萬民英	星學大成

作者	書名
6. 沈塗山	星平大成
7. 耶律純	星命總括
8.	星命溯源
9. 霍敏卿	重編增補星命説証合編(上)、(下)
10. 吳師青	中國七政四餘星圖析義
11. 吳師青	天體曆
12. 李光浦	鄭氏新案新詮
13. 李光浦	果老星宗新詮
14. 李光浦	中美國運和天命
15. 星雲山人	七政四餘中西天文星命大全(上)、(下)
16. 鄭富昇	七政四餘推命全書
17. 陳奇谷	鬼谷子命運占星法

占星學的論斷工具是一張天宮圖(Horoscope)，它佈滿了符號、線條，論斷者須充份了解各項符號的隱含意義，及代表因素的特性及演譯，才能窺探占星學的奧妙。

本書兼顧古典與現代占星學的融合，不論從事件預測或占星心理分析，皆打下相當紮實的基礎，為步入占星學殿堂的重要台階，絕對值得一讀。
(已出版)

上冊-$370
下冊-$330

本命占星學完整地論述命主的心理主軸，各項特徵、習性、諳如個性、長相、才能、財運(正財、偏財、投機財)，教育與學歷、工作、事業、六親關係、戀愛、婚姻、疾病...等本書以占星學最重要典籍《基督徒占星學》(Christian Astrology)的要訣為論斷主軸，即透過宮主星的飛佈，宮內行星，與之形成主要相位的行星，及天宮圖的其他要素，縱橫地解析上述各項議題，精準實用，熟稔運用後必會讚嘆占星術的魅力，即使在歐美也難得見到類似本書的著作。
(未出版)

流年占星學主要解析、大運、流年、流月、流日等內容。它根據(一)命主出生後，天空星體的運行對出生時星體的交互影響，如次限推運法(Secondary Progression)，參限推運法(Tertiary Progression)太陽迴歸法(Solar Return)，過運(Transit)，(二)直接就天宮圖推論如行星期間法(Planetary Period)、主限向運法(Primary Direction)、太陽弧向運法(Solar Arc Direction)，透過這些流年星體對本命星體的影響激發本命盤有關議題的潛在因子，產生流年運勢的事徵，呈現人生事項的吉或凶，若能確切掌握流年的論斷法則，有助人生規劃。(未出版)

時事占星學主要討論團體運勢，如國家、城市、公司、社團、黨派、政治、經濟、軍事戰事、地震、氣象、農獲收成..等，內容相當廣，供茶餘飯後，佐談話題，本書不能錯過。(未出版)

弧角天星擇日法向來是國內擇日界視為家傳的壓廂寶，禁止妄傳的，本書甘冒不諱，詳細介紹它的歷史源流，讓讀者一窺千金難買的弧角天星擇日訣竅。(未出版)

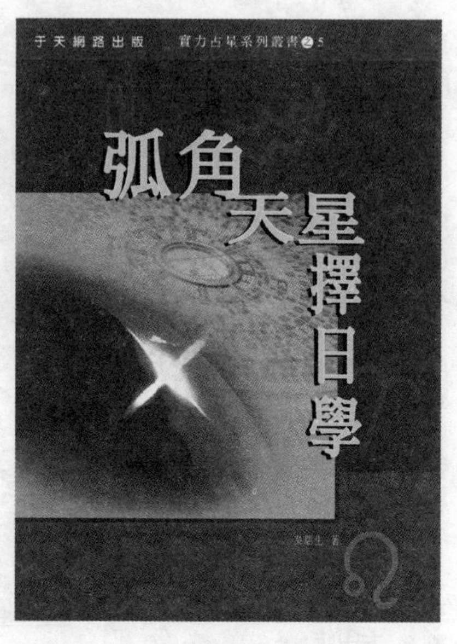

本書詳舉西洋占星擇日法與弧角天星擇日法的差異，提供多一層思維，並介紹古典技巧的應用，分項解析操作實務，如：新官上任、結婚、開市、開店、選舉...等，各項生活事項的趨吉擇日，是您生活上的好指標。(未出版)

想知道與誰在一起最Match，無論是工作合夥、婚配、交友
．．．．．．．
還是職場從屬關係，讓您們間互動關係明察秋毫。
透過本書詳盡的配對盤、組合盤、關係盤等各項合盤的特點比較，並加以實例解說
----您將也是人際關係的個中高手。(未出版)

成功的要素：天時、地利、人和天時與地利嚴然影響2/3強
．．．．
本書詳盡介紹A*C*G*圖、換置命盤、測定圖、地平空間等各項換置技術技巧與原理，讓您在能力範圍內選擇適當地方(如移民、出國、搬家)與有利星象組合讓您更得心應手・趨吉避凶。(未出版)

財經占星家的幾次著名預言
1987年10月19日，英美股市大崩盤。
1990年3月，日本股市崩跌至今何時會有大逆轉..........
本書闡述各項分析圖解，搭配基本面、技術分析及時勢背景與空間相互間影響讓您早早窺視趨勢脈動。（未出版）

宿命的安排、機運的偶合排列出不朽人生誰說好事就不能成雙；不如意非要八九，心中的疑惑讓秦大師根據多年專研卜卦法則來解析探尋問題之狀況及答案，本書乃參酌古典重要著作《The Doctrine of Horary Qestions》
詳述卜卦時間的意義與有效性，針對12宮的有關問題即代表因子，並列出相關斷訣與實例。（未出版）

實用占星學

國家圖書館出版品預行編目資料

實用占星學 / 秦瑞生著---高雄市：
于天網路印刷，2004<民93>
面；　公分
參考書目：面
ISBN 957-28281-3-4（平裝）
1.占星術

292.22　　93008649

實用占星學

占星贏家 http://www.astrowinner.com

作　者：秦瑞生
電　話：(07)7519576
地　址：高雄市苓雅區漢昌街84巷40號
編　輯：許美蘭、尤羚如、楊秀娥、蔡佳靜
出版社：于天網路印刷有限公司
地　址：高雄市新興區信守街141號 TEL:(07)2382556~9
網　址：http://www.iprint.com.tw
郵政劃撥：42143341 于天網路印刷有限公司
總經銷：農學股份有限公司
地　址：台北縣新店市寶橋路235巷6弄6號2F
電　話：(02)2917-8022
出版日期：二〇〇四年五月
ISBN: 957-28281-3-4
定價：四五〇元